내
안
의

미
래

학생과 총장이 함께 묻는 문명 · 정치 · 대학의 길
우리는 어떻게 역사의 미래가 될 수 있을까

내 안의 미래

조인원 함께 펴냄

한길사

The Future Within

by Inwon Choue

Published by Hangilsa Publishing Co., Ltd, Korea, 2016

삶의 존엄과 의미를 찾아나서는 일은
우주 내 존재인 인간의 도전적 과업이다.
그 과업을 향한 실존의 성찰을 멈추면,
우리는 '현실의 환영幻影' '작위의 제국帝國'에
갇히고 만다. 삶의 모든 국면이 지구적·문명사적
대전환의 소요를 겪고 있는 지금,
우리는 어떤 미래를 만들어갈 것인가?

내 안의 미래

4 대학과 대학 그리고 대학

책을 펴내며

우리는 미래가 지금보다 우리를 더 행복하게 해주리라 믿는다. 현실이 아무리 힘겹다 하더라도 내일을 향한 의지와 용기를 포기하기엔 우리의 삶이 너무나 소중하기 때문이다. 그래서 시작한 일이다. 우리 안의 미래를 논하고 싶었다.

대학은 왜 존재하나? 정치의 본질은 무엇인가? 우리는 어떤 문명의 미래를 맞게 될 것인가? 조인원 총장은 묻는다. 대학·정치·문명이 당면한 문제를 풀기 위해 '도래할 미래'를 함께 상상하자고 말한다. 학생과 교수, 총장이 마주 앉았다. 각자 품고 있는 이상과 현실의 간극을 토로하면서 '실현 가능한 미래' '현재를 창조하는 미래'에 대해 폭넓은 의견을 나눴다.

최근 현대문명의 한계에 주목해온 로마클럽The Club of Rome과 세계예술과학아카데미WAAS, The World Academy of Art and Science 같은 글로벌 싱크탱크는 미래에 관한 인류의 지구적 책임을 촉구한다. 현재의 시스템과 가치관으로는 인간과 지구의 미래가 지속 가능하지 않기 때문이다. 변화가 필요한 시점이다. 인간의 마음에서부터 대학·정치·문명에 이르기까지 미래를 오늘로 불러오는 '전환적 회상'이 요청된다. 다가올 위협과 가능성에 관한 새로운 상상과 성찰, 전망과 회고를 기반으로 오늘의 현실을 재구성하는 일이 시급하다.

우리는 희망을 놓지 않으려 한다. 인간은 미래를 위해 스스로를 발명해야 한다. 미래를 위한 사유와 실천의 세계를 '지금 이곳'으로 불러와야 한다. 우리는 그런 노력의 한 축을 대학이 제공해야 한다고 믿는다. 우리의 꿈과 소망을 지속 가능하게 하는 것은 인간과 사회, 문명의 미래를 이어가야 할 대학의 근본 책무이기 때문이다. '도래할 미래의 위협을 오늘의 희망과 활력으로 전환해내는 것.' 그 일은 더 나은 인간의 세계를 열어가야 할 대학인의 도전적 과제다.

이 책에는 특별대담 한 편과 대화록 세 편이 담겨 있다. 제1부 특별대담 '미래를 꿈꾸는 사유혁명'은 전환기의 문명과 정치에 대한 조인원 총장과 한 월간지의 대담을 수록했다. 이어지는 제2~4부 대화록 '미래를 배우는 대학, 미래를 실현하는 정치' '고민하는 대학이 새 길 연다' '대학과 대학 그리고 대학'은 위기의 현실을 대학인의 관점에서 진단하고, 미래에 대한 큰 그림을 그린다. 굳이 순서대로 읽지 않아도 좋다. 대화를 먼저 읽고 다시 앞으로 돌아가는 책읽기도 권하고 싶다. 책 말미에는 토론 내용에 익숙하지 않은 독자들을 위해 용어 해설을 실었다.

이 책에 담긴 내용 대부분이 어느 특정 대학에 국한되지 않으리라 믿는다. '대학이 달라져야 미래가 달라진다.' 그런 믿음으로 독자 여러분과 함께 더 나은 세상을 위한 "내 안의 미래"를 성찰해보고자 한다. 학생들을 비롯해 인터뷰, 대화에 참여해주신 김환영 박사님, 권기붕, 유정완, 안병진, 박용승, 김영진 교수님, 그리고 원고 윤독과 논평 과정에 노고를 아끼지 않으신 정연교, 이택광, 정종필, 정진영 교수님과 이금화 님께 감사드린다. 처음부터 뜻을 같이해주신 한길사 김언호 대표님, 편집에 남다른 정성을 기울이신 김광연 님, 표지 디자인을 담당하신 한홍석 님께도 깊은 감사의 마음을 전한다. 끝으로 독자와의 교감을 위해 수록한 작품 중 '바람결'을 기꺼이 기부해주신 안진의 화가께 고마움을 전한다.

2016년 2월

조인원 외 책을 함께 펴낸
우기동, 이문재, 이영준, 김민웅 교수 그리고 김종옥 연구원

현대는 질주한다. 이른바 '압축의 시대'를 향해서. 현대는 시공을 압축했고, 가치를 압축했다. '거의 모든 것'이 생존과 경쟁에 편중돼 있는 것이 현대적 삶의 모습이다. 그런 삶의 무게와 함께 우리는 무엇을 잃었을까? 어쩌면 우리는 이 물음의 의미조차 인식하지 못한 채 바쁜 일상을 살고 있을지 모른다. 그러나 여전히 남는 문제가 있다. 내 삶은 무엇인가? 어디를 향하고 있나?

인간의 실존을 향한 물음은 현실과 삶의 의미 사이에서 긴장을 일으킨다. 그 긴장을 완화하는 길은 무엇일까? 현실에 치중한 인간적 사유일까? 아니면 이를 넘어선 인간의 우주적 의미를 발견하는 것일까? 주어진 현실에서 삶의 의미와 가치를 재발견하는 것은 우리 모두의 과제다.

1
미래를 꿈꾸는
사유혁명

조인원 총장은 『월간중앙』 특별대담에서 네 차례에 걸쳐 오늘날 인류가 직면한 문명의 문제와 그 해법을 찾기 위한 새로운 사유의 길을 논한다. 『중앙일보』 논설위원 김환영 박사와 나눈 이 인터뷰는 2015년 1월, 2월, 3월 그리고 6월호에 실렸다. 각각 "'압축 시대'를 넘어 '사유혁명'의 미래로" "인간적 사유, 우주적 사유" "주체의 재구성 – 포월^{包越}의 초대" " 인문정치, 지구정치, 소임정치 가능성" 이라는 제목으로 연재됐다. **편집자 주**

압축 시대와 사유혁명

문명의 미래를 성찰하는 만남

『중앙일보』 논설위원 김환영 박사(이하 위원) 조인원 총장님, 반갑습니다. 함께 얘기를 나누며 성찰할 자리를 마련해주셔서 감사합니다.

조인원(이하 총장) 예, 반갑습니다. 말씀하신 대로 이런 만남은 성찰의 기회를 주는 것 같습니다. 많이 기대됩니다.

위원 저도 그렇습니다. 바쁜 삶 속에서 만남이 이뤄지는 그 순간, 우리는 잃어버린 시야를 되찾게 되죠. 이번 만남을 계기로 개인의 시야뿐만 아니라 사회적 시야를 가리고 있는 것은 없는지 살펴볼 여유를 선사했으면 합니다.

총장님은 정치학자로서 시장과 시간의 절박성에 결박된 현대문명을 긴 호흡으로 성찰해온 우리 사회의 대표 지성 가운데 한 분이십니다. 앞으로 총 4회의 대담을 진행하면서, 우리 사회의 얽히고설킨 실타래를 풀어낼 방법은 없는지 총장님의 생각을 함께 나눠보겠습니다. 오늘 첫 대담에 앞서 특별대담의 전반적인 흐름을 파악

허블우주망원경이 촬영한 황소자리의 게 성운 138억 년 전, 존재와 소멸, 창성과 몰락을 예견한 신비의 힘이 태동
했다. 그 '미지의 불꽃'은 인간의 무한한 성찰과 상상, 실천의 가능성을 초대한다.

할 발제문을 보내주셨습니다.

138억 년 전, 모든 존재와 소멸, 창성과 몰락을 예견한 신비의 힘이
태동했다. 그 미지의 '태초의 불꽃'은 인간의 무한한 성찰과 상상, 실
천의 궁극적 원천이다. 현대과학, 우주과학은 그렇게 말한다. 경이로
운 신비의 대서사를 써내려온 그 원천적 힘은 인간이 기억하고 예측

하고 행동하는 모든 근거의 모태다. 파란의 기나긴 삶의 역사 끝에, 그 시작과 함께 인간은 삶과 죽음을 성찰했다. 생존과 번성의 행동 양식인 정치를 추동했다. 현대사회의 특징 중 하나는 정치의 한복판에 '실용'을 착근시키는 것이다. 온전히 알 수 없는 삶과 죽음의 기원을 뒤로한 채 오늘 여기에 충실한 '현실'과 '실용'을 도모한다. 때로는 부와 영광을 위해, 때로는 이를 위한 힘과 권력을 위해 삶을 조직하고 행동반경을 설정해간다. '시대적 사유 따라 하기' '바쁘게 살아가기' '그때그때 충실하기.' 이와 같은 현대적 삶의 방식과 '실용의 미덕'은 차이와 경계를 넘나들며 이 시대 역사의 대세를 이룬다. 현대라는 거대한 '판'에 올려진 이익과 효용, 쾌락의 가치를 앞세운 사회는 좌든 우든 실용과 실리의 논리를 좇는다. 그러나 138억 년 우주 역사가 항시 새로운 과학적 열정과 도전에 열려 있듯이 나와 사회, 세계의 중핵을 이루는 실용의 미래는 변화와 창조에 열려 있다. 시장과 시간의 절박함에 내몰린 오늘의 현대사회. 그 사회에서 실용의 미래는 어디로 향할 것인가?

압축 시대, 어디서 와서 어디로 가는가

위원 평소 인류 문명과 정치의 새로운 가능성을 모색하는 데 관심이 많으시다고 들었습니다. 발제문이 그런 문제의식을 드러내는 것 같습니다. 특히 현대사회를 진단하는 부분이 흥미롭습니다. 총장님께서는 우리 사회의 현주소에서 주목할 만한 현상이라고 해야 할까요 아니면 도전적인 과제라 해야 할까요, 핵심 문제점을 뭐라고 보시나요?

총장 인문학에 대한 관심이 높아지고 있다는 점에 주목하고 싶습니다. 그 어느 때보다 개인적 삶에 대한 관심이 고조되고 있습니다. 정의에 대한 갈증이 커지고 있다는 점도 시대의 흐름을 타고 있는 것 같습니다. 그런 현상의 배경에는 1960년대부터 숨 가쁘게 진행된 근대화 프로젝트가 있었습니다. 지난 반세기 동안 우리가 경험한 이른바 '압축 성장'은 실로 많은 것을 남겼습니다. 경제성장과 함께 그 어느 때보다 풍요로운 삶이 가능해졌습니다. 성장과 팽창의 물적 토대도 전례 없이 강화됐습니다. 그러나 그런 이면엔, 우리가 잘 알고 있는 '민주화 문제' 외에도, 관심을 기울여야 할 여러 도전적인 과제가 있습니다. '시간의 압축' '가치의 압축' '정치의 압축' 같은 문제입니다.

'시간의 압축'은 우리 사회에 '빨리빨리 문화'를 만들었습니다. 눈앞의 목표 달성을 위해 전력을 기울이는 사회풍토를 만들었습니다. 그래서 우리가 사는 세계는 '지금 이곳'에 마주하고 있는 시간입니다. 어떤 철학자는 이런 현상을 '순간에 의해 지배되는 시간'이라고 말하더군요. 압축된 시간 속에서 설정된 목표와 과제를 위해 삶을 이끌어야 하는 풍토가 만들어진 셈입니다. 그런 가운데 중장기적인 시간과 사유, 미래에 대한 전망은 설 자리를 제대로 찾지 못했습니다. 한마디로 자아와 사회를 깊이 성찰하는 시간이 위축된 것입니다.

위축된 시간은 우리 사회의 '가치 압축'을 불러왔습니다. 우리 사회에서 한때 인사말처럼 주고받던 '부자 되세요'라는 말을 그 예로 볼 수 있겠지요. 부의 창출이 가치체계의 획일화를 불러왔습니다. 국가와 개인의 성공기준을 경제규모와 성장률에 맞추는 문화가 자리 잡았습니다. 이처럼 압축壓縮의 시대는 압도壓倒의 시대가 됐습니다. 그런 가운데 가치의 다양성이 크게 줄어들었습니다. 어쩌면 우리가 사는 이 시대는 경제적 이익과 다른 인간의 가치가 서로 공존할 수 없게 됐는지도 모릅니다. '더 많이' '더 빨리'가 사회의 사유체계를 이끌었습니다. 그것이 일종의 블랙홀로 작용했습니다. 문화, 교육, 예술 같은 다양한 삶의 요인을 급속히 빨아들였습니다. 결과는 다양성의 위기입니다. 다양성이 존재한다 해도 결국 경제와 부의 논리에 귀착되고 마는 경향을 만들었습니다.

위원 그렇다면 '시간의 압축'과 '가치의 압축'이 불러온 정치 현실은 무엇인가요?

총장 앞서 말씀드린 그런 요인과 함께 또 다른 압축이 진행됐다고 봅니다. 어떤 정치적 긴박성입니다. 지난 세월 거의 모든 정권이 경제성장과 번영에서 권력의 정당성을 찾았습니다. 그런 정치문화가 우리 사회에 깊숙이 배어 있었습니다. 성과를 내야 한다는 압박감, 그런 마음이 정치인에겐 시급성과 절박성으로 다가섰을 겁니다. 경제 분야의 단기성과를 통해 지지기반을 쌓아가는 일이 정치 생명에 절실한 문제가 됐습니다. 경제를 기반으로 한 '표심 모으기 정치'가 중요해졌습니다. 소통과 배려, 존중과 관용 같은 시민가치를 함양해 가시적 성과를 내는 것은 쉽지 않은 일입니다. 이를 기반으로 사회의 미래, 문명의 미래를 열어가는 일도 지난한 과제입니다. 이 두 과업 모두 시간이 필요합니다. 긴 호흡도 필요하고, 시행착오도 수반합니다. 안타깝게도 우리 정치는 이를 수용하지 못했습니다. 그래서 '단기성과의 정치' '시급성의 정치'가 삶과 사유, 실천의 굴레로 다가선 것이 아닌가 합니다. 우리가 바라던 정치문화와는 사뭇 다른 것입니다.

위원 우리나라가 빨리 선진국이 되고 경제위기를 극복하려면 그런 압축과 압도의 정서가 불가피한 것 아니냐는 의견도 있습니다.

총장 우리나라는 수많은 경제위기와 침체국면을 맞았지만, 이를 극복했습니다. 그래서 지금은 그 어느 때보다 물적으로 풍요롭습니다. 그러나 물적 토대를 강화하는 과정에서 성찰이 부족했습니다. 서구가 체험한 사회적 모순을 압축적으로 겪으면서 긴 호흡의 반성적 사유는 부족했습니다.

폴 고갱Paul Gauguin의 그림 제목인 「우리는 어디서 왔는가, 우리는 무엇인가, 우리는 어디로 가는가」는 위기를 극복하고, 나라를 한 단계 더 도약시키는 데 필요한 근원적 사유를 제공합니다. 우리에겐 빠른 변화 속에서 잊고 살았던 것이 있습니다. 인간의 정체성과 삶의 방향성 문제입니다. 저는 이것이 모두에 말씀드린 인문학에 대한 관심이 그 어느 때보다 커지고 있는 이유라고 봅니다. 하지만

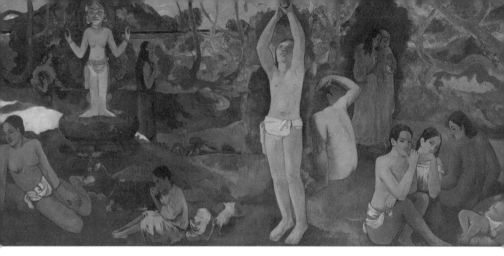

폴 고갱, 「우리는 어디서 왔는가, 우리는 무엇인가, 우리는 어디로 가는가」, 1897 문명의 발전과 함께 우리는 무엇을 찾아 나설까? 문명의 발전이 인간을 더욱 인간적이게 할까? 고갱은 타히티 섬에서 인간존재의 근원을 물었다. 그림 오른편에서 왼편으로 시선을 이동하면 출생과 죽음에 이르는 인생의 파노라마를 만나게 된다.

우리는 이에 적절히 대응하지 못했습니다. 그 배경엔, 앞서도 말씀드렸듯이, 압축 성장의 문화가 있었습니다. 또 그 역사의 소용돌이 속에 자리 잡고 있던 뿌리 깊은 정경유착도 문화의 다양성을 이루는 데 도움이 되지 못했습니다.

위원 그렇다면 마이클 샌델Michael Sandel 교수의 책 『정의란 무엇인가』 Justice가 몰고 온 '정의열풍'도 압축 시대의 부작용과 관련이 있을까요?

총장 샌델 교수가 다룬 '정의'는 정치학 중에서도 매우 딱딱한 주제입니다. 이 주제에 한국 사회가 그처럼 큰 관심을 보인 것은 뜻밖입니다. 제겐 여전히 미스터리로 남아 있습니다. 그런데 이 시대를 살고 있는 사회인이라면 누구나 불공정한 일에 대해 '이건 아닌데'라는 느낌을 가질 겁니다. 부의 축적과 권력, 사업과 이권을 둘러싼 여러 의문이 여전히 사회 곳곳에서 일고 있습니다. 이 문제를 심층적으로 잘 대처해야 합니다. 무엇이 과연 공정하고, 공동체 차원에서 무엇을 실천할지 정치권이 능동적으로 풀어가야 한다고 봅니다. 그러나 그렇지 못한 것이 현실입니다. 오히려 일반인들은 정치권의 진영과 패권논리에 따라 정의라는 가치가 정치화되고 있다고 보고 있습니다. 또 다른 편으론, 언론의 자유는 과거에 비해 좋아졌습니다. 하지만 민감한 정치 사안에 관해선 기성세대마저 자유롭게 표현하지 못하는 경향이 있습니다. 표현하지 못하는 데서 오는 소외감도 중요한 문제입니다. '정의열풍'이 일고 있는 사회현상에 우리는 더 주목해야 합니다.

사람을 배려하는 시민사회 리더십

위원 정의열풍 이면에는 우리 사회가 안고 있는 여러 문제가 있다는 말씀이시군요. 그렇다면 어디서부터 문제를 풀어야 할까요?

총장 시민의식이 중요하다고 봅니다. 정치는 기본적으로 공공성과 정의를 지향해야 합니다. 그런데 현실에선 이것이 잘 이뤄지지 않습니다. 너무나 상식적인 이야기인데 현실정치란 틀, 관습, 관행이 이를 가로막고 있는 것 같아요. 일반적으로 정치인의 관점에선 이런 말도 가능하겠지요. '정치는 권력을 위해 존재한다. 이를 위해선 표심을 얻어야 한다. 오늘의 정치현실은 사분오열돼있다. 정치는 그래서 안정적인 내 편의 생각과 이익에 주력하면서, 공공성과 보편성을 말해야 한다.' 이런 논리와 함께 편을 넘어선 또는 그것을 감춘 '섬김의 리더십'이란 슬로건이 자주 등장합니다. 물론 섬김의 리더십은 바람직합니다. 하지만 문제는 진정성입니다. 그것이 내 편만을 위한 것인지 아니면 나라의 미래를 위한 것인지, 사회가 더욱 성찰적인 자세를 견지해야 합니다. 경쟁적이고 배타적인 그리고 투쟁적인 정치현실에서 내건 '섬김'의 뜻을 깊이 헤아리는 것이 중요하다고 봅니다.

시민사회는 앞서 말씀드렸듯이 현실정치인이 가장 중시하는 표심의 기반입니다. 정치의 미래를 이끌 중심축입니다. 우리가 갖는 공공성에 관한 의식이 그 무엇보다 중요해지는 이유입니다. 시대의 미래가 필요로 하는 정치의 양심과 가치 그리고 미래에 대해서 우리 모두가 더 많은 관심을 기울였으면 합니다. '내 편' '네 편'의 현실정치는 우리가 절실히 필요로 하는 공동체의 안정과 번영을 지속 가능하게 하지 않습니다. 억압과 제압을 전제하지 않는다면 말입니다.

위원 그런데 어떻게 보면 시민사회 자체가 좌우로 갈라져 있습니다. 또 시민사회가 현 정치구도에 잘 적응하고 있는 측면도 있고요. 정치와 시민사회의 관계를 바꾸려면 어떻게 해야 한다고 보십니까?

총장 어려운 문제입니다. 시민사회라는 개념은 사실 '국민'만큼 추상적입니다. 다양합니다. 그런 뜻에서 '참여' 또는 '단체'에 초점을 두고 이야기를 해보겠습니다. 시민단체 중에는 누구라도 동참하고 싶어 하는 단체가 있을 겁니다. 부분적인 예겠지만, 눈을 밖으로 돌리면, '국경 없는 의사회'Médecins Sans Frontières*, '해비타트'Habitat*, '그린피스'Greenpeace* 같은 인간의 보편가치, 도움과 나눔을 실천하는 단체들이 있습니다. 어떤 현실적 정치목적을 위해서라기보다는 인도주의와 보편성, 인간 생존의 지속성을 위한 노력을 기울이고 있습니다. 이와는 다르게 특정 정치노선을 위해 존재하는 시민단체도 물론 있습니다. 이 경우는 설정된 목표와 함께 이미 현실정치에 몸담고 있는 것입니다. 정치적인 성향과 과업에 따라 노력하는 것이겠지요. 무엇이 시민단체의 길인지, 그것은 판단 차원의 문제입니다. 잘잘못을 가리는 것도 큰 의미가 없습니다. 그러나 우리가 희망하는 인간과 사회의 미래가 화해와 소통, 관용과 창조 같은 것이라면, 보편가치를 구현하는 시민의식을 위해 더 많은 노력이 필요해보입니다. 선 긋기, 편 가르기의 폐단을 넘어서기 위해선 시민의식뿐 아니라 그런 폐단을 정치적으로 활용한 정치도 달라져야 합니다.

비근한 예로, 우리나라에서는 한때 시민단체를 이념적인 관점에서 바라보는 경향이 있었습니다. 예를 들어 'NGO'Non - governmental Organization*라고 하면 '좌파'라고 생각하던 시절이 있었습니다. 정치 공세 때문에 그렇게 인식했던 것이 아닌가 해요. 이제는 달라졌습니다. 그리고 무엇보다 이 시점에 중요한 것은 개인과 사회, 나라와 세계의 보편가치를 지향하는 시민의식을 어떻게 확산할 수 있나 하는 점입니다. 건강한 시민사회는 정치의 편파성과 배타성 그리고 그것의 현실적 폐단을 줄여가는 양심과 가치가 살아 숨 쉬는 곳입니다. 시민사회는 인간과 시민의 기본권을 강화empowerment*하는 주체인 동시에 매개입니다.

위원 그렇다면 좌우를 떠나서 무언가를 보편적으로 나누는 시민사회의 가능성이 있다는 뜻인가요?

총장 그 문제는 앞서도 잠시 말씀드렸습니다. 그리고 저는 정치학을 공부했지만, 아직 좌우가 뭔지 정확히 판단하기가 쉽지 않습니다. 이를테면 '사람이 중요하다' '사람의 안위와 행복이 중요하다'는 점에 주목하면 특히 그렇습니다. 이 문제에 관해선 이념의 차이를 넘어서 공감하는 부분이 있을 겁니다. 존재한다고 믿는 인위적 차이, 제도적 차이, 그 차이를 초월해서 말입니다. 이런 예를 들어보면 어떨까요? 우리가 현재 몸담고 있는 자유민주주의 시장경제는 제도 그 자체로는 훌륭합니다. 하지만 제도가 역사의 주인은 아닙니다. 사람이 주인입니다. 좌우를 떠나 사람이 중요하지 않다고 말하는 사람은 아마 흔치 않을 겁니다. '인간의 얼굴을 한 자본주의' '인간의 얼굴을 한 사회주의'란 말이 그 제도를 만든 나라들에서 오래전부터 지속적으로 나오는 이유가 아닌가 합니다.

이것이 뜻하는 것은 좌우 또는 보수나 진보가 궁극적인 지향 면에서 결국 같다는 이야기입니다. 인간을 다시 '역사의 주체'로 세우는 것은 중요합니다. 그러나 그 일이 아무리 중요하다고 해도, 이를 위해 법을 제정할 수는 없겠지요. 이는 현실세계에서 불가능할지 모릅니다. 하지만 그런 사회문화를 위해 노력하는 것 자체가 의미를 갖습니다. 미래엔 인간의 존엄과 인권을 더욱 온전히 담아내는 정치노선만이 성공을 담보할 수 있으니까요. 현실정치가 정치적 이해관계로 인해 그 한계를 보인다면, 시민사회의 역할이 중요해집니다. 정치는 결국 사회의식의 '반영'이기 때문입니다.

사유혁명으로 상상하는 더 나은 미래

위원 그런 시민의식을 만들기 위해선, 어떤 조직을 만들거나 운동을 하기 위해선 누군가 나서야 하는 게 아닐까요?

총장 시대는 이미 그런 방향으로 가고 있다고 봅니다. 세상을 놀라게 하는 사건, 사고가 여전히 잇따릅니다. 하지만 과거에 비하면 좋아지고 있습니다. 물질적으로뿐만 아니라 정신적으로도 진보하고 있습니다. 시민의식이 과거 어느 때보다 고양된 것이 사실입니다. 국제적으로도 UN^{United Nations}을 중심으로 사회기관의 활동이 활발해지고 있습니다. 일례로 대학의 지구의식을 강조하는 유엔아카데믹임팩트^{UNAI, United Nations Academic Impact}*에 전 세계 700~800여 대학이 참여합니다. 이윤추구 활동의 지구적 책임을 강화하는 유엔글로벌콤팩트^{UNGC, United Nations Global Compact}*에도 많은 기업이 참여합니다. 세계화를 넘어 '세계시민의식'을 고양하자는 취지에서입니다. 물론 이런 추세가 있는데도 문제는 여전히 상존합니다. 세계시민의식이 아직은 제한된 사람, 기관, 조직에 머물러 있습니다. 인간과 지구

문제를 풀어가는 데 변화의 흐름을 읽어내지 못하는 경향이 여전히 남아 있습니다. 시민과 대학, 기업과 언론이 지구적 차원의 의식 고양에 더 많은 노력을 기울여야 한다고 봅니다.

위원 그렇게는 해야겠지만, 지금 우리의 상황은 위기 아닌가요?

총장 위기라는 말은 정치적으로 활용될 수 있습니다. '변해야 한다' '위기다'라는 말이 있을 수 있습니다. 우리나라는 그런 경향이 더 강했습니다. 역대 정부 중에 위기를 말하지 않은 정부가 거의 없습니다. 사회변화를 기한다는 취지에서도 그랬지만, 위기를 표방해 다른 정치목적을 꾀하기도 했습니다. 이젠 이를 넘어서야 할 때입니다. 사유의 전환을 통해 더 나은 미래를 말해야 합니다. 국가발전과 성장의 옛 틀에만 묶여 있을 수는 없습니다. 시대가 변했습니다. 문명사적 흐름도 큰 전환을 맞고 있습니다. '국가'와 '세계화'란 말로 이런 변화를 담아내기엔 부족해 보입니다. 우리가 그간 바라왔던 풍요와 번영을 담아내기 위해서도 그렇고, 그런 현상의 뒤안길에 놓인 폐해를 생각하면 더욱 그런 느낌을 갖게 됩니다. 패러다임 변화를 통해 사회의 발전 궤적을 다시 성찰해야 할 시점입니다. 심화하는 부의 양극화, 환경훼손, 기후변화 같은 이 시대의 문제가 그런 필요를 말해줍니다.

그리고 바로 그런 이유에서 이 시대의 전환적 필요를 '위기'라는 말로 받아내는 것은 바람직해 보이지 않습니다. 오해와 오용의 소지가 있습니다. 그 대신 이제는 '미래'를 말해야 합니다. 인간적 희망과 상상, 갈망을 담아낼 미래에 대한 사유가 절실합니다. 미래를 현재의 사유세계로 불러오자는 것입니다. 물론 우리의 '현실적' 사유체계에서 미래는 멀게만 느껴집니다. 사람들은 '지금 여기'에 관심을 기울이는 경향을 갖습니다. 하지만 '내일의 지금 여기'도 있어야 합니다. 젊은 세대에게 물려줄 미래를 생각해야 합니다. 지속가능한 삶을 위해 전망된 미래와 현재의 괴리를 줄이는 일이 필요합니다. 이제 정치의 새 지평을 열어야 합니다. 우리가 원하는 정치는 막스 베버Max Weber의 말처럼 과거와 현재뿐 아니라 미래를 관리하는 것입니다.

위원 끝으로, 새로운 사유혁명을 위해서 참고할 만한 문헌이 어떤 게 있는지 소개해주셨으면 합니다.

총장 사회생물학자 에드워드 윌슨Edward Wilson의 『지구의 정복자』The Social Conquest of the Earth*를 추천하고 싶습니다. 이 책은 몇 가지 차원에서 의미가 있습니다. 우선 윌슨의 학자적 위대함입니다. 90세 가까운 연세에 집필한 그 책에서 저자는 자신이 필생의 노력으로 기초를 놓은 학계정설을 스스로 뒤엎는 입장을 표명합니다. 두 번째는 바로 그 뒤바뀐 입장과 함께 표명된 새로운 주장입니다. 인간이 지구상에서 오늘의 위치를 점하게 된 이유는 이기적 본능을 좇는 여느 생명체와 달리 이타적 본능을 견지한 사회성 때문이라고 합니다. 흥미로운 생각입니다. 지구를 '정복한' 공동체의 번성에 그런 요인이 주효했다는 말인데, 인류의 지속 가능한 미래를 생각할 때 시사하는 바가 적지 않습니다. 이 시대 우리가 주목하는 내 욕망, 내 성취, 내 미래에 관한 생각과 함께 천착해야 할 화두가 아닐까 합니다.

위원 의미 있는 주제인 것 같군요. 마지막 질문입니다. 앞으로 새로운 사유혁명은 어떻게 전개될까요?

총장 인간은 사유하는 생명체인 만큼 대화와 소통 그리고 공감을 통해 새 길이 드러나리라 봅니다. 어느 한 사람이 만드는 것이 아니라, 인류의 진화가 그랬듯이 집단지혜collective wisdom를 통해서 길이 열리지 않을까 합니다. 물론 우리 모두의 희망을 담아내는 유토피아를 만드는 것은 당장 불가능할 것입니다. 어떤 덕목과 노력을 통해 그 세계를 만들 것인지도 불분명합니다. 하지만 유토피아, 특히 인간의 지속 가능한 생존과 번영의 미래를 그리지 않는 사회엔 희망이 없습니다. 희망의 끈을 놓지 않는 것이 중요합니다. '문제를 풀어가야 한다'는 의식과 함께 '눈을 들어 하늘세계을 보고, 땅현실을 보는 것'이 필요합니다.

우주적 사유, 그 아름다운 미래

인간적 사유, 우주적 사유

위원 사유혁명의 가능성을 논한 지난 만남에 이어 어느새 두 번째 대담을 진행할 시간입니다. 그간 안녕하셨나요?

총장 대담을 준비하면서 이런저런 책들을 다시 꺼내 봤습니다. 즐거운 시간이었습니다.

위원 그렇게 말씀하시니 기대됩니다. 오늘의 주제는 '우주'라고요?

총장 그렇습니다. 일반적으로 우주라 하면 공상과학 영화나 과학책에서 다룰 법한 소재로 생각합니다. 하지만 우주는 우리 삶과 매우 밀접한 관계를 맺고 있습니다. 발제문을 먼저 소개하겠습니다.

"우리는 하늘이 무엇을 원하는지, 원하지 않는지 알 수 없다. 아마 하늘 자신도 알지 못하리라." 드니 디드로$^{Denis\ Diderot}$*의 성찰이다. 우리는 관계 맺고 있는 그 무엇, 대상과 세계를 인간화한다. 그런 가운데 우리를 둘러싼 우주와 세계에 대한 확신을 쌓아간다. 그러나 인간을 둘러싼 경이로운 복잡성은 언젠가 미래의 우리를 미소 짓게 할 것이다. '해가 뜬다' '계절이 바뀐다' '우주는 팽창 또는 수축한다.' 그런 말들은 우주에 관한 인간의 관찰과 인과因果의 세계를 표현한다. 인류가 쌓아온 위대한 발견의 세계를 말한다. 그러나 그 위대함의 본질은 인간의 제한된 상상과 사유의 소산이다. 영원한 시간 앞에 모든 관찰과 인과의 세계는 언젠가 붕괴한다. 인간은 예정된 소멸과 함께 우주와 세계를 끊임없이 인간화하고, 알 수 없는 영원한 '태초의 미래'를 살아간다. 그런 삶의 조건에서 인간은 인간의 길을 이어가기 위해 불확실한 '우주적 사유'를 또다시 오늘로 불러와야 한다.

위원 흥미로운 생각입니다. 발제문에서 언급하신 것처럼 삶은 많은 인과관계에 둘러싸여 있습니다. 그리고 인간은 사유하는 존재이고 사유는 인간 정체성의 핵심이지요. 그런데 보통 우리는 일상생활에서 우주를 생각하지 않습니다. 사유의 상당 부분을 차지하는 것은 인간관계의 발견과 확인과 부정일 뿐일 겁니다. 그렇다면 과연 우주도 사유할까요? 만약 그렇다면 우주의 사유를 인간의 사유 안으로 끌어들일 수 있을지 궁금해집니다. 그런데 우주가 사유하지 않는다면, 인간이 우주를 대신해 사유해야 한다는 것입니다. 사실 인간은 태곳적부터 그렇게 해왔습니다. 문명과 과학의 발전은 우주적 사유의 산물입니다.

현실정치 넘어서는 우주적 상상

위원 국내외적으로 새로운 도약이 필요한 시대라고 합니다. 도약은,

「코스모스: 시공 오디세이」의 첫 장면
칼 세이건(Carl Sagan)의 원작 「코스모스」(*Cosmos**)를 리메이크한 영상물 「코스모스: 시공 오디세이」 신드롬은 놀라운 현상이다. 인간, 우주, 상상, 미래 같은 불확정적인 소재를 담아낸 창작물인데도 우리 사회는 지난해 큰 관심을 보였다.

역사를 돌이켜보면, 우주적 사유를 인간적 사유로 포괄할 때 가능했던 것 같습니다. 오늘날 인간적 사유와 우주적 사유는 어떻게 만나고 있을까요? 발제문을 보니 총장님께서는 거대정치담론metapolitics의 관점에서 이 문제를 고민해오신 듯합니다. 지난해 인기리에 방영된 다큐멘터리 「코스모스: 시공 오디세이」Cosmos: A Spacetime Odyssey와 영화 「인터스텔라」Interstellar 열풍이 불러온 '우주 신드롬'을 어떻게 보시는지요? 정치학자로서 어떤 의미를 부여하시는지 궁금합니다.

총장 놀라운 현상입니다. 사회에 잠재해 있는 대중적 소망 또는 갈망의 편린을 엿볼 수 있습니다. 인간과 우주, 현실과 상상 그리고 미래 같은 불확정적인 소재를 담아낸 창작물인데도 큰 관심을 받았습니다. 이것을 보면서 이런 소회를 가졌습니다. 21세기 초엽에 들어선 현대사회는 누군가의 표현처럼 '위험사회'*입니다. 지구촌곳곳에 자연적·인위적 위험이 산재합니다. 그 위험에 따라 불안과 심려가 증폭됩니다. 2011년 우리를 놀라게 한 일본의 쓰나미 참사와 원전 위기, 2014년에 발생한 세월호 사건의 참담함은 우리 앞에 놓인 위험을 상징적으로 보여줍니다. 물리적 차원에서나 이를 둘러싼 정치사회적 배경에서 그렇습니다. 그런 점에서 우리는 또다시 물어야 합니다. '어떻게 살아야 하나?' 인간에게 무심한 우주와 자연 그리고 인간이 만든 정치사회적 모순에 평생 주목했던 폴란드 시인 비슬라바 쉼보르스카Wislawa Szymborska*의 시적 응시처럼 말입니다. 이 질문이 새삼 불안과 심려의 실존의식을 깨우고 있는 것이 아닌가 합니다.

저는 지난 세월 정치학에 관심을 둬왔습니다. 비주류의 관점에서입니다. 이 말엔 오해의 소지가 있을 것 같군요. 하지만 그렇게 표현하는 것이 적절해 보입니다. 사실 많은 사람이 정치학은 현실적인 학문이라고 합니다. 삶과 생존, 권력과 부, 권위가 빚어낸 각축과 투쟁 그리고 이를 둘러싼 현실이 바로 정치라고 말합니다. 그런데 그런 시각은 '현실'이 무언지, 그 시작과 끝이 어디인지에 관해선 무심한 것 같습니다. 눈앞의 세계에 집중하는 경향을 보입니다. 그러나 현실은 아직 누구도 가보지 못한 '미도未到의 세계'입니다. 그 해석과 이해의 가능성이 무궁합니다. 그 무한성을 이른바 정치에 대한 '현실적 이해'가 가로막는 경향이 있습니다. 앞서 말씀하신 영상물 두 편에 담긴 '우주적 상상'은 그런 점에서 의미가 있습니다. '우리에겐 현실이 중요하다. 생존과 투쟁, 쟁취가 정치의 역사다.' 그런 시각에 대해 또 다른 인식의 지평을 열어줍니다. 사실

이야기를 나누는 이 순간에도 내가 내린 현실과 정치에 대한 해석은 엄밀한 의미에서 과거가 되고 있습니다. 하지만 동시에 미래를 맞이하고 있는 것이기도 합니다.

위원 이제 화제를 좀 바꿔보지요. 최근 프란치스코 교황Pope Francisco이 한국 사회에 몰고 온 열풍은 영적 갈망과 정치사회적 현실에 대한 불만 중 어느 쪽에 속할까요?

총장 우답일지 모르겠습니다. 신앙인에겐 영적 갈망이, 고통받는 이에겐 현실적 불만이 더 중요하지 않나 합니다. 그러나 상이해 보이는 이 두 마음의 기저엔 공통점이 있습니다. '인간다운 세상' '치유와 구원을 갈망하는 세상'입니다. 교황은 방문기간 내내 종파를 넘어 고통을 끌어안았습니다. 관대함, 겸허함, 소박함을 보였습니다. 현대의 '부요'富饒 곁에서 자라나는 고통에도 주목했고, 배타적 경쟁사회가 '앞으로 무엇을 해야 하나'라는 화두도 남겼습니다. 이 모두 문명의 진보, 성장의 신화와 함께 다시 한 번 생각해야 할 주제라고 봅니다. 정치의 핵심 소재입니다.

우주에서 찾아보는 인간의 길

위원 최근 우리 사회에 열풍을 불러온 몇 가지 일에 대해 얘기를 나눴습니다. 이제 본 얘기로 들어가보겠습니다. 조금 전 '인간적 사유, 우주적 사유'에 관한 발제문을 함께 읽었습니다. 오늘날 '인간적'이란 말은 무엇을 의미하나요?

총장 어느 철학자는 인간의 특성 중 하나를 '뿌리 없음'groundlessness*이라고 합니다. '이 말이 도대체 무슨 뜻인가?'하는 생각이 들지도 모르겠습니다. 사실 '내 부모는?' '내 민족은?' '내 조국은?' 같은 관점에서 보면 엉뚱한 말이지요. 그러나 다른 각도에서도 볼 수 있습니다. 인간은 우리가 알고 있듯이 '속'屬 개념입니다. 나도 인간이고, 남도 인간입니다. 조상과 국가도 인간집단의 산물입니다. 그래서 우리 각자의 연원을 끝없이 거슬러 올라가다 보면 '인식의 벽'과 마주하게 됩니다. 그 벽은 바로 '기원의 문제'입니다. 인간의 기원, 생명의 기원, 우주의 기원. 이 모든 것의 기원은 아직은 명징하지 않습니다. 과학이론을 다 동원해도 아직 모름의 영역입니다. 그런데 모름엔 특별한 의미가 있습니다. 우선 불안과 심려를 낳습니다. 이를 해소하기 위해 인류는 신과 신화에 의존했습니다. 왕과 영웅을 섬기기도 했습니다.

현대사회는 이를 대체할 이념과 제도를 고안해냈습니다. 특히 최근의 지구화시대는 시장경제와 민주주의를 최고의 권위로 신봉합니다. 그리고 그 권위와 함께 사람들은 서로 경쟁하고, 쟁취하고, 누리면서 꿈과 행복을 말합니다. 그런데 이와는 전혀 다른 국면에 처한 삶도 있습니다. 소외를 겪고, 고통을 느끼고, 불행과 좌절의 일상을 살아가는 이들이 많습니다. 이 양면성은 무엇을 말하는 것일까요? 이 문제를 천착하는 것이 '인간적'이란 개념이 품은 화두 중 하나가 아닐까 합니다. 우주 속 인간의 뿌리 없음을 생각하면서 '범인간적 가치와 윤리'에 끊임없이 도전하는 것, 그 안에 '인간적'

이란 말이 내포돼 있다고 봅니다.

위원 '인간적'이란 말에 그런 화두가 있군요. 그런데 인류는 '인간적 사유'에서 '우주적 사유'로 넘어가는 진화의 소용돌이에 빠져 있는 것 아닌가요? 또 아직은 먹고사는 문제가 최대의 화두인 것 같은데, 어떻게 생각하시는지요.

총장 인간은 시대철학의 변화와 함께 '신의 죽음'* '인간의 죽음'을 말해왔습니다. 프리드리히 니체^{Friedrich Nietzsche}가 그런 사상을 선도한 대표적인 인물입니다. 그의 생각은 탈현대의 문턱에서 큰 영향을 미쳤습니다. 전통과 역사에 맞서면서 '틀'을 해체하는 파격을 드러냈기 때문입니다. 그렇다면 신과 인간의 죽음이라는 '상징적 죽음' 앞에 무엇이 남을까요? 바로 우주와 자연이 아닐까 합니다. 물리적 원리에 충실한 탈^脫인간적 세계라 할 수 있습니다. 이 세계에도 물론 인간은 존재합니다. 존재하면서, 지구상 여느 생명체와 마찬가지로 자연적 본능, 먹고사는 생존 본능에 충실합니다. 그런데 이런 본능만이 더욱 강화된다면 인간의 다양한 가치와 고뇌는 설 자리를 잃게 됩니다. 이 시대를 살아가는 많은 이는 아마도 그런 세상을 원치 않을 겁니다. 그런데도 현실은 남다른 생존기술과 경쟁력을 그 어느 때보다 강조합니다. 치열한 경쟁사회의 원초적 원리를 체화하고, 이에 충실한 삶의 의지를 세울 것을 요청합니다.

말씀하신 것처럼 '먹고사는 문제'는 예나 지금이나 삶의 중심입니다. 그러나 우리가 물적 풍요와 함께 인간의 인간적인 사회를 원한다면, 생존에 치우친 배타적 경쟁의 강박을 넘어서야 합니다. 경제에 편중한 정치사회적 강령을 넘어서 무언가를 찾아 나서야 합니다. 현실과 너무나 멀게 느껴지는 우주적 사유는 그런 사유의 공간을 열어줍니다. 마음의 이동과 의식전환의 교량이 될 수 있습니다. 인간은 우주에서 의미와 가치를 발견해왔습니다. 사유의 폭과 삶의 지평을 넓혀왔습니다. 이것이 '내 삶' '내 성취' '내 소유'와 함께 우리가 우주에 주목해야 하는 이유 아닐까요? 내가 보는 세계, 내 삶의 철칙은 오류일 수 있습니다. 불과 300여 년 전만 해도 사람들은 우주의 역사가 5,000~6,000년 전에 시작했다고 봤습니다. 오늘의 지식과 비교해 큰 차이지요. 인간사를 둘러싼 과학적·인과적 사유의 지평을 넓혀야 더 온전한 인간과 우주의 만남을 기대할 수 있습니다.

위원 만약 '우주적 사유'가 이미 존재하거나 앞으로 등장할 수 있다면, 그 핵심은 무엇인가요?

총장 우주적 사유에 의미가 있다면, 그것은 아마도 인간이 우주의 일부이기 때문일 겁니다. 『코스모스』의 저자 칼 세이건은 인간의 거처居處인 지구를 우주 내 존재하는 '창백한 푸른 점'이라 불렀습니다. 그 '미미하고, 위태로운 티끌' 위에 살아가는 존재가 바로 인간입니다. 이 이야기는 자칫 허무주의를 부를지 모릅니다. 하지만 그 허무의 사유공간 속에서 인간의 의미를 찾아 나서야 하는 것이 우리가 처한 상황이기도 합니다. 알베르트 아인슈타인Albert Einstein은 또 다른 눈으로 우주적 사유의 핵심을 전합니다. '인간은 시각적 환영optical delusion과 함께 살아간다. 시각적 환영은 내가 만난 사람과 지식의 영향을 받는다. 그 영향이 감옥prison이다.' 그가 말한 인간의 환영과 감옥은 어찌 보면 영원한 신비 또는 모름과 함께 살아가야 할 인간의 길 그 자체입니다. 그 길에서 아직 '다다르지 못함' 또는 '신비의 숭고함'을 기꺼이 받아들이는 것이겠지요. '초월과 연결'의 무한 가능성을 확인해가는 것이 우주적 사유의 '미'美가 아닐까 합니다.

위원 그렇다면 우주적 사유는 종교를 의미하나요? 종교가 '인간적 사유'에서 '우주적 사유'로 넘어가는 징검다리 역할을 할 수 있을까요?

총장 우주적 사유와 종교에 관해선 이렇게 말하고 싶습니다. '인간의 매력은 변화와 창조의 길을 끊임없이 이어간다.' 정靜보다는 동動이 변화와 창조의 역사를 만들었습니다. 물론 인간사유의 동학動學은 우주의 산물입니다. 138억 년 동안 생성과 소멸을 거듭해온 우주는 우리가 알고 있는 모든 자연과 환경을 만들었습니다. 인간도 거기서 비롯됐습니다. 인간이 인간인 것은 특유의 '인공물'artifact을 만들어낸다는 사실에 기인합니다. 인간은 자연 질서에 충실하면서도 사랑과 증오, 환희와 좌절, 행복과 불행 같은 자신만의 우주를 만들었습니다. 그것이 우리가 '내재하는 신' '내 안의 부처'를 말하게 된 이유라고 봅니다.

종교인은 '더 나은 삶'을 말할 때, 절대적 '신의 존재' '현자의 보편 철학'을 말합니다. 일반인은 인간의 열린 마음과 가치 그리고 윤리를 중시합니다. 이런 차이가 있지만 공통점도 있습니다. 바로 영혼과 사유 그리고 실천의 우주적 감수성입니다. 이는 나와 남, 공동체와 자연을 말할 때 유신론자와 무신론자 모두에게 소중한 삶의 가치입니다. 그리고 지향이기도 합니다. 그런 점에서 종교와 비종교가 서로 만날 수 있지 않나 합니다. 어느 '물리철학자'의 말처럼 미래에도 종교가 있다면, 그것은 시공을 넘나들며 무궁한 현실의 의미를 찾아 나서는 '우주적 종교'cosmic religion일지 모릅니다. 그리고 그 '현실의 종교'가 말하는 모름과 신비의 실존적 의미는 종교가 말하는 '신의 경지'나 '궁극의 깨달음'일 수도 있겠지요.

시민의 각성, 미래의 호출, 참여와 책임

위원 정치와 경제에 대해서도 생각해봤으면 합니다. 총장님은 오늘날의 정치와 경제가 충분히 인간적이라고 생각하시나요? 만약 그렇지 않다면 어떻게 정치·경제적 비인간성을 극복할 수 있을까요?

총장 유물론적 인간론의 태두 루트비히 포이어바흐Ludwig Feuerbach*는 인간을 '먹고사는 것, 그에 부수하는 것을 추구하는 존재'로 보았습니다. 그런 그의 생각은 수세기가 지난 오늘날에도 여전히 유효합니다. 실제로 '문제는 경제야!'라는 시각이 지구촌 삶의 현장에서 시대의 철학으로 자리 잡았습니다. 그렇지만 오늘의 정치·경제는 수많은 난제를 안고 있기도 합니다. 월가에서 벌어졌던 '점령하라'라는 시위가 상징하는 세계화의 모순, 지구촌 남북 빈부격차에 못지않게 심화하는 국가 내 경제적 양극화, 이에 부수하는 소외와 실업 그리고 굶주림. 이와 같은 문제가 오늘의 정치·경제에 경고음을 울립니다. 탐욕과 경쟁의 열풍이 만든 인간의 인간적 문제는 어떻게 치유할 수 있을까요? 이에 대한 답을 찾기란 쉽지 않습니다. 또다시 정치와 경제 또는 시장에 의존해야 할까요? 아니면 다른 대안을 찾아야 할까요? 저는 시민의식과 시민사회의 역할을 말하고 싶습니다. 그런 점에서 몇 가지 과제가 중요합니다.

우선 시민의 각성이 지니고 있는 의미의 문제입니다. 자신을 변화의 주체로 인식하는 것은 시민성을 깨우는 일입니다. 정치·경제가 추동해온 '먹고사는 문제'는 물론 절체절명의 과제입니다. 태곳적부터 지금에 이르기까지 인간의 삶을 변함없이 지배해왔습니다. 그러나 언제까지 이 문제에 모든 것을 걸어야 할까요? 이제는 성찰과 전망을 통해 경제적 풍요를 이루되, 그 너머 인간적 가치와 희망을 말하는 것이 중요하다고 봅니다. 이와 함께 우리가 관심을 둬야 할 또 다른 과제도 있습니다. 지난 호 대담에서도 말씀드렸듯이 인간에 내재한 미래를 오늘로 불러오는 일입니다. 현재 주어진 유일한 시간인 미래를 실천의 세계로 이끄는 일입니다. 내가 그리는 희망과 상상, 인간적 가치의 실천 가능성을 지금 여기로 불러온다면 그런 과정에서 우리는 인간을 더욱 인간적으로 만들 수 있습니다. 끝으로 참여와 책임입니다. 인간은 참여를 통해 삶을 조직하고 미래를 개척합니다. 나의 성취, 타자의 성취, 공동체의 성취를 함께 고려하는 것이 시민적 덕목입니다. 참여를 통해 자기를 조직하고, 더 나은 자신과 타자, 공동체의 미래를 함께 열어가는 것이 시민사회의 역할이 아닐까 합니다.

정치·경제의 비인간성을 극복하기 위해선 위의 세 과제를 풀어내는 것이 중요하다고 봅니다. 정치와 시장은 시민의식과 함께 자라납니다. 표심과 소비 성향을 읽어내지 못하는 정치와 시장은 생존할 수 없습니다. 시민의식은 그런 인식과 함께 상상과 희망의 실천적 여정을 시작해야 하지 않을까 생각합니다.

위원 말씀 감사합니다. 마지막으로 독자들에게 권하고 싶은 책을 소개해주셨으면 합니다. 오늘은 특별히 인간과 정치의 미래와 관련한 책이면 좋겠습니다.

총장 『우주 이야기』*The Universe Story**를 추천하고 싶습니다. 토마스 베리 Thomas Berry와 브라이언 스윔 Brian Swimme이 우주 이야기를 '경축'의 관점에서 풀어가는 책입니다. 끝없는 생성과 소멸의 '우주 교향곡'을 생명과 인간이 어떻게 체화했는지 우주와 인간, 자연과 문명을 융합해 설명합니다. 인간은 필사必死의 존재입니다. 그 숙명과 함께 영욕과 부침의 여정을 이어갑니다. 그러나 다른 한편으론 주어진 숙명과 함께 나와 남 그리고 지구의 미래를 생각해야 하는 존재이기도 합니다. 이 이야기는 '정치'에도 시사하는 바가 큽니다. 근대의 정치권력을 논했던 니콜로 마키아벨리^{Niccolò Machiavelli}는 생존본능이라는 '눈앞의 인간적 우주'에 주목했습니다. 생존과 번성의 '최적화 전략'인 '힘의 기술'을 정치에 추천했습니다. 그 전략은 이 땅의 모든 생명체, 생존의 바다에 존재하는 모든 생명체에 공통적입니다. 그러나 인간이 인간일 수 있는 것은 그 너머 세계를 상상하고 희망하기 때문입니다. 또는 역으로 영성의 열린 가능성을 나와 인간, 사회와 지구에 환원하기 때문이기도 합니다.『우주 이야기』는 그런 인간과 우주의 친교를 경이로운 우주적 서사로 승화시킨 책입니다.

포월包越, 인간의 '인간적 공간'을 위해

위원 이번 시간은 계획한 인터뷰 네 번 가운데 가장 기대되는 시간입니다. '포월'包越이라는 중요한 개념을 다룰 예정입니다. 포월이라니, 언뜻 생소한 이 개념이 무엇을 의미하는지부터 말씀해주셨으면 합니다.

총장 우선 발제문을 소개하겠습니다.

40억 년 전, 지구 최초의 생명체 아리에스Aries가 있었다. 진화생물학은 그렇게 전한다. 살아남은 지구상 모든 생명체는 기나긴 진화의 여정과 함께했다. '지구를 정복한 인류'도 그런 생명체 중 하나다. 생존과 번성의 '생명 과업'을 이어가며 삶의 질서를 창조했다. 현대인은 그 질서에 인간 특유의 삶의 규준, 실용의 문명 기획을 불어넣었다. 생존과 번성, 이익과 효용을 추구하며 풍요의 인간시대를 창조했다. 그러나 그러한 성취에도 인류는 여전히 풀어가야 할 과제를 안고 있다. 지구촌에 산재한 소외와 고통, 갈등과 폭력, 파괴와 훼손 같은 문제다. 이제 무엇을 해야 하나? 여전히 실용의 기획이 유일한 답처럼 보인다. 그러나 더 나은 미래를 위해 또 다른 생각도 필요하다. 실용의 기저에 인간의 '인간적 가치'를 뿌리내리게 하는 것이다. 무한한 인간영혼의 우주적 기원을 찾아 나서는 일이다. '포월의 초대.' 벗어나고, 넘어서고, 포괄하는 인간역량과 함께 대안적 사유와 실천의 미래가 필요하다.

위원 발문이 시사하는 것처럼, 확실히 인류는 뭔가 거대한 흐름 속에 있는 것 같습니다. 사실 지금도 뭔가 거대한 것이 다가오고 있고, 전혀 새로운 그 무엇이 언제라도 인류 앞에 들이닥칠지 모릅니다. 알렉시스 드 토크빌^{Alexis de Tocqueville}*에 따르면, 지난 1,000여 년은 민주주의가 꾸준히 전진한 역사였습니다. 가끔은 퇴보하기도 하고 갈지자걸음을 걷기도 했지만, 민주주의 앞에선 군주제·전체주의·권위주의가 결국 모두 나가떨어졌죠. 민주주의는 또 시장경제에 힘을 불어넣었습니다. 민주적 자본주의는 풍요를 가져왔고요.

민주주의·자본주의라는 '콤비'가 지난 수백 년 동안 성공을 이룬 비결은 균형과 종합이 아닌가 합니다. 자유와 평등, 개인과 공동체, 여자와 남자, 국가와 종교, 서양과 동양 사이에 균형을 모색한 것이죠. 균형을 가능케 하는 건 '종합'^{綜合, synthesis}입니다. 이때 종합을 '주의'^{主義, ism}라는 말로 표현하면 바로 '실용주의'라 할 수 있지 않을까 합니다. 실용주의는 갈등구도에 있는 모든 것에서 최고의 것들을 자유롭게 가져다 쓰며 최상의 해결책을 만들어냅니다. 예컨대 오늘의 세계를 지배하는 혼합경제는 자본주의와 사회주의가 최적으로, 적어도 차선으로 융합한 결과라고 봅니다.

그런데 발제문을 보면, 균형과 종합을 무의미하게 만드는 '포월'이 우리를 부르고 있는 것 같습니다. 나름 정리해보면, 포월은 빅뱅 Big Bang 같은 완전한 새 출발이면서 원점으로 돌아가는 게 아니라 전혀 새로운 원점을 모색하는 개념인 듯합니다. 종합과 비슷하지만 종합이 아니듯, 상생相生과 비슷하지만 상생도 아닌 것이죠. 가령 상생은 서로 갈등하는 A와 B의 공존과 협력과 생산성을 도모하지만 포월의 세계는 아예 각종 A와 B가 아직 존재조차 하지 않는 세계입니다. 그래서 포월의 시대엔 주체 자체가 재구성된다고 이해됩니다. '자유 대 평등' '민족국가 대 국제사회'라는 식의 주체구조 자체가 새롭게 배열될 것이기 때문입니다.

모든 진리에는 균열이 있다

위원 제 정리가 옳은지 궁금하네요. '포월'이란 무언가요? 일단 국어사전에 없는 말입니다. 한자 사전을 보면 '포'는 '아우르다, 받아들이다,' '월'은 '넘어가다, 경과하다, 흩뜨리다' 같은 뜻이고요. 포월은 그런 말의 종합인가요? 또 왜 지금 포월을 강조하시는 것인지요?

총장 인간은 '세계 내 존재'입니다. 세계는 우주의 일부입니다. 우리는 눈으로 세계를 바라봅니다. 그 눈은 우주적 역동과 진화의 산물입니다. 질서와 무질서는 변환을 거듭하고 있습니다. 생명은 태초에서부터 펼쳐져 온 창성과 소멸, 융합과 이산離散의 우주적 본성을 이어가는 중입니다. 인간은 여느 생명체와 마찬가지로 끝없이 펼쳐지는 '태초의 파문'을 몸과 정신에 새겨 왔습니다. 우주적 본성인 생과 사를 둘러싼 고뇌와 번민은 우리 모두의 내면 깊이 침잠해 있습니다. 인간의 이 속성은 인간 숙명에 반응하는 실존을 일깨웠습니다. 또 다른 편으론 실존의 무게를 넘어서는 꿈과 희망의 유대 또는 미래를 이어왔습니다.

포월은 그런 문맥의 말입니다. 우주적 본성을 열린 정신으로 이해하는 것입니다. 고뇌와 희망이 교차하는 삶의 조건에서 인간의 상생지대를 창조하자는 필요에서 그런 생각을 했습니다. 우리 삶의 주변엔 생사숙명에 관한 고정된 '진리의 확신'이 넘쳐납니다. 또 그에 따른 파열음이 이어집니다. '이것이 진리다' '이 길만이 살길이다' '저 말은 틀렸다' '잘못된 판단이다.' 이와 같은 옳고 그름을 둘러싼 진리공방이 수많은 갈등과 대립을 일으켰습니다. 하지만 그렇게 논란을 거듭하는 소위 진리라는 것은 '궁극의 실재'가 아닙니다. 서로 다르게 생각하는 불완전한 인간의 '인간적 믿음'입니다. 그런 점에서 조지프 피어스Joseph Pearce의 통찰이 눈길을 끕니다. "인간은 진리와 확신이란 우주적 알cosmic egg에 거주한다. 그러나 그 알에는 늘 균열crack*이 존재한다."

그렇다면 때로는 인간의 생존을 위협하고, 멸절滅絶을 불러오는 진리와 확신의 문제를 어떻게 풀어야 할까요? 무엇을 통해 '더 나음'

을 말할 수 있을까요? 어려운 문제입니다. 아마도 길은 균열 사이로 드리워진 '빛의 원천' '실재의 궁극'을 함께 찾아 나서는 일에 있지 않을까 합니다. 그리고 이를 위해선 필요한 일이 있습니다. '절대의 오류에서 벗어나는 것'입니다. 자유로움을 통해 존재의 안위와 희망을 말하는 것입니다. 이는 탄생과 필사의 존재인 인간이 이뤄야 할 또 다른 과업입니다. 포월은 그 과업을 위한 사유방식이자 실천 가능성입니다. 아직 모르는 진리와 실재를 향해 '벗어나고, 넘어서고, 함께 일궈야 할' 인간의 세계를 찾아 나서는 것입니다. 존재의 자기창조 양식이라고 생각해도 좋겠습니다.

위원 포월의 뜻을 이제 조금은 알 것 같은데, 그렇다면 현실정치의 현안인 좌우문제와 통일문제 같은 경우도 포월이 답일까요? 이런 문제는 어떻게 풀어가야 할까요?

총장 인간사나 사회현상 대부분이 그렇듯이 '유일한 정답'을 찾아내려는 노력은 현명한 방법이 아니라고 봅니다. 인류에게 그런 정답이 있는 역사가 과연 존재했을까요? 인간과 사회의 기저엔 항상 열린 가능성이 내재합니다. '1+1=2'라는 수식은 산수를 위한 '약속'이 있기 때문에 성립합니다. 하지만 인간현상과 사회현상은 다릅니다. '1+사과'의 의미가 무엇인지 헤아려야 할 경우가 있는가 하면, '사과+행복'의 의미를 성찰해야 할 때도 있습니다. 물리현상과 정신현상의 결합인 인간과 사회현상은 그런 문제를 다뤄야 합니다. 그간 수많은 사람이 '좌우문제와 통일문제'를 해결하기 위해 고군분

투해 왔습니다. '차이와 경계'가 만들어낸 대립과 갈등 그리고 폭력의 공포를 넘어서기 위해 노력했습니다. 하지만 아직도 교착상태입니다. 문제가 불거진 후 반세기가 넘도록 큰 시련을 겪고 있습니다.

이제 무엇을 해야 할까요? 우선 차이와 경계의 문제를 다룰 '민주'와 '시민'의 의미를 되새겨야 하지 않을까 합니다. 민주의 사전적 의미는 '민民이 주권을 행사해 주체가 되는 것'입니다. 시민은 개인과 사회의 공생을 위한 각성과 책임 그리고 유대를 기치로 삼습니다. '나와 다른 생각은 죄악이다' '배척 대상이다' 같은 논리는 성립할 수 없는 것이지요. 좌도 인간이고, 우도 인간입니다. 좌든 우든 인간적 삶의 융성과 고통받는 이들의 권한 강화에 목표를 두고 있지 않을까요? 다만 통일문제는 이보다 복잡합니다. 물론 '우리의 소원은 통일'이라는 명제는 역사적 의미를 지닙니다. 그러나 통일의 궁극 목적이 무엇인가요? 만약 통일을 위해 다수의 생명을 앗아갈 시련과 고난을 불사해야 한다면, 결코 쉬운 결론을 내릴 수 없습니다. 결국 이제까지 그래 왔듯이 긴 호흡의 전망과 대안이 필요하겠지요. 민주·시민의식의 개진을 통해 '상생의 부름'communal evocation 또는 협력관계 구축에 더욱 심혈을 기울여야 할 때입니다.

또 다른 과업은 '현실정치'에 관한 것입니다. 현실정치 하면 떠오르는 것이 있습니다. 권력과 투쟁, 전략과 쟁취 같은 말입니다. 서양에선 마키아벨리의 『군주론』Il Principe, 동양에선 진수의 『삼국지』三國志가 그 표상입니다. 창성과 소멸, 파괴와 변전이라는 현실적 삶의 조건에선 현실정치가 주는 의미가 큽니다. 그러나 인간이 희망을 말할 수 있는 것은 또 다른 인간의 가능성을 발견했기 때문일 겁니다. 냉엄한 자연현실 속에서도 인간적 가치와 사회적 가치를 일깨우고, 더 나은 자신과 사회를 지향해온 가능성 말입니다. 인식 차이의 극한 대립과 갈등 문제는, 이처럼 현실에 대한 또 다른 의미부여에서 실타래를 풀 수 있습니다.

실용주의의 명암

위원 발제문에서 '실용'의 문제점을 지적하셨습니다. 무엇이 문제인가요? 실용주의만 잘해도 사회와 국가를 한 단계 끌어올릴 수 있지 않을까요?

총장 현대적 사유의 한 축을 이루는 '실용주의'는 유럽의 전통과 관습을 넘어 '신천지'를 개척하고자 했던 '미국적 상황'에서 꽃피었습니다. 실용주의는 이익과 필요에 따라 사유하고 행동하는 삶의 철학이란 관점으로 이해할 수 있습니다. 그런 점에서 현실분석과 목적달성을 위한 실천이 중요합니다. 고정된 진리와 보편에 대한 집착을 버리고, 현실, 실리, 입증, 성취 같은 사유와 실증결과를 중시한다는 점에서 실용주의는 여전히 유효합니다. 실제로 현대가 더욱 현대화하는 데 이바지한 철학도 실용주의입니다.

'실용주의만 잘해도 나라와 사회를 한 단계 끌어올릴 수 있다'는 말에 공감합니다. 풍요와 번영의 문명에 이바지할 수 있습니다. 그러나 이 말은 부분적인 정당성만을 지닙니다. 드러난 현실, 유용성, 합리성, 실리를 강조하는 실용주의는 철학과 실천의 도구적 기능 너머의 세계를 간과하기 때문입니다. 실용주의가 강조하는 것만이 인간의 역사를 이끈 것은 아닙니다. 성찰과 반성, 좌절과 분노, 사랑과 우애 같은 인간의 내면엔 계량화할 수 없는 수많은 정조情調가 있습니다. 더 나은 미래를 위해 실용주의는 이 부분을 고려해야 합니다. 인간의 내면을 향해 길을 열어야 한다고 봅니다. 그런 노력을 과소평가하는 실용주의는 '창백한 삶의 철학'입니다. '현상에 흩뿌려진 약속의 철학'과도 같습니다. 모든 것을 결국 생산과 교환, 경쟁과 소유의 물량으로 환원하는 이 시대, 우리가 다시 한 번 생각해봐야 할 주제입니다.

위원 박근혜정부는 창조경제를 말합니다. 이명박정부의 실용주의를 재구성한 것 같은데, 이러다가는 아무것도 안 되는 것 아닌가요?

총장 깊이 생각해보지 않은 주제여서, 몇 마디만 덧붙이겠습니다. 실용주의는 국가적 차원에서 성장과 번영을 위해 중요한 역할을 합니다. 과거에도 그랬고, 미래에도 아마 그럴 것입니다. 국가의 통치와 정책 차원에서 현실과 실용을 배제한 고려는 있을 수 없다고 봅니다. 그러나 이 모든 것이 무엇에 기반을 두어야 하는지, 무엇을 궁극적으로 지향할 것인지를 묻는다면 국민 개개인의 다양한 삶의 목적과 가능성을 포용하는 일이라 하겠습니다. 그러나 최근 우리 사회에는 경제 가치에 경도되는 경향이 있습니다. 모든 것이 결국 경제와 시장논리로 귀결됩니다. 물론 이 추세가 우리에게만 국한된 것은 아닙니다. 현대의 시류에 편승한 국가에 편만해 있습니다. 하지만 국민적 삶이 경제문제로 환원되는 사회문화, 정치문화, 정책문화는 가치의 다양성을 희생시킵니다. 현 정부가 집권 초 인문의 중요성과 문화융성에 큰 관심을 보였던 걸 기억합니다. '창조경제'가, 그리고 우리 사회가 다양한 시민적 가치와 가능성을 보존하고 확장하길 바랍니다.

인간을 창조하는 담대한 물음

위원 실용주의만으로는 한계가 있다는 말씀을 해주셨습니다. 그런 한계를 벗어나기 위해선 인간존재에 대한 이해도 재구성돼야 하지 않을까요? '인간은 어떤 존재인가'에 대한 생각을 들어봤으면 합니다.

총장 인간을 창조하는 것은 '위대한 과업'입니다. 인류의 변천사가 그렇게 전합니다. 진화의 굽이마다 '위대한 창조'가 있었습니다. 인류의 조상으로 일컬어지는 루시Lucy*의 등장, 지혜의 역사를 연 호모사피엔스, 개인의 계몽과 각성을 정초한 근대인류에 이르기까지 인간은 인간을 발명했고 창조했습니다. 언어와 도구, 벽화와 예술, 신화와 종교, 과학과 철학, 이념과 제도 같은 모든 인위적 구성물 human artifacts에는 인간과 우주의 새로운 결합과 이산이 있습니다.

지구 밖 우주에서 우리를 바라볼 수 있게 된 오늘의 현대인도 그런 우주적 진화의 결과입니다. '인간화 과정'과 함께 눈부신 문명이 탄생했습니다. 그런데도 인간의 인간되기 과정엔 예나 지금이나 똑같은 궁금증이 놓여 있습니다. '나는 무엇인가?' '어디서 왔다가 어디로 가는가?' 존재의 의미에 관한 이 근원적인 질문들은 인간의 '토대 모름'에 대한 고뇌의 표현입니다. 그렇게 본다면 인간은 태초에서 비롯한 시공연속체time-space continuum의 신비와 함께 생사과업의 철학적·실천적 가치를 고양해가는 존재가 아닐까요? 우주의 촘촘한 연결망에 던져진 인간은 우주를 바라봅니다. 그러면서 우주의 질서와 무질서를 자신의 몸과 영혼에 아로새깁니다. 사회와 제도, 문화와 이념, 역사와 문명은 그런 인간적 숙명의 반영입니다. 그리고 그 과정은 항상 창조와 재구성에 열려 있습니다.

위원 '인간영혼의 우주적 기원'을 말씀하셨습니다. 그런데 얼핏 생각하기에, 우리나라의 역사적 기원은 고조선이지만, 지금의 현실과 고조선의 현실은 연관성relevance이 떨어집니다. 인간영혼의 기원이 우주라 하더라도 현실과 너무 동떨어져 있지 않나요? 현실과 영혼 그리고 우주는 거의 무관한 것 같은데, 어떻게 생각하시나요?

총장 고조선 성립은 기원전 2,300여 년 전 이야기로 전해집니다. 환웅과 곰 그리고 단군의 건국 설화라는 옛이야기도 있습니다. 말 그대로 현실과 연관성이 떨어집니다. 그러나 달리 볼 수도 있습니다. 우리와 고조선인은 무엇이 다르고, 무엇이 같은가요? 시공의 현격한 차이 면에선 서로 먼 이야기지만, 우주의 자손인 인간의 관점에선 우리나 고조선인이나 동일선상에 놓입니다. 이를테면 먹고사는 문제, 살기 위해 사유하는 문제, 이에 따른 행동을 구성하는 문제엔 시대를 초월한 중요한 의미가 있습니다. 이 말이 무슨 뜻일까요? 인간은 '국지성'locality, '지금 여기'의 현실에 눈을 크게 뜹니다. 하지만 그 '현실'은 내 존재의 의미를 파악할 때 비로소 접근할 수 있습니다. 내 존재의 의미를 알려고 노력한다는 것은 예나 지금이나 다르지 않다고 봅니다.

누군가의 말처럼 '돌고래와 태초의 찬란한 불꽃우주의 시원은 분리된 사건이 아닙니다.' 인간도 그렇습니다. 태초의 질서와 무질서 그리고 물리적 상호작용은 다음 세계에 출현할 인간존재에게 생명을 불어넣었습니다. 미래에 창성할 개별 인간의 사건에 얽히고설킨 복잡한 가능성을 세상에 드러냈습니다. 이것이 물리학자가 중력과 팽창 같은 우주의 신비를 말하고, 시인이 심야의 호수에 비친 별들을 바라보며 삶과 죽음의 시상을 떠올리는 이유가 아닐까요? 때론 '권모술수의 정치권력'마저도 양심에 비추어 말하게 하는 이유이기도 합니다. 이처럼 인간과 현실, 영혼과 우주를 관류하는 '연결의 신비'에 근접하려고 노력할 때 현실은 또 다른 국면을 맞습니다. 인간의 '눈'몸과 '영'靈, 정신은 그 전환의 매개로 작용합니다. 이 매개를 통해 우리는 현실을 바라봅니다. 현실 속의 삶을 조직합니다. 모든 것의 시원인 태초의 파문은 그런 점에서 나와 동떨어져 있지 않습니다. '저기 밖'에 있는 것이 아닙니다. '바로 여기' 내 안에 있습니다. 창성과 소멸, 창조와 파괴의 순환을 이어가는 우주는 시공을 초월해 우리 삶에 깊숙이 관여합니다. 인간은 그 현실과 함께 자신과 사회 그리고 세계를 조직하며 살아갑니다.

위원 '열린 우주가 내 안에 있다.' 삶을 바라보는 또 다른 관점이군요. 이와 관련해서 책을 한 권 추천해주셨으면 합니다.

총장 두 권을 추천하고 싶은데, 그 전에 우선 생각해볼 것이 있습니다. '확신에 찬 생각의 충돌이 정치적 혼란과 공포를 자아내는 시대'를 어떻게 살아야 하나라는 문제입니다. 인간관·국가관·우주관이 중요하다고 봅니다. 과거에 정치는 국가권력의 전유물이었습니다. 국가적·파당적 투쟁의 관점에서 정치를 바라봤습니다. 이제는 시대가 바뀌었습니다. 열린 시민적 가치가 정치의 중심에 서야 한다는 시각이 힘을 얻습니다. 개별 시민의 자유로운 표현과 자기 강화, 더 나은 공동체의 미래를 위한 공감과 연결 같은 시민적 가치가 새로운 추세로 떠오릅니다. 이와 관련해 두 권의 책이 생각거리를 제공합니다. 먼저 로베르토 웅거^{Roberto Unger*}의 『주체의 각성』 ^{The Self Awakenied}은 새로운 주체의 탄생과 이를 위한 각성의 문제를 다룹니다. 그리고 마사 누스바움^{Martha Nussbaum*}의 『시적 정의』^{Poetic Justice}는 우주적 상상력과 공감능력을 키워주는 문예의 힘에 주목합니다. '기술적 사유의 원리' '현실의 틀과 관성'에 경도된 법과 정의 그리고 정치의 지평을 넘어설 '인간의 지혜'를 말합니다. 이 두 권 모두 현실에 만연한 인간적 고통과 정치적 편견을 덜어내는 데 필요한 논제를 제공합니다.

마르크 샤갈, 「도시 위에서」, 1914~18 인간은 자신이 살고 있는 자리와 시간을 초월하는 순간, 지금까지 보아왔던 것과는 전혀 다른 풍경을 만나게 된다. 초월은 우리의 생각과 느낌에 보이지 않는 날개를 달아 자유롭게 날아오르는 일과 다름없다. 그렇게 날아오르지 않으면 또 다른 길이 있어도 보이지 않는다.

방황하는 현실정치, 미래에서 길을 찾다

위원 어느덧 마지막 시간입니다. 아쉽기도 하고, 마지막 시간이니만큼 어떤 얘기가 오갈지 기대되기도 합니다.

총장 지난 세 번의 대담을 통해 사유혁명과 우주적 사유 그리고 포월에 이르기까지 많은 이야기를 나눴습니다. 오늘이 마지막 대담인데 잘 마무리되었으면 좋겠습니다. 끝으로 '정치'에 관한 얘기를 나눌 차례지요? 발제문이 이야기 진행에 도움이 됐으면 합니다.

위원 감사합니다. 발제문을 살펴보겠습니다.

지구적 존재의 상품가치, 교환가치가 유례없이 강화된 '현대사회.' 그 시대엔 인간의 인간적 희망을 말하는 것이 사치일지 모른다. 생존과 번성을 위한 필요와 욕구는 생산과 소비, 실용의 삶의 논리로 압축됐다. 이러한 지구적 현실은 '욕망을 키우고' '경제를 살리고' '삶의 경쟁적 태도를 갖출 것'을 주문한다. 그러나 인간의식의 또 다른 심연엔 '구원'을 갈구하는 '유토피아적 상상'이 자리한다. '세상에 없는 유토피아' '불가능해 보이는 유토피아' '인간의 인간적 가치를 고양하는 유토피아.' 그런 가상세계를 향한 인간의 정념은 삶의 물적 욕구를 증식하는 '물신주의'와 긴장관계를 형성한다. 인간의 존엄이 지닌 가치와 희망을 말하는 사유와 실천 공간을 어떻게 마련할 수 있을까? 의식의 초월적·실존적 역량을 고양하는 '인문정치,' 세계 내 인간의 의미와 유대를 찾아 나서는 '지구정치,' 그리고 미래의 도래할 위기를 전망·관리하는 '소임정치.' 이들의 결합으로 이뤄진 '융합정치' 위에 우리는 새 희망을 말할 수 있을지 모른다. '모든 것이 정치'인 이 시대, 미래를 열어갈 정치의 또 다른 지평이 필요하다.

위원 발제문을 읽으면서, 이런 생각이 들었습니다. '정치는 모든 사람의 일 everybody's business 이다. 그래서 누구나 한마디씩 한다.' 정치를 논하는 데 별다른 전문성은 필요 없습니다. 또 당연히 한마디씩 해야하고요. 이는 민주시민의 권리이자 의무입니다. 그런데 세계 어느 나라나 정치를 논하는 것은 피로를 부릅니다. 한국도 민주화 이래 정치가 끊임없이 발전하는 게 아니라 제자리걸음 중이죠. 퇴행적 현상마저 일어나고 있습니다. 한국과 미국의 정치를 쌍둥이라고 하는데, 둘 다 되는 일이 없기 때문이라는 우스갯소리가 있습니다. 왜 그럴까요? 바로 국론분열 때문입니다. 국민과 유권자가 갈라져 있죠. 정치인들은 분열을 치유하기보다는 자신들의 기득권을 유지하기 위해 분열을 이용하려고만 듭니다.

이런 상황에서 국민과 유권자, 특히 우리 젊은이의 미래를 위한

'희망의 정치'를 복원하기 위해서는 '정치란 무엇인가'라는 질문에 답해야 합니다. 역사에 대한 에드워드 카E.H. Carr의 정의가 도움이 될지도 모르겠네요. 카는 이렇게 말했습니다. "역사는 역사가와 그의 사실事實, fact 간의 지속적인 상호작용의 과정이다. 현재와 과거의 끊임없는 대화다." '역사'를 '정치'로 '역사가'를 '정치학자'로 바꾸어도 뜻이 훌륭하게 통합니다. 하지만 카의 정의에는 '미래'가 빠져 있습니다. 정치가 현재와 과거와 미래의 끊임없는 대화여야 희망의 정치를 복원할 수 있다고 생각합니다. 미래가 빠진 '정치란 무엇인가'에 대한 답은 항상 부분적일 수밖에 없으니까요.

총장님은 '역사 의존적' 정치의 한계에 주목해온 정치학자이십니다. 발제문에 나타나 있듯이 정치에서 '미래를 복원하는 일'에 몰두해오셨고, 이를 위해 '인문정치' '지구정치' '소임정치'를 말씀하십니다. 정치에 관해 시도하고 계신 '큰 그림'big picture '큰 이야기'big narrative에 대해 이야기를 나눴으면 합니다.

인문정치, 지구정치, 소임정치의 가능성

위원 우선 미래지향의 정치담론을 강조하신 이유, 왜 '지금 여기'가 아니라 '미래'가 중요한가요? 정치에 대해선 어떤 생각을 하고 계시는지요?

총장 '지금 여기'는 우리가 마주하는 현실입니다. 지나온 세월의 누적인 현실은 실존의 조건입니다. 역사, 관계, 맥락, 문화, 제도 같은 삶의 조건이 지금 여기를 구성합니다. 그런 점에서 지금 여기는 삶에 큰 의미를 지닙니다.

그러나 이처럼 '역사 의존적' 또는 '경로 의존적' 현실의 의미는, 상징적으로 말하자면, 인간적 삶의 반 토막입니다. 나를 구성하지만, 앞으로 구성할 나를 온전히 포착할 수 없습니다. 두 가지 이유에서입니다. 하나는 시간과 공간을 인식하는 문제입니다. 내가 경험할 수 있는 시간은 '지금'이 아닙니다. 어제의 누적인 오늘, 더 엄밀히는 현재를 말하는 순간, 그 순간은 이미 흘러간 과거가 됩니다. '여기'란 공간 개념도 마찬가지입니다. 크고 넓은 의미에서 '여기'도 시시각각 변합니다. 내 몸도, 사회도, 세계도, 우주도 끊임없는 변화의 연장선에 있습니다. 이것이 우리가 지금 여기를 포용하면서 미래를 말해야 하는 이유가 아닐까요? 또 다른 이유는 규범 문제입니다. 더욱 자유롭고 온전한 삶을 지향하는 인간은 자신이 경험하는 현재에서 현재를 극복할 수 있는 변화를 갈구합니다. 이 갈망이 현재가 주는 다양한 제약을 넘어서려는 인간의 특성입니다. 정신세계에 내재한 초월의 역량과 함께 지금 여기에 미래를 불러옵니다. 크고 작은 저항과 반란, 이탈과 투쟁, 혁신과 창조가 늘 인류와 함께해온 이유입니다. 그래서 미래에 근거해 자신을 생각하는 인간의 가능성을 현재와 현재의 인과율에만 묶어둔다면 규범 문제가 발생합니다. 현실도 변하고, 법칙도 언젠가는 변합니다. 인간은 그 변화의 가능성과 함께 나는 누구이고 무엇이 될 수 있는지를 생각하는 존재입니다. 그래서 그 본원적 존재의 가능성은 열려 있어야 합니다. 사유세계의 심연은 그 시작과 끝, 끝과 시작을 알 수 없는 '영원한 미궁'이기 때문입니다.

그런 의미에서 정치는 현실과 비전, 실존과 표상을 역전시켜야 할 '궁극적 소임'을 안고 있습니다. 주어진 현실에 미래를 불러와야 합니다. 전망적 담론을 선도했던 베버의 지적처럼, 정치 본연의 과업은 '미래'입니다. 또 '미래에 대한 책임'이기도 합니다. 주어진 삶의 조건과 함께 펼쳐지는 '현실정치'는 바로 그런 책임 위에서만 정당성을 가질 수 있습니다. 지금 우리 사회는 과거의 폐단과 오도된 현실의 비극을 보고 있습니다. 그릇된 욕망과 탐욕이라는 세상읽기의 관습이 세월호 침몰에 얽혀 있습니다. 퇴행적 정경유착의 적폐도 또다시 추한 모습을 드러냈습니다. 그런 역사의 반복을 넘어 갱신과 창조를 통해 더 나은 미래를 열어가는 것이 정치 본연의 모습이 아닐까 합니다. 인간의 가치와 희망이 위축된 시대, 탐욕과 패권의 모순이 '지금 여기'에 반복되는 시대. 그 시대엔 현재를 넘어설 미래가 절실합니다.

위원 오늘날은 자유시장경제가 또 다른 '우상'으로 등장한 세계화 시대입니다. 인간마저도 상품가치와 교환가치로 평가받죠. 그 과정에서 정치는 '경제 살리기'에 몰두합니다. 경제 아닌 정치 그 자체의 존재 이유가 이미 삶의 현장에서 퇴각한 것 아닐까요? 총장님께서 말씀하신 '인문정치' '지구정치' '소임정치'는 낯선 개념들인데요, 어떤 의미가 있습니까?

총장 시장은 오랜 세월 인류의 역사와 함께했지만, 지구상 거의 모든 국경을 자유롭게 넘나들기 시작한 것은 비교적 최근 일입니다. 과학기술의 전례 없는 발전과 동구권의 위기 그리고 세계화라는 현상의 결합이 지구촌의 물적 토대와 문화적 토양을 유일체제로 이끌었습니다. 자유시장경제가 '우상'과 같은 지위에 이르렀는지는 모를 일입니다. 하지만 시장경제의 근본원리인 생산과 소비, 교환과 이윤창출이 사회구성 원리로 자리 잡았다는 점은 분명합니다. '돈이 말해준다'Money talks, '결국 문제는 경제야' 같은 말이 전 지구적으로 '소비'되고 있습니다. 특히 경제에 경도된 정치의 수권논리가 '개인과 국가의 경제를 살리고, 경쟁력을 강화하라'는 지구적 삶의 방식을 한층 더 강화했다고 봅니다.

그런 배경과 함께 인류는 유사 이래 경험하지 못했던 물적 풍요를 이뤘습니다. 그러나 그런 성취에도 시장적 삶의 논리 또는 세계화는 시련과 도전에 직면해 있습니다. 장 보드리야르Jean Baudrillard*의 말처럼 '모든 것을 동질화하는 세계화'는 다양한 가치를 잠식하는 '폭력적인 것'으로 변하고 있는지도 모릅니다. 다양한 삶의 가치를 흡인하고, 삶의 수단이 아닌 목표 그 자체로 변하고 있습니다. 그 과정에서 정치는 본연의 소임을 잃게 됩니다. 다양한 가치보존과 행복증진이란 소임을 부차적인 일로 돌리는 경향을 보이게 됩니다. 이 시대가 지금 목도하는 풍요 속 빈곤, 소외와 갈등, 사회의 결속 부재는 그런 경향의 현실적 표현이 아닌가 합니다.

그러면 정치는 어떤 미래를 향해 눈을 들어야 할까요? 정치가 '경제 살리기'에만 몰두하는 한 선택의 여지는 많지 않아 보입니다. 인간과 시장의 전도된 위치를 바로잡기 위해선 '아직 도래하지 않은 미래'를 찾아 나서야 합니다. 그리고 이를 위해서 몇 가지 성찰적 과제, 도전적 과업을 생각해볼 수 있습니다.

우선 세계 내 인간의 인간적 가치를 회복하는 일입니다. 인간적 가치를 회복한다는 것은 인간이 관계 맺고 있는 세계를 다시 성찰하는 것입니다. 우리가 몸담고 있는 사회는, 에밀 뒤르켐Émile Durkheim의 지적처럼, 항상 개인의 '총합'을 넘어섭니다. 개인을 넘어선 그 무엇, 구조화된 그 무엇은 우리의 '외경심'마저 불러일으킵니다. 시장경제가 바로 그런 예입니다. 이미 삶의 구성 원리로 체화된 '개인강화' '이윤추구' '지복달성'이란 시장의 규준이 일종의 '구조적 환상'으로 우리에게 다가섭니다. 그러나 그런 세계관은 하나의 해석일 뿐입니다. 인간 그 자체의 현실과 의미를 충실히 담아내지 못합니다. 세계는 인간을 구성하지만, 인간 또한 세계를 구성합니다. 인간이 지구상 여느 생명체와 달리 인간임을 스스로 천명할 수 있는 까닭은 세계를 발견하고, 그 발견을 넘어서는 인간의 또 다른 가능성을 창조할 수 있기 때문입니다. 인간은 인간에 내재한 초월성과 함께 끝없이 인간을 탐색해야 합니다. 정치를 창조해가야 합니다.

또 다른 과업은 '미래를 복원하는 일'입니다. 시장경제의 권위적 논거는 '개인은 생존욕망을 키우고, 경쟁력을 갖추고, 이를 통해 행복을 찾는다'고 말합니다. 요즘 이 논거가 거스르기 힘든 삶과 정치의 대세로 자리 잡았습니다. '역사의 종언'*이란 시대의 언술은 이 추세를 한층 더 강화했습니다. 결과는 국가와 세계의 전례 없는 부 축적입니다. 그러나 지구 곳곳에는 여전히 생존의 위협과 실존의 위기가 양산되고 있습니다. 바로 현대문명의 뒤안길에서 들려오는 깨끗한 물 한 모금의 절규, 심화하는 양극화 현상, 갈등과 폭력의 일상화, 생태와 환경 파괴 등이 그런 예입니다. 이와 같은 위협이 '오래된 현재이자 미래'로 다가섭니다. 출구는 어디에 있을까요? 더 많은 부 창출과 그것의 '낙수효과'에만 있는 것은 아닐 겁니다. 인간의 존엄과 공생의 가치 그리고 사회적 결속의 의미를 되찾는 일이 필요합니다.

정치의 옛 패러다임은 혁신의 출구를 권력에서 찾았습니다. 우리가 지금 여기서 목도하는 현실이 그런 인식의 실천적 결과입니다. 현실 너머의 세계를 바라보는 또 다른 시선이 필요한 이유이기도 합니다. 인간의 보편가치를 둘러싸고 형성되는 의식의 지구적 유대와 함께 정치의 고정관념을 넘어서려는 또 다른 인식이 필요합니다. 권력투쟁의 산물인 정치를 넘어, 나를 표현하고, 타자와 관계를 맺고, 나와 너의 공동가치와 정의를 실현하는 정치의 미래를 꿈꿔야 합니다. 그 미래를 마중하려면 의식의 초월성을 고양하는 '인문정치,' 세계 내 열린 가치와 의미 그리고 유대를 찾아 나서는 '지구정치,' 마지막으로 미래에 도래할 위기를 전망·관리하는 '소임정치'를 찾아 나서는 일이 중요해집니다.

또 다른 가능성, 유토피아적 상상

위원 이상향을 지향하는 유토피아에 관한 사유는 평화롭고 정의롭고 풍요로운 미래의 황금기인 '천년왕국주의'^{Millenarianism}를 떠올리게 합니다. 이미 물화된 사회적 풍토에서 이상향을 구현하려면 어떤 '신앙' 또는 '혁명'이 필요한 것 아닐까요?

총장 인간은 갈망하는 존재입니다. 희망을 꿈꿉니다. 이 말의 또 다른 의미는 우리에겐 주어진 현실에 대한 '변화' 그리고 이를 이루기 위한 '구원의 서사'가 필요하다는 점입니다. 500여 년 전 집필된 토머스 모어^{Thomas More}의 『유토피아』^{Utopia}는 그런 인식에서 시작됐습니다.

오늘 이 시점에도 '유토피아'에 관한 논의가 또다시 필요할까요? 아마 부정적인 반응이 지배적일 겁니다. 현실의 심각성 유무와 무관하게, 이미 오랜 기간 견고히 짜인 현실 너머에 꿈과 희망이 있다는 것 자체가 허황되게 보이기 때문이지요. 이 시대는 이윤과 생산, 교환과 소유, 소비와 향유의 순환 고리에 묶여 있습니다. 그 역사의 무게를 뒤로한 새로운 세계에 관한 사변적 이야기는 별 설득력이 없는 환상처럼 들립니다. 그렇다면 그 '환상'을 오늘로 불러와야 하는 이유는 과연 없는 것일까요? 우리는 곳곳에서 시장경제의 왜곡된 결과를 봅니다. 빈부격차, 기회상실, 소외, 갈등, 사회의 결속부재 같은 문제를 일상적으로 마주합니다. '우리에겐 희망이 없다. 그래서 행복하다' '얼마나 있어야 충분한가' '변화의 원인은 꿈도 희망도 아닌 증오다.' 이런 절규와 냉소 그리고 분노에 가까운 말들이 풍요를 약속하는 시장경제의 한계와 모순을 가리킨다고 봅니다.

그런 체제의 오류 속에서 정치는 방황합니다. 그 방황의 길잡이가 과연 기성정치일지 아니면 '신앙'이나 '혁명'일지 그 누구도 알 수 없습니다. 다만 우리가 알 수 있는 것은 인간의 다양한 가치를 고양해야 할 정치가 물화된 삶의 논리에 경도되는 경향을 보인다는 점입니다. 애석한 일입니다. 미래를 위해 정치의 또 다른 가능성을 열어야 합니다. 경제와 인간의 전도된 위치를 바로잡을 정치가 필요한 이유입니다. 현실정치의 태두 마키아벨리는 이렇게 말합니다. "군주(정치)는 단지 현재의 무질서뿐 아니라 도래할 무질서에 대한 안목을 지녀야 한다." 정치가 물화된 세계에서 도래할 혼란을 모면하기 위해선 '불가능해 보이는 무언가'를 찾아 나서야 합니다. 그것이 '유토피아적 몽상'일지라도, 우리는 그것을 기꺼이 수용해야 하지 않을까요? 이에 대한 답을 정치가 풀든, 고양된 인간의 세계를 열어갈 메시아적 믿음이 풀든, 아니면 사회적 공감과 유대의 새 정치가 풀든, 더 나은 미래를 향한 발걸음을 재촉해야 합니다.

한국과 UN의 큰 그림

위원 말씀을 들으니 '유토피아적 몽상'이 '현실적'으로 들리기도 하는군요. 화제를 바꿔보죠. 올해는 광복 70주년입니다. 눈을 밖으로 돌리면 UN이 창건 70주년을 맞는 해이기도 합니다. 이런 시기에 우리는 정치에 어떤 의미를 부여해야 할까요?

총장 지난 70년을 돌아보면 누구나 공감하는 부분이 있을 겁니다. 국내외적으로 숨 가쁜 변화의 여정을 걸어왔다는 사실입니다. 국제적으론 제2차 세계대전이 종식을 고한 후 세계질서와 문명 차원에서 큰 변동이 있었습니다. 국내적으론 그 변화의 흐름이 체제와 제도, 이념과 문화에 영향을 줬습니다. 우리가 경험한 해방과 독립, 국가건설과 산업화, 민주화와 세계화는 세계질서의 진원지가 뿜어낸 변화의 동력을 자체적으로 소화해낸 결과입니다.

모든 것이 그렇듯이 변화의 여정엔 득과 실이 있습니다. '얻은 것'은 세계문명과 함께 이룬 '경제적 풍요'입니다. 그 어느 때보다 풍요로운 경제적 여건을 이뤘습니다. 국가는 정치제도의 정착과 함께 실용적 삶이라는 시장경제문화를 고양했습니다. 그러나 성취의 이면엔 변화의 또 다른 증후, '잃은 것'도 있었습니다. 국가는 성장했지만 '과대성장국가' 문제를 떠안았습니다. 국가에 집중된 권력은 정경유착과 부패의 악순환 고리를 끊지 못했습니다. 불안정한 사회결속이란 현실을 남겼습니다. 70여 년 전인 '건국의 시절,' 정부는 통치의 근본이념을 인간의 보편가치인 '홍익弘益이념'에서 찾았습니다. 그러나 그 가치와 이념은 경제논리에 우선순위를 넘겨준 채 충분히 조명받지 못했습니다. 사회 안정과 발전의 근간인 인간과 시민에 대한 깊은 성찰이 '유보된 미래가치'로 남게 된 셈입니다.

정치의 길은 어디를 향해야 할까요? 미래의 성장과 번영이 목적지가 될 수 있을 겁니다. 그러나 시장원리에 경도된 정치는 소득격차

해소와 사회 안정을 구축하는 데 큰 아쉬움을 남겼습니다. 뿌리 깊은 경제우선의 역사에서 잃어버린 정치를 되찾기는 쉽지 않습니다. 현실이 이를 말해줍니다. 인간적 가치와 문화의 중요성은 누구나 인식하지만, 정치는 현실과 이상의 격차를 줄이지 못했습니다. 과거 여러 정권은 문화의 중요성을 거듭 강조했습니다. 하지만 그 문화는 결국 경제 활성화를 위한 수단으로 쓰였습니다. 희망의 출구는 어디에 있을까요? 역설적이게도 경제실용주의와 현실주의가 저버린 '큰 그림' '큰 이야기'에 있다고 생각합니다.

올해 UN은 창건 70주년을 맞았습니다. 70주년을 맞아 Post-MDGs^Post-Millennium Development Goals 시대를 열겠다고 선언했습니다. 이는 구조화된 기아와 빈곤, 갈등과 폭력, 인권유린, 생태교란과 파괴 같은 문제의 해법을 세계시민의식의 실천에서 찾아 나선다는 선언입니다. 새 천년 벽두부터 15년간 추진해온 MDGs 시대를 평가해, 뿌리 깊은 인류의 고통과 지구의 재앙을 또 다른 차원에서 다루겠다는 의지의 표명입니다.

물론 서로 다른 역사와 맥락으로 얽힌 우리의 광복 70주년과 UN 창건 70주년의 의미를 동시에 짚어보는 것은 '연관성'과 '적절성' 문제를 부를 수 있습니다. 그러나 한 가지 주목해야 할 측면이 있다고 봅니다. 두 맥락에 모두 내재하는 문제의 본질에 관한 것입니다. 한국이 처한 문제의 핵심은 현대문명이 초래한 산업화·세계화가 빚어낸 정치사회적 문제입니다. 또 이로 인해 발생한 인간의 가치

문제입니다. 이런 시각에서 보면 한국 사회의 문제는 UN의 문제이기도 합니다. 문명은 번성하는데도 삶과 생존, 갈등과 폭력, 환경과 생태 문제는, 그 역사는 다르지만, 공통의 과제로 다가섭니다. 산업화·지구화가 초래한 부정적 현실을 넘어 정치의 새 지평을 찾아 나서야 한다는 점을 시사해줍니다. 현실의 틀을 넘어서는 정치. 그 정치에 초월의 가능성을 불어넣어야 할 시대적 책무가 한국과 UN을 동시에 기다리고 있습니다. 어렵겠지만 이 문제를 해결해야 합니다. 누군가의 지적처럼 '불가능한 것' 또는 '불가능해 보이는 것'에 도전하지 않으면, 미래에는 마땅히 가능한 일도 벌어지지 않을지 모릅니다.

대학은 다양성의 보루

위원 이제 '미래정치'에 관한 대담을 마무리할 때입니다. 인간과 문명, 세계를 매개로 정치의 메타담론을 구상해온 학자가 아니라, 대학총장으로서 하고 싶은 이야기를 해주셨으면 합니다.

총장 지구상 수많은 대학이 그간 세계화 추세와 함께해 왔습니다. 세계화를 추앙하는 이들의 주문은 그 길을 더욱 강화하라는 것입니다. 대학 사회에 주어진 세계화라는 현실은 '가치의 동질화'를 요구합니다. 개인과 국가의 생존을 위해 '무한경쟁 시대'에서 살아남기 위한 학문을 교육하라는 것입니다. 물론 대학은 대학이 속해 있는 국가와 사회를 떠나 존재할 수 없습니다. 성장과 번영에 필수적인 지식을 생산해야 합니다. 그러나 대학이 경제성장의 가치에만 몰입하면 본연의 소임을 잃게 됩니다.

대학은 학문하는 곳입니다. 학문은 인간을 위해 존재합니다. 인간을 위한 학문세계는 경제번영뿐 아니라 다양한 삶의 가치를 강화해야 합니다. 사회와 세상이 필요로 하는 전문성과 실용의 길을 열어가면서도, 폭넓은 인간의 길, 문명의 길을 모색하는 것이 대학의 책무입니다. 그리고 그 소명은 학문과 인간, 학문과 문명, 학문과 세계의 연관성을 깊이 성찰하는 과업에서 출발합니다. 다시 한 번 대학의 의미를 생각해야 하는 까닭입니다. 진화사회론은 '다양성이 실종된 종種과 사회는 필멸必滅의 길을 걷는다'고 전합니다. 동질화의 지구적 파고와 함께 대학의 미래를 다시 한 번 생각해야 합니다. 인문, 사회, 자연, 과학, 예술 같은 다양한 학문분야에서 위대한 학설과 배움이 없었다면, 오늘 이 시대의 인류문명은 존재하지 않았을 겁니다. 시장경제의 관점만으로 대학의 학문세계를 재단하는 것은 위험한 일입니다. 대학의 학문세계는 인간과 문명의 미래를 깊이 성찰해야 합니다. 우리 자신과 우리가 속한 세계에 관한 끝없는 사유와 해석, 실천의 가능성을 열어가는 곳이 대학입니다. 그 성찰과 창조의 여정에서 다양한 역사의 주체인 개인과 사회, 국가와 기업, 국제사회와의 교류협력을 이어가야 합니다.

총장과 학생들이 마주 앉았다. 격의 없는 질문과 답변이 이어졌다. 개인 차이는 있지만, 학생들의 고민은 이 시대 청년세대가 끌어안고 살아가야 할 실존의 절박감이었다. 총장은 학자이자 대학 운영자로, 때로는 인생의 선배로서 답하고, 제안하고, 조언하고, 경청했다.

대화와 토론을 통해 공동의 고민이 펼쳐진다. 문제를 공유하는 것만으로도 해법이 한층 가까워진다. 문명의 전환적 기로에 서 있는 우리에게 가치 있는 삶이란 무엇일까? 그것은 어떻게 가능한가? 대학과 정치는 주어진 문명사적 시련과 도전에 어떤 대안을 내놓아야 할 것인가? 사회적 사유와 행위의 대부분이 결국 재화의 가치, 경쟁의 논리로 환원되는 이른바 '압축의 시대.' 이처럼 서로에게 문제를 치열하게 묻고 답하는 것이 이미 미래를 진지하게 모색하는 과정이다. 오늘을 살면서 미래를 여기에 불러오는 과업이다.

2

미래를
배우는 대학,
미래를
실현하는 정치

2015년 6월 4일, 경희대 국제캠퍼스 중앙도서관에서 "미래로의 여정: 정치와 대학"을 주제로 조인원 총장과 학생들의 대화가 약 두 시간 반 동안 진행됐다. 1부는 총장과 후마니타스칼리지 김민웅 교수의 대담으로 이루어졌다. 2부는 학생들이 자유롭게 질문하고 총장이 응답하는 형식으로 꾸려졌다. 총장과 사회자를 중심으로 학생들이 부채꼴 형태로 둘러앉았다. 총장이 대학시절을 회상하는 이야기로 대화가 시작됐다. **편집자 주**

'미래의 회상,' 지금 여기를 넘어서

김민웅(이하 사회자) 여러분 반갑습니다. 총장님, 이렇게 학생들이 잔 뜩 주목하고 있는데, 혹시 긴장되지는 않으십니까?

조인원(이하 총장) 긴장되는군요. 모처럼의 만남이라 긴장되기도 하고 설레기도 합니다. 미래를 향한 큰 꿈을 꾸고 있을 우리 학생들의 기대에 부응하는 이야기를 해야 할 텐데요.

사회자 즐거운 시간이 되리라 봅니다. 우선 총장님의 대학시절을 학 생들이 궁금해할 것 같아요. 요즘 이걸 '신상털기'라고 하더군요. 괜찮으실는지요? (학생들 웃음) 모범생이셨나요?

총장 솔직히 말해야 하나요? (모두 웃음)

사회자 난감하신가요?

총장 하하. 제 학부시절 이야기가 별 도움이 안 되면 어쩌지요? 사실

2015년 6월 4일 총장과의 대화 '미래로의 여정: 정치와 대학'을 주제로 격의 없는 문답이 오갔다. 총장과 학생들이 둘러앉아 우리가 마주한 현실에서부터 대학과 정치, 삶의 근본에 이르기까지 다양한 화제를 나눴다.

대학교 때 공부에 최선을 다하지 못했습니다. 그 이유는 여러 가지이지만, 특히 운동하느라 그랬던 것 같습니다. 사석에서 교수님들과 가끔 이런 이야기를 하곤 합니다. '학창시절 저는 운동권이었다. 운동에 여념이 없었다. 축구, 야구, 테니스 같은 운동을 참 많이 했다. 그러느라 공부는 열심히 하지 못했다'고 말입니다. (학생들 웃음) 또 저는 시월유신* 몇 달 뒤에 대학에 입학했습니다. 입학 때부터 졸업 때까지 많은 학기 동안 단축수업이 이어졌어요. 어떨 때는 계엄령과 휴교령이 내려져 한 학기 내내 수업이 거의 없던 적도 있었습니다. 그래서 전공 공부보다는 개인적으로 관심이 가는 책들을 읽곤 했습니다. 게다가 당시 어떤 교수님은 상당히 '낭만적'

이셨습니다. 수업에 10분 늦게 들어오셔서 10분 일찍 나가시기도
했습니다. (학생들 웃음)

사회자 '낭만적'이라는 말을 그런 상황에도 쓸 수 있군요. (학생들 웃
음) 혹시 후회하시는 일은 없나요?

총장 왜 없겠습니까? 치열하게 꿈과 실천을 연결했더라면 하는 것이
후회로 남습니다. 그랬으면 지금 더 나은 인간이 되어 있지 않을까
합니다. 또 젊은 시절 방황을 많이 했습니다. 누구나 그렇듯이 내면
과 주변 세계에 관한 고민이 주를 이뤘습니다. 공부라는 틀, 욕심이

라는 틀, 소신과 행동이란 틀과 씨름했던 것 같습니다. 그런데 어찌 보면 그때 헤맸던 것이 훗날 분발하는 데 도움이 됐다고도 생각합니다. 학부시절에 대해 엇갈리는 감정이 있습니다.

사회자 청년의 방황은 특권이라는 말도 있으니 그 특권을 잘 누리신 것 같습니다. 그렇다면 학생 조인원은 나중에 뭐가 되고 싶었나요? 혹시 연예인이라든가? (학생들 웃음)

총장 꿈도 많았고, 그 꿈이 여러 번 변하기도 했습니다. 어렸을 때는 아이스하키 선수가 되고 싶기도 했고, 축구 선수가 되고 싶기도 했습니다. 그러나 어머님의 반대로 꿈을 이루진 못했습니다. 대학에 들어와선 정치학을 한번 공부해보고 싶다는 마음도 있었습니다. 또 미래학자로서 꿈을 키워보고 싶다는 생각도 했고요. 결국 대학원에 진학하게 됐습니다. 그 시절엔 사상가, 철학자, 이론가들이 던진 화두가 머리를 지배했습니다. 치열한 시간을 보냈던 즐거운 시절이었습니다. 아주 어렸을 때는 할머님께서 '넌 커서 뭐할래?'라고 물어보시면, 여느 애들처럼 '대통령'이라고 말했던 것도 기억납니다. 지금은 은퇴하면 어릴 적 좋아했던 그림을 한번 그려보고 싶다는 생각도 가끔 듭니다.

사회자 세월이 흘러 언젠가는 우리가 조인원 화백을 만날지도 모르겠습니다. 이번에는 정말 솔직해지셔야 할 질문입니다. 학생 조인원은 연애를 잘했나요? 잘하지 못했나요?

총장 하하, 이거 녹음되는 거지요? (모두 웃음)

사회자 신경 쓰이는 분이 계신가보군요. (학생들 웃음)

총장 하하. 물론 대학 때 미팅도 해봤고, 사귀어 보기도 했습니다. 김 교수님은 어떠셨나요? (학생들 웃음)

사회자 예상치 못한 역공인데요. 아무래도 총장님 신상털기는 이쯤에서 서둘러 마쳐야겠습니다. 첫 번째 관문을 통과하신 조인원 총장님께 박수 부탁합니다. (박수)

현실의 위기, 대학의 소임

사회자 이제 본격적인 논의로 들어가보겠습니다. 오늘 우리에게 던져진 화두는 '정치와 대학' '대학과 정치'입니다. 큰 제목은 '미래로의 여정'이고요. 이 논의를 통해 젊은 세대가 이 사회를 살면서 느끼는 고통을 쏟아내고, 그 해결책을 고민하고, 힘을 얻고, 서로 격려하는 자리가 되었으면 좋겠습니다.

총장 그런 의미에서 요즘 젊은 세대가 겪는 아픔에 대해 먼저 이야기해보고 싶군요. 당장 학업을 지적으로나 경제적으로 감당하는 일뿐만 아니라 취업 또는 그 후 불투명해보이는 미래에 관해서도 생각해봤으면 합니다. 앞이 잘 보이지 않아 불안이 크시리라 생각합니다. 그러나 이렇게도 생각할 수 있습니다. '현실과 마주하며 치르는 고통은 사람인 만큼 누구에게나 있다. 주어진 숙명이다'라고 말입니다. 고통과 불안은 어떤 특정 세대만의 문제는 아니라고 봅니다. 눈을 돌려보지요. 우리보다 못한 처지에 있는 사람들이 많습니다. 하루하루 끼니를 걱정하는 사람, 질병에 시달리는 사람……. 절박한 생존투쟁을 겪는 이들이 많습니다. 또 겉으로 보기에 편해보이는 사람들도, 종류는 다르겠지만, 나름의 고뇌와 아픔이 있을 겁니다.

물론 거듭 노력하는데도 고통이 끝없이 반복된다면 그것은 분명히 문제입니다. 아예 치유할 수 없는 것이라면 문제는 더 심각하겠지요. 하지만 아무리 그렇다고 해도 우리는 고통 이면에 존재할지 모르는 꿈과 희망을 찾아 나서야 합니다. 비록 신기루처럼 여겨질지라도 말입니다. 그것을 찾아가는 것이 인생 아닐까요? 여러분의 부모님과 조부모님 세대도 많은 아픔을 경험하셨을 줄 압니다. 고통은 보편적입니다. 모든 세대가 자신의 인생을 살아가면서 풀어야 할 과제이자 맞닥뜨려야 할 숙명입니다. 또 다른 각도에서 보면 고통은 희망을 일궈내는 텃밭이기도 합니다. 그 텃밭에서 우리 모두는 '희망의 여정'을 찾아 나서야 합니다.

진로 문제, 취업 문제, 생활 문제는 여러분에게 주어진 큰 과제이자 어려움일 겁니다. 이에 대비하기 위해 내면의 역량과 가능성을 한껏 키우는 것이 중요합니다. 그러나 동시에 정부와 사회도 적극적으로 나서야 합니다. 머리를 맞대고 더 나은 대안을 마련해야 합니다. 대학도 여러분의 사회진출을 돕기 위해 힘껏 노력하겠습니다.

사회자 결국 어떤 미래를 함께 만들어갈 것이냐는 문제가 중요해질 것 같습니다.

총장 그렇지 않아도 그 문제를 위해서 여러분과 '공감지대'를 하나 설정해보고 싶습니다.

한 열흘 전2015년 5월 하순에 영국을 다녀왔습니다. 세계대학총장회 IAUP, International Association of University Presidents* 창립 50주년 기념식과 총회에 참석하기 위해서입니다. 지난 연말 IAUP에서 특별한 제의를 했습니다. 50년 전 IAUP는 영국 옥스퍼드 대학에서 창립총회를 열었습니다. 올해가 50주년 되는 해입니다. 특별 제의란 우리 대학이 옥스퍼드 대학에서 열리는 기념행사를 주관해달라는 것이었습니다. 우리 대학이 1965년 IAUP 창건에 이바지했기 때문입니다.

IAUP를 첫 화두로 꺼낸 이유는 기념행사 연설을 준비하는 과정에서 우연히 마주한 글 때문입니다. 학창시절 책을 통해 접했던 아널드 조지프 토인비Arnold Joseph Toynbee의 IAUP 창립기념 기조연설문을 읽게 됐습니다. 「역사의 중요성」The Importance of History이란 제목의 연설문인데 읽으면서 놀라기도 했고, 흥분하기도 했습니다. 그 연설문은 50년이 지난 이번 IAUP 총회에서 누군가가 반복했더라도 전혀 어색하지 않을 내용을 담고 있었습니다. 시대를 초월하는 생명력을 지니고 있었습니다. 역사와 문명을 바라보고, 대학의 소명과 정치를 말하는 토인비의 생각이 50년이 지난 바로 이 시점에도 여전히 유효하다는 생각을 하게 됐습니다. 인상적이었습니다.

사회자 구체적으로 어떤 대목이 인상적이셨나요?

총장 학생 여러분도 이미 나눠드린 전문을 읽어보셨을 줄 압니다. 읽지 못하신 분은 꼭 한 번 읽어봤으면 합니다. 인용하고 싶은 대목이 여럿 있습니다. 함께 내용을 나누고 싶습니다. 예를들면 이런 구절입니다.

> 우리는 기술적으로는 천재적인 능력을 발휘하지만, 인간관계에서는 퇴행하고 있다는 생각이 듭니다. 뛰어난 기술적 성공을 이루었을지라도 우호적인 인간관계라는 기반이 없다면 전혀 축복이 아닙니다.

기술주의와 성찰 없는 문명에 대한 경고와 함께, 인간과 인간 사이에 우호적인 관계를 맺는 일이 얼마나 중요한지를 강조한 말입니다. 토인비는 또 이런 말도 합니다.

> 저는 모든 인류가 각 국가의 국민이라는 것을 넘어서서 세계의 시민이라는 점을 기억해야 한다고 생각합니다. 더 나아가, 우리의 충성을 국가가 아니라 세계에 맹세해야 한다고 생각합니다. 이는 가장 강력한 민족주의적인 관점을 고수하는 사람에게도 타당한 주장입니다. (…) 핵전쟁에서 살아남기를 바라는 마음이 있다면, 국가를 세계라는 개념 아래 놓아야 합니다. (…) 우리는 모두 각각 한 국가의 책임 있는 시민으로 행동하듯이 책임 있는 세계시민답게 행동해야 합니다.

살바도르 달리, 「비키니 섬의 세 스핑크스」, 1947 마셜 군도의 아름다운 섬 비키니는 핵실험이 이루어진 비극의 땅이기도 했다. 달리는 인간의식 내면에 자연의 생명력이 담겨 있는지, 아니면 죽음이 담겨 있는지 스핑크스처럼 묻고 있다. 중간에서 자라나는 의식의 나무는 인간을 지켜내는 문명의 미래지표다.

'책임 있는 시민' '세계시민다운 행동'은 경희가 목표로 삼아온 과제와 다르지 않아서 또 놀랐습니다. 계속 인용해보겠습니다.

현대 사회에서 사람들이 경험하는 어려움은 (…) 개인이 (…) 매우 하찮아 보인다는 점입니다. 개인이 작아지는 느낌 (…) 은 민주주의를 심각하게 위협하고 있습니다. (…) 사람들은 이렇게 말하곤 합니다. (…) 내가 뭘 할 수 있겠어. 나는 힘이 없어. 물론 한 표를 행사할 수는 있겠지. 그건 사실이지만, 큰 의미가 있을까? 나는 정확한 사실을 잘 모르는데 (⋯) 정부만이 사실을 알지. (⋯) 정부를 지지하는 편이 좋겠어. (⋯) 우리가 군국주의 사고라고 생각했던 생각을 (⋯) 점점 민주주의 국가의 국민이 따라 하고 있는데, 이는 정말 위험스러운 일입니다. (⋯) 이 점이 바로 대학(을 통해) (⋯) 우리가 변화를 끌어내는 데 이바지할 수 있는 부분이라 생각합니다.

사회자 마지막 대목이 의미심장하게 들립니다.

총장 그렇지요? 토인비는 현실의 위기에 대해 또 이런 견해도 갖고 있습니다.

학생 그리고 교수들이 정치적으로 적극적인 행동을 취하는 것은 어떤 측면에서는 나쁜 징조입니다. (⋯) 정치에 심각한 문제가 있다는 의미이기 때문입니다. 사실, 세계의 정치는 오늘날 상태가 매우 심각합니다. (⋯) 누구도 (문제 해결을 위해) 앞장서지 않는 상황이라면 대학이 그 선두를 이끄는 것이 옳습니다.

고등교육 기관의 공적 책무에 대한 토인비의 '시각'이 여운을 남깁니다.

미래를 깨우고, 현실을 사유하다

사회자 이 기조연설 이후 50년이라는 세월이 흘렀는데, 현실은 그리 변하지 않은 것 같습니다. 토인비의 연설내용이 좋은 이야기인 것은 틀림없는데, 듣는 관점에 따라서는 답답할 수도 있을 것 같아요. 역사가 변한다는 것이 이리도 어려운 것인지 하고 말입니다.

총장 그래서 우리에게 주는 영감의 깊이가 더 깊은 것 같습니다. 오늘 이 시점에서도 연설 내용이 여전히 유효하다고 생각하는 것은 50년 전 연설이 '오래된 미래'*의 원형을 보여주고 있기 때문 아닐까요? 문제의 본질을 깊고 길게 내다보면서, '미래 역사'를 이미 오래전에 제시했습니다. 그렇다면 사회자께서 말씀하신 것처럼, '우리는 지난 반세기 동안 과연 뭘 했나' 하는 문제가 남게 됩니다. 비행기로 런던을 향할 때나 현장에서 연설문을 다듬을 때 그런 생각이 들었습니다.

또 하나 소개하고 싶은 것은 옥스퍼드 대학 이야기입니다. 그 대학의 설립일은 아직 정확히 밝혀지진 않았지만 한 1,000년쯤 됐다고 해요. 제가 처음 가본 옥스퍼드 대학 건물들은 정말 유서 깊었습니다. 캠퍼스도 마치 동화책에 나오는 그림 같았습니다. 건물 상당수가 지어졌다고 하는 800~900년 전에 대학을 기획하고 구상하던 분들이 이미 '오래된 미래'를 만든 셈입니다. 그 유산을 오늘도 '옥스퍼드 대학의 후손'들이 잘 사용하고 있습니다. 또 앞으로 상당 기간 그렇겠지요. 감동적이었습니다.

요즘 우리나라의 건물들은 수명이 보통 40~50년이라고 합니다. 건물 대부분을 40~50년만 지나면 헐고 다시 짓습니다. 그런 실정인데, 한 대학에서 800~900여 년을 굳건히 버틸 수 있는 건물을

옥스퍼드 대학의 전경 옥스퍼드 대학교의 설립년도는 아직 정확히 알려지고 있지 않지만, 그 역사는 1,000년쯤 된 것으로 전해진다. 현존하는 건물 대다수를 지었다고 하는 800~900년 전, 대학을 기획하고 구상하던 이들이 이미 '오래된 미래'를 만들었다. 사진은 래드클리프 도서관 주변의 풍경이다.

지었다는 건 매우 부러운 대목입니다. 당대에만 쓸 수 있는 건물을 지어도 됐을 텐데 말이지요. 미래를 위한 안목과 헌신 없이는 출발 자체가 불가능했다고 봅니다.

'오래된 미래'에서 우리가 얻을 수 있는 영감은 많습니다. 하지만 이 시대를 사는 대부분 사람에겐 '지금 당장, 여기 이곳'이 중요합니다. 그러나 설사 그렇다 하더라도 미래의 의미를 생각해야 합니다. 문화의 지속성, 문명의 지속성, 더 근본적으로는 인간과 지구의 지속성까지, 우리는 이 주제들을 변화의 숙명과 함께 생각해봐야 하지 않을까 합니다.

사회자 말씀을 듣다 보니 이런 질문도 있을 것 같아요. '현실에는 다급하고 절박한 문제가 허다해 오래 기다릴 수가 없다. 그러니 정치와 사회가 결국 가장 절박하고도 긴급한 요구에 응할 수밖에 없는 거 아니야?'라고 말입니다. 미래를 생각하기에는 현실의 압박감이 너무 크다는 거겠죠.

총장 현실과 미래는 배치되는 주제가 아니라고 봅니다. 미래를 생각하는 것은 당장 문제 해결이 시급한 상황에선 사치스럽게 보일 수 있겠지요. 그러나 미래를 맞이해야 하는 것 또한 우리의 숙명입니다. 그걸 피할 수 있는 사람은 없습니다. 오늘이 있으면 내일을 준비해야 합니다. 태어나면 또 죽음을 준비해야 합니다. 그래서 인간에겐 항상 현실과 미래가 모두 중요합니다. 현실적인 필요와 욕구에 대한 충족 그리고 '미래를 준비하는 철학과 행동'이 항상 같이 가야 하지 않을까요?

내가 지금 처한 환경을 개선하려는 노력은 중요합니다. 하지만 이에 못지않게 중요한 일도 있습니다. 바로 미래를 준비하는 일입니다. 그렇지 않으면, 우리 현실과 삶의 조건이 한순간에 없어질 수도 있습니다. 사스나 메르스 같은 전염병 피해에서도 그런 교훈을 얻을 수 있습니다. 기후변화, 핵전쟁, 생화학무기가 일으킨 재앙도 마찬가지입니다. 미래를 준비하지 않는 현실은 위기와 파국을 부를 수 있습니다. 현재와 미래는 시간상으로 거리가 먼 것처럼 보입니다. 하지만 이 둘은 동시에 존재합니다. 이야기가 너무 추상적으로 흐르는 것 같은데, 요지는 인간사에서 현실과 미래는 앞서고 뒤서고 하는 것이 아니라는 점입니다. '일봉양단'一封兩端과도 같이 항상 상통하고 결합해 있습니다.

사회자 바로 지금의 문제 역시 큰 틀, 긴 시각으로 볼 때 제대로 풀어낼 수 있다는 것으로 이해됩니다.

총장 현실이라는 것을 하나의 절단면이라고 상정해볼까요? 미래를 향해 지금 당장 내가 여기서 할 수 있는 일은 많지 않습니다. 예를 들어 우리나라 국민소득이 2만 몇천 달러인데, 더 잘 살아야겠다고 생각해도 당장 내일 3만 달러, 4만 달러가 되진 않을 겁니다. 미래를 생각하면서, 이에 맞는 노력을 끊임없이 기울이는 자세가 필요합니다. 구상, 비전, 목표와 함께 실천해가는 것이 개인이나 국가 차원에서 중요합니다. 미래에 대한 사유가 없는 현실적 태도는 현실을 정적靜的으로 만듭니다. 후퇴시키거나 무력화할 수도 있겠지요. 이 점에 주목해야 합니다. 그래야만 현실의 무게에 눌려 꿈을 접거나 미래에 대한 희망과 의지를 잃게 되는 일이 줄어든다고 생각합니다.

사회자 네, 저 역시 그렇게 기대해봅니다. 이제 질문을 한 가지만 더 드리고, 학생들과의 대화로 넘어갔으면 합니다. 미래의 시야를 갖춘다는 것은 현실에서 어떤 의미를 지니게 된다고 보시나요?

총장 삶의 현장에서 제기되는 사안은 많습니다. 국가뿐 아니라 개인과 사회 그리고 대학 차원에서도 그렇습니다. 이 문제를 풀기 위해 정계, 언론계, 학계가 많은 대안을 내놓고 있습니다. 그러나 문제는 '그런데도'입니다. 같거나 유사한 상황이 되풀이된다는 것입니다. 그래서 여태껏 풀지 못한 문제를 예전과 같은 방식으로 풀려고 할 것인지, 아니면 패러다임 전환을 통해 다른 길을 모색할 것인지, 이에 관한 논의가 필요합니다. 발상과 사유방식을 바꾸면 이전과 다른 결과를 낼 수 있습니다. 미래에 대한 사유는 그런 차원에서 사유혁명의 실마리입니다. 예를 들어 대학입시에 관해 생각해볼까요? 우리는 여러 번 기존의 제도를 고쳤습니다. 그러나 여전히 문제가 많습니다. 혹자는 퇴보했다고도 합니다. 왜일까요? 생각해봐야 합니다. 먼 미래를 내다보고, 지속 가능한 고등교육의 기반을 탄탄히 다지는 것이 중요합니다. 개인, 사회, 국가, 인류, 문명, 지구에 도움이 되도록 대학의 근간을 바로 세우는 일이 필요합니다. 그러려면 고등교육의 역사와 철학 그리고 미래에 천착해야 합니다. 특히 다가올 미래, 예견된 미래를 거점으로 현실을 깊이 사유하고 혁신과 전환적 설계를 구상하는 일, 이른바 '미래의 회상'*이 필요합니다.

대학과 정치가 설계하는 미래

세월호와 메르스, 현실정치를 넘어서

사회자 말씀 감사합니다. 큰 틀에서 어떤 사유가 필요한지 생각해보는 시간이었습니다. 이제 학생들 질문을 받겠습니다.

학생 1[1] 최근 세월호 사건, 메르스 사태 등과 관련해 정부가 보인 무능함, 방산비리, 행정부와 입법부의 충돌, 성완종 리스트와 관련한 검찰의 꼬리 자르기 수사 등 많은 문제가 터져 나왔습니다. 미래를 준비하는 것이 우리의 소명이라고 하셨고, 비전과 행동이 같이 가야 한다고 하셨는데, 그러면 저희 대학생들은 어떤 행동을 취해야 현실을 개혁할 수 있는지에 대해 듣고 싶습니다.

총장 며칠 전에 미국 매사추세츠 주지사를 지낸 드발 패트릭Deval Patrick 이란 분이 하버드 대학 졸업식에서 행한 연설*을 흥미롭게 읽었습니다. 그 내용 중에 '불편하다' '마음이 편치 않다'란 뜻을 지닌 'uneasy' 'unrest'라는 단어를 강조한 대목이 눈에 들어왔습니다. 잠

---

1 토론에 참여한 학생 가운데 이름과 소속을 밝히지 않은 학생은 '학생 1' '학생 2' '학생 3'으로 표기한다.

깐 소개하면, '젊은 세대가 자신의 미래를 위해 공부하고 준비한다는 것은 훌륭한 일이다. 그러나 그게 전부는 아니다. 미국 사회가 안고 있는 인종 문제, 양극화 문제뿐 아니라 지구 차원에서도 가난과 고통 그리고 기후변화 문제가 날로 심각해진다. 이와 같은 문제를 성찰하지 않고 졸업한다면 자신의 미래가 협애해질 것이다'라고 지적한 부분입니다.

그리고 이런 말을 이어갑니다. '과거엔 저항과 시위를 통해 불편한 마음을 표출하기도 했다. 하지만 이제는 이를 넘어서야 한다. 현실에 대해 불편한 마음을 지닌 채 계속해서 문제를 제기하고, 구체적인 대안을 내놓는 일에 참여하는 것이 중요하다.'

조금 전 언급한 메르스 같은 전염병은 자연발생적인 것이라 할 수 있습니다. 인간이 어떻게 할 수 없는 부분이 있긴 합니다. 하지만 정부의 초기 대처는 분명 초라했습니다. 부실하기만 했습니다. 방역체계가 오히려 사스 때보다 퇴행했다는 지적이 많았습니다. 기업인의 부패 문제도 50~60년대에나 일어날 법한 일들이 여전히 되풀이되고 있습니다. 이것이 무엇을 뜻할까요? 우리가 좀더 적극적이어야 하지 않을까요? 우리 인식 속에 있는 불편함을 가치 차원으로 승화해야 합니다. 논의와 담론 그리고 실천의 수준을 끌어올려야 합니다. 그렇게 정리된 가치가 국민의식 속에 자리 잡을 때, 그런 일들이 되풀이되지 않을 겁니다. 그런 의미에서 개개인이 '불편함'을 느껴야 합니다. 그리고 그 불편함을 집단적 가치, 지속 가능한

키스 해링, 「추억」, 1989 얼마나 많은 사람이 이 땅 위에 살아가고 있는가. 우리는 서로의 인간적 고통과 갈망을 소중히 여겨야 한다. 각자 목소리를 내면서 함께 세상을 만들어가는 과정이 진정한 역사이자 정치다.

가치와 실천으로 승화해야 합니다. 그런 일들이 중요해보입니다.

학생 2 그래도 정치인부터 먼저 변했으면 좋겠어요. (학생들 웃음)

총장 글쎄요. 현실정치, 좀처럼 변하기 어렵지 않나요? 앞서 언급한 토인비의 이야기가 떠오릅니다. '세상 정치가 풀어가지 못하면, 그리고 누구도 나서지 않는다면, 대학이 목소리를 내야 한다.' 그러나 그냥 목소리를 내는 것을 넘어서야 하겠지요. 대안을 제시하고, 문제의식을 사회화하는 일이 중요합니다. 그것이 변화의 힘일 겁니다. 그 변화의 힘은 고양된 시민의식에서 나옵니다. 현실정치의 실상을 이해하고, 국민이 바라는 정치를 이끌어내는 의식이 필요합니다. 바로 그런 노력이 사회에 체화될 때, 우리는 정치의 왜곡과 모순에서 벗어날 수 있습니다. 부단한 노력을 통해 단기 이익에 치중하는 '기술정치'*를 견제하고, 인간의 인간적 가치를 존중하는 새 정치에 힘을 싣는 노력이 중요해보입니다.

우리는 모두 정치인

사회자 학생들이 쪽지로 보낸 질문도 있네요. 그중에 두 가지 정도 추리면 이렇습니다. 우선 총장님께서 말씀하시는 정치는 우리가 일반적으로 생각하는 정치와는 다른 것인지, 또 대학에서 정치논쟁을 하는 것이 바람직한지에 관한 질문입니다.

총장 두 번째 질문에 대한 답부터 말씀드리겠습니다. 결론적으로 '그렇다'고 생각합니다. 이는 첫 번째 질문과도 관련이 있다고 봅니다. '정치'하면 먼저 떠오르는 것이 있습니다. 이른바 '정치권 정치'입니다. 그런데 정치는 다른 각도에서도 볼 수 있습니다. 개인과 개인 사이의 관계 차원에서도 일어나는 것이 정치입니다. 가족 내에서도 일어납니다. 저는 이것이 정치라고 봅니다. 우리 삶 곳곳에 있습니다. 정치란 결국 자기표현이나 자기 이해관계에 관련된 일일 수 있고, 삶의 가치일 수도 있습니다. 우리 내면세계가 밖으로 드러나는 과정입니다.

그런 과정에서 나는 타자의 다른 표현과 만납니다. 저는 이 만남을 어떻게 조정해갈 것인지의 문제를 다루는 과정 전체가 정치라고 봅니다. 그런 점에서 '정치권 정치'만이 정치가 아니지요. 가정, 대학, 교회, NGO, 기업 같은 모든 공동체 내에서 정치가 일어납니다. 서로 표현하는 과정에서 어떤 관계를 일궈갈 것인지를 넓은 의미의 정치라 본다면, 사람 사는 곳에 정치가 있기 마련입니다. 정치가 꼭 부정적인 것만은 아닙니다. 우리가 '현실정치'를 바라보면서 체험한 '사회적 학습' 때문에 '정치'하면 부정적인 생각이 먼저 떠오를 뿐입니다.

요약하면, 제가 보는 정치란 인간과 인간이 만나는 관계의 장입니다. 또 과정이기도 합니다. 서로의 만남을 조정하고 중재하는 우리의 삶, 바로 그 삶의 현장이 정치입니다. 그런 측면에서 우리는 모두 정치인입니다. 인간은 누구나 타자와 관계를 형성하면서 공동체에서 살아갑니다. 그런 만큼 우리 모두는 정치인입니다.

사회자 "우리는 모두 정치인이다." 혹시 말이죠, 오늘 이 자리가 끝나고 난 뒤에 학생들이 밖에 나가서 '우리 총장님은 상당히 정치적이시더라'고 이야기하면 후회하실까요, 안 하실까요?

총장 (웃음) 안 할 겁니다. (모두 웃음)

학생 3 저는 작은 이야기를 해보려고 하는데요, 대학에 와서 외국인 친구가 한두 명 생겼습니다. 외국인 친구들과 대화를 하다 보면, 저는 당연히 알고 있으리라 여겼던 정보를 그 친구들은 잘 모르더라고요. 그들에게는 얻기 어려운 고급정보인 것이죠. 예를 들면 학생

식당에서 식권을 공동구매할 수 있다는 사실을 몰랐던 외국인친구들이 많았고, 소방훈련으로 기숙사에 사이렌이 울리고 안내방송이 나왔는데 외국어로는 방송이 안 되니까 외국인 친구들이 놀라서 부리나케 달려 나와 무슨 일이 있느냐고 물어본 적도 있었습니다. 외국인 친구들이 불편하게 느끼는 사항이 우리 학교에 많은 것 같아요. 작은 이야기라도 정치에 속할 수 있으니까 이야기를 꺼내보았습니다.

총장 유감스럽고, 아쉽게 생각합니다. 특히 안전과 기본적인 생활에 관해 그런 일이 벌어졌다니 안타깝군요. 이에 대한 세심한 행정적 배려가 더 있어야겠습니다. 관련 부서와 협의해 조치를 마련하도록 하겠습니다. 우리 대학엔 국적이 다양한 유학생들이 있습니다. 외국인 교원분도 많이 계십니다. 심사숙고해 종합적인 대책을 마련하겠습니다. 저 자신도 외국인 학생 신분이었던 시절이 있었습니다. 그 시절엔 이런 문제 외에도 학습 면에서 어려움을 많이 겪었습니다. 유학 전에 영어 공부를 열심히 했지만 유학 초기엔 막상 강의에 들어가면 거의 알아듣지 못했어요. 우리 대학에서 공부하는 유학생들도 크게 다르지 않을 거라고 봅니다. 유학생들의 한국어 능력 향상을 위해 국제교육원이 그간 많은 노력을 기울여왔습니다. 그렇지만 추가적으로 어떤 길이 있을지 더 검토해보겠습니다. 좋은 문제 제기 감사합니다.

사회자 이런 질문도 쪽지로 들어왔습니다. '총장님은 세상을 바꾸려
면 우주적 사유가 긴요하다고 하시는데, 좀 뜬구름 잡는 이야기 아
닌가요? 이게 현실의 벽에 부딪히는 우리한테 무슨 도움이 되는지
는 솔직히 잘 모르겠습니다.' 만만치 않은 질문이네요. (학생 웃음)

총장 정말 그러네요. 제가 다소 급진적으로 이야기하더라도 대화를
위한 것이니 양해 바랍니다. 누군가 '너는 누구냐?'라고 묻는다
고 가정해보지요. 그러면 이름, 성장 배경, 출신학교, 전공, 취미, 특
기, 주변 친구에 관한 이야기가 먼저 떠오를 겁니다. 그러나 그게
전부는 아닙니다. 거론된 것들은 진정한 나, 본래의 나가 아닙니다.
태어남과 동시에 얻어진 것일 뿐이지요. 저보다 더 급진적인 학자
는 심지어 고등교육이 국가나 가족 개념에 관한 논의를 넘어서야
한다고까지 말합니다. 자신의 진정한 정체성을 말하는 데 그런 요
인들이 저해요소가 된다는 의미로 말입니다. 상식 차원에선 상당
히 급진적인 내용입니다.

우리는 대한민국의 기원을 이야기할 때 고조선과 단군부터 이야
기합니다. 단군의 존재를 설화라고 해석하면 그것이 만들어진 이
야기라는 것은 누구나 다 압니다. 그럼 그 너머엔 뭐가 있을지 생
각을 거듭해보지요. 인류의 조상을 만나게 되겠지요? 진화론의 최
근 학설은 우리가 아프리카 동북부 지역에서 유럽, 중동, 아시아,
미주, 남미로 흩어진 원인原人의 자손이라고 설명합니다. 그렇게 보

면 '너는 누군가' '나는 누군가'라는 질문에 자신의 부모님 성함을 대는 정도로는 답이 안 됩니다. 혹 여기에 고조할머니, 고조할아버지 성함을 아시는 분 있나요? 할아버지, 할머니 성함은 다 알고 있을 겁니다. 하지만 그 선대로 계속 올라가다 보면, 일부러 족보를 보고 외우기 전에는 알기가 쉽지 않습니다. 또는 혈통의 의미를 체감하지 못하는 경우도 있을 겁니다. 그래서 자신의 정체성을 이루는 기원은 지구상 생명체의 기원과도 같다고 할 수 있습니다. 또 우주 탄생과 현존을 빼놓고 우리는 자신의 존재를 말할 수 없습니다. 그것이 우리가 인류와 우주를 내 안에 들여놓아야 하는 이유가 아닐까 합니다.

학생 4 나의 존재의 뿌리로 거슬러 올라가면 우주와 만난다는 이야기를 부정하려는 것은 아니고요, 그걸 아는 게 오늘의 현실, 나의 삶과 어떤 상관이 있는가 하는 점입니다.

총장 참, 그 부분을 빼놨군요. '우주적 사유와 내가 무슨 상관인가?' 중요한 질문입니다.

그전에 이 문제를 좀 생각해보았으면 합니다. 우리는 우리 주변의 문제와 사회적 모순에 대해서는 큰 관심을 기울입니다. 그러면서도 비행기만 타면 불과 몇 시간 안에 도달할 지역에 사는 문명의 혜택을 받지 못한 사람들에겐 큰 관심을 기울이지 않는 경향을 보입니다. 이렇게 얘기할 수 있을 겁니다. '그것은 내가 마주한 현실이 아니다. 나와는 상관없는 일이다.' 또는 '내가 나선다고 크게 달라질까?'라고 말입니다. 무관심은 흔히 그런 생각을 유도합니다. 앞서 말한 기후변화나 기근, 물 부족 문제도 그렇다고 봅니다. 물론 요즘은 조금 달라지는 경향이 있습니다. 하지만 대체로 하루하루를 바쁘게 살아가는 이들에겐 그런 문제가 손에 잡히지 않겠죠. 피부에 와닿는 문제도 아닐 겁니다. 또 다른 예로 전염병 문제가 있습니다. '중동 낙타와 내가 무슨 상관이야'라고 생각했던 때도 있었습니다. 그렇지만 메르스 사태 이후 달라졌습니다. 이 문제는 바로 내 문제입니다. 내 생명이 걸린 중차대한 문제가 됐습니다.

눈에 보이는 현장성은 매우 중요합니다. 생존과 직결된 문제이니까요. 하지만 우리가 인식하는 현장성이 세상의 전부가 아니라는 점을 인식하는 것도 중요합니다. '우리 문제'라 하는 것은 바로 이웃 나라인 중국의 문제일 수 있습니다. 중동 문제일 수도 있습니다. 또 아프리카 어느 지역의 문제일 수도 있습니다. 더 멀리는 오존층이나 그 너머 세계에서 벌어지는 문제일 수도 있을 겁니다. 태양의 온도가 조금 바뀌면 어떻게 될까요? 인류는 멸망할지 모릅니다. 지구 자전축이 1도만 바뀌어도 그렇게 된다고 합니다. 또 다른 예로, 바다가 오염되면 식탁이 불안해집니다. 건강을 위협하게 되겠지요. 『문명의 붕괴』*Collapse**의 저자 재러드 다이아몬드Jared Diamond의 지적처럼, 이런 추세라면 '바다 어장'은 수십 년 내 거의 고갈된다고 합니다. 본 적도 없는 심해의 일이 우리 삶과 직접 연관을 맺고 있는 것입니다. 그럴 리 없다고 믿고 싶지만, 그런 일이 발생하는 순간 그 문제는 바로 내 문제가 됩니다. 생존을 좌우하게 됩니다. 우주와 나의 연결에 관심을 두는 것은 그래서입니다. 먼 이야기가 아닙니다. 우리는 이미 지구와 우주 문제가 내 삶에 직접 영향을 미치는 시대에 살고 있습니다.

다시 우주로 가보겠습니다. 불과 몇백 년 전만 해도 우주 나이를 4,000~5,000년으로 봤습니다. 그런데 현대 과학은 138억 년 전에 빅뱅이 일어났다고 합니다. 물론 그 학설도 10년쯤 지나면 바뀔 수 있겠지요. 10년, 50년 후엔 빅뱅이 한 번만 일어났는지, 수차례, 수십 차례, 아니면 그 이상 반복됐는지, 애초에 빅뱅은 없었던 것인지를 설명할 또 다른 학설이 나올지도 모릅니다. 또 다른 학설은 전혀 다른 인간의 삶을 추동하게 될 겁니다. 신화와 신학 그리고 우주론이 변천을 거듭할 때, 인간은 전혀 다른 문화와 문명을 만들었습니다. 우주는 그래서 나와 동떨어진, 말 그대로 '별들의 세계'가 아닙니다. 우리 삶 깊숙이 이미 들어와 있습니다. 예전에 몰랐을 때는 나와 동떨어진 문제라고도 볼 수 있었겠지요. 하지만 이제는 알게 됐습니다. 알게 된 이상 우주는 우리의 삶 그 자체, 바로 지금 여기의 현실입니다.

또 다른 말씀을 드리면, 우주의 생성 원리와 그 운동의 파장은 우리 존재 내부에 새겨져 있기도 합니다. 오랜 진화를 거치며 우주의 질서와 무질서, 또 그 역동은 인간의 내면 깊이 자신을 새겨 놓았습니다. 그래서 우주적 사유는 인간의 본질인데도 우리는 이것을

빈센트 반 고흐, 「별이 빛나는 밤」, 1889 이제 도시에서 별들의 영롱함을 볼 수 없다. 인간이 만든 불빛이 밤하늘의 신비를 감춰버렸다. 저 하늘의 별과 인간이 다시 정겹게 만날 수 있다면, 인간의 영혼은 더 풍요로워지지 않을까?

망각하고 싶니다.『우주 이야기』를 쓴 베리의 이야기를 빌리면, 우리는 '우주적 차원의 사유를 하는 순간부터 지상의 생명을 향한 마음'을 품게 됩니다. 서로의 삶을 고양할 인간존재의 확립을 도와주는 '생태계에 충실한 존재'가 된다는 것이지요. 하늘의 태양과 달, 별들이 모여 움직이고 관계 맺는 우주의 역동이 지금 우리 삶을 유지하는 거대한 기초입니다. 그리고 그 기초는 인간의 사유와 행동양식 그리고 생사에까지 큰 영향을 줍니다.

인문과 과학의 '온전한' 만남

학생 5 총장님께서 말씀하신 것처럼 우주를 이해하는 게 인간적 사유와 연관이 있다는 것은 저도 깊이 공감합니다. 지금은 지구가 태양 주위를 돈다는 것을 누구나 알고 있지만 과거에는 지구가 우주의 중심이고 태양이 지구를 돈다고 생각했습니다. 그때는 인간에 대한 사유가 분명히 지금과 많이 달랐을 겁니다. 그러니까 우주적 사고를 한 다음에 지니게 된 인간에 대한 생각과 많이 달랐을 것 같아요. 저는 이런 생각을 후마니타스칼리지의 중핵 과목인 「인간의 가치 탐색」과 「우리가 사는 세계」를 들으면서 품게 되었습니다. 그 과목에서 배운 빅뱅 이론이라든가, 도킨스의 이기적 유전자와 밈 이론, 다윈의 진화론 같은 과학적 사유가 우리의 세계관을 형성하고 인간에 관한 가치를 탐구하는 데 중요한 역할을 한다고 생각합니다. 후마니타스칼리지의 중핵 과목에는 철학적 사유들은 많이 담겨 있어요. 그런데 후마니타스칼리지에서는 왜 과학적 사유를 좀더 깊게 다루지 않는지 궁금합니다.

총장 교수님들께서도 그런 고민이 있을 겁니다. 과학·철학·역사 등의 학문은 사실 불과 2,000년의 세월을 통과해왔습니다. 결코 긴 시간이 아닙니다. 과학도 철학도 고대 문명권 한 뿌리에서 출발했습니다. 그리고 그 후 분화의 길을 걸었습니다. 19세기 다윈의 진화론이 좋은 예입니다. 당시에 진화론은 인문과 과학을 분리한 급진적인radical 학설이었습니다. 그런데 그 이론을 자세히 들여다보면, 인문학과 결별을 선언한 학설이 아닙니다. 신학에 의존한 과학이었습니다. 사실 그렇게 안 했을 경우 파문을 당했을 테니까요. 어떤 시대에는 처형당하기도 했습니다. 그렇지만 과학과 신학 또는 철학은 사유 체계상 완전히 결별할 수 없었습니다. 사람은 우주와 물리현상의 결과입니다. 그러나 모든 것을 그것으로 환원할 수 없는 정신현상의 산물이기도 합니다. 물리현상과 영적 현상의 결합, 그 상호작용으로 인간은 더욱 온전히 인간의 세계를 열었습니다. 그런 점에서 '객관적 인과율'을 다루는 과학과 정신의 초과학적 범주, 인간적 특성을 다루는 학문은 종합돼야 합니다. 그래야 좀더 온전한 학문에 근접할 수 있습니다. 앞선 학생의 문제 제기에 공감합니다. 종합적 시야에서 사물과 현상, 인간과 세상을 바라보는 중핵 과목을 강화해야겠지요. 균형을 이루는 것이 중요합니다. 이 부분은 후마니타스칼리지에서 깊은 연구 성과로 나타날 것으로 기대합니다.

압축 시대의 논리 넘어서기

원용웅(체육학과 학생) 우리 학교가 다른 대학 분위기와 사뭇 다르게 인문학을 강조하고 있지 않습니까? 사회는 인문학의 위기와 철학의 죽음을 말하고 있고, 이런 상황에서 진리탐구보다는 시장의 논리에 따르는 대학마저 많이 늘어나고 있고요. 그런 가운데 우리 대학에 후마니타스칼리지가 출범했습니다. 혹시 그 과정에 대학총장으로서 어떤 학문적 어려움이 있었는지, 또 그 어려움을 어떻게 헤쳐가고 계시는지 궁금합니다.

두 번째 질문은 압축 시대 극복에 대한 것입니다. 저는 모든 것을 빠르게 발전시키기 위해 취했던 압축 시대가 사실 어쩔 수 없는 과정이었다고 생각합니다. 과거에는 부당하게 권력을 쟁취했기 때문에 빨리 성과를 보여줘야 했고, 지금은 5년 단임제가 보장한 합법적인 시간 안에 성과를 내야 해서 무엇이든 압축할 수밖에 없다고 생각합니다. 사회가 그런 필연적 구조에 맞게 짜여 있는데, 압축 시대의 한계를 극복하기 위한 사유나 철학의 힘을 어떻게 지니고 가야 하는지에 대해 말씀해주셨으면 합니다.

총장 두 질문 다 어렵네요. 답이라기보다는 개인적인 생각을 이야기해야 할 것 같습니다. 우선 첫 번째 질문과 관련해 이런 이야기를 하고 싶습니다.

앞서 토인비의 연설과 관련해 소개를 안 드렸던 부분이 있습니다. 그분이 이런 고민을 하셨더군요. 학계가 발전시켜온 사유체계, 학문분야가 너무 세분화·전문화의 길을 걷고 있는 것은 아닌지 말입니다. 예를 들어, 화학 분야의 한 이론을 평생 천착한다 해도 통달하진 못합니다. 이것이 전문분야의 특징인데 정치학도 마찬가지입니다. 게오르크 헤겔G.W.F. Hegel, 카를 마르크스Karl Marx, 베버를 누군가가 각각 전공하고 평생 공부한다 해도 그분들의 사상을 다 알진 못할 겁니다. 엄청난 양의 문헌이 있습니다. 또 그 연구의 사회적·정치적·역사적 파장도 매우 다양합니다. 대학의 전공이라 해도 사실은 인위적으로 쳐놓은 틀 속에서 4년 동안 잠깐 배우고 나가는 것에 불과합니다. 그렇게 공부했다고 해서 한 분야의 전문가라고 이야기할 순 없겠지요. 토인비가 50년 전 했던 고민을 지금 우리가 여전히 하고 있습니다. 반세기 전이나 지금이나 크게 달라진 게 없다는 점이 아쉽습니다.

그렇다면 이 문제를 어떻게 풀어갈 수 있을까요? 대학에서 인문학을 가르치는 것은 불필요하고 전공교육의 방해 요인일 뿐일까요? 그렇지는 않을 겁니다. 기초교양 학문이 전공교육에 긍정적인 영향을 미친다고 봅니다. 거꾸로도 마찬가지입니다. 물론 너무 세분화된 전문성을 강화하다 보면 그 영역에 낯선 사람들은 기본적인 이해조차 할 수 없겠지요. 사회과학을 전공한 저 역시 깊이 있는 자연과학 이론은 이해할 수 없습니다. 그래도 문제의식의 출발점이 유사해서, 그리고 그 출발은 결국 사람이 하는 것이기 때문에 사유와 상상의 방식은 대동소이할 거라고 보는 것입니다. '사유와 상상의 폭과 깊이를 더해간다'는 것이 서로 소통하고 교감해야 할 이유입니다. 또 무엇보다 전공과 교양의 궁극적인 목적은 학문을 통해 더 나은 인간의 길을 찾는 일입니다. 지속 가능한 인간의 세계를 여는 일입니다. 그리고 이 과업은 교양학문과 전공학문의 결합으로 더 잘 이룰 수 있습니다. 첫 번째 질문, '학문적 어려움'에 관한 질문을 한마디로 정리하면, 바로 이 일을 잘 풀어가는 것이라 할 수 있을 것 같습니다.

두 번째 질문은 이렇게 생각합니다. '압축 시대'는 우리가 걸어온 길입니다. 특히 60년대부터 '경제성장' '근대화'에 거의 모든 것을 걸었습니다. 그 결과는 재론하지 않더라도 잘 알고 계실 겁니다. 말 그대로 '압축 성장의 시대'를 열었습니다. '근대화의 신화'를 이뤘습니다. 우리나라가 지금 기반을 두고 있는 산업구조 대부분이 당시에 쏟은 노력의 산물이라 해도 과언이 아닙니다. 그러나 지나치게 빨리 달려와서일까요? 압축 성장의 부정적 측면도 많습니다. 산업화의 그늘에 상존하던 억압과 저항, 정경유착, 빨리빨리 문화, 굳은 사고 등의 현상들이 여전히 산재합니다. 긴 호흡으로 균형을 이뤄내지 못했습니다. 풍요와 정의 그리고 민주주의가 동반성장하지 못했습니다. 결국 득과 실이 교차했습니다.

그러면 이제 무엇을 해야 할까요? 쉽지 않은 과제지만, 서로 연관된 두 가지 문제에 주목해야 하지 않을까 합니다. 하나는 앞서 언급한 세월호 사건, 기업 비리 같은 문제에 스며 있는 의식과 문화를 전환하는 일입니다. 우리는 과연 정치에 신뢰를 보낼 수 있을까요? 재계는 어떤가요? 관의 공적 업무는요? 이 모든 질문에 자신

디에고 리베라, 「공장」, 1933 거대한 산업문명이 인간을 부품으로 만들었다. '압축 성장'은 산업문명의 속도를 더욱 빠르게 설정했다. 그런 삶의 방식을 따르는 가운데 풍요와 정의가 균형을 잡지 못하면 정치는 혼란에 빠진다.

있게 '그렇다'고 답하기는 어려워 보입니다. 오늘의 정치는 소모적 이념논쟁과 계파 간 권력투쟁으로 많은 시간을 보냅니다. 기업의 사회적 책임은 그 기여도가 아직 미미합니다. 관은 관대로 신뢰와 믿음을 얻는 데 한계를 보이지요. 무엇이 국익이고, 어떤 비전과 철학으로 미래를 이끌 것인지 국민은 잘 알지 못합니다. 공론의 장을 통해 공감과 합의를 도출하고, 시민의식과 사회문화를 형성하는 것이 필요해보입니다.

물론 대통령 단임제 아래서 '5년'이라는 '정치적 시간'은 충분한 시간이 아닙니다. 그 기간에 할 수 있는 일이 많아 보이지 않아요. 특히 중장기적 미래 전망이 필요한 국정과제일수록 그렇습니다. 이 문제들은 국가와 사회 차원의 깊은 숙고와 논의가 필요한 주제입니다. 질병 관리, 인권 신장, 양극화 해소, 문화 고양, 우주탐사,

산업구조 같은 과제가 그렇습니다. 매우 심도 있는 조사와 분석, 비전 수립, 국민 동의라는 지난한 과정을 거쳐야 합니다. 5년 단임의 현실은 결코 충분한 시간이 아닙니다. 그러나 그것이 현실이라면, 주어진 시간 내에 최선을 다해야 합니다. 대의와 합의를 모색하는 노력이 그래서 더 절실합니다. 그리고 바로 이 문제를 해결하기 위해서는 국정 문화, 정치문화에 관한 활발한 대처방안이 필요합니다.

바로 그런 문화의 필요가 두 번째 과제를 부릅니다. 앞서 잠깐 언급한 시민의식 문제입니다. 치열한 현실적 상황에서, 그리고 거의 모든 것이 경제논리로 채워진 상황에서 성찰과 각성, 책임과 유대에 기초한 사회의식은 좀처럼 꽃 피지 않습니다. 어느 날 퇴근길에 라디오를 들었는데, 전파를 타고 흘러나온 프로그램 진행자의 보도가 충격적이었습니다. 사람들이 비행기 표를 구입할 때 어디에 가치를 두는지 8개국 국민에게 물었다고 합니다. 제 기억으론 안전, 서비스, 가격, 편리함을 포함해 네다섯 개 항목이 더 있었습니다. 설문에 참여한 거의 모든 나라 사람은 안전을 최우선으로 꼽았습니다. 그런데 우리나라의 경우는 놀랍게도 가격이었습니다. 왜일까요? 왜 우리는 무엇보다 가격을 중시할까요? 아마도 우리가 알게 모르게 만들어온 '결국 중요한 것은 돈'이란 사회문화에 젖은 결과가 아닐까 하는 생각이 들었습니다. 경제 그리고 잘 사는 것, 물론 중요합니다. 그러나 '경제 공화국'이 모든 것을 해결해줄까요? 이제는 OECD 회원국도 됐는데, 여전히 '더 많이'에 모든 것을 걸어야 할까요?

요즘 우리나라에선 대학의 학생과 의료기관의 환자를 '고객'으로 대합니다. 공익적 가치를 추구해야 할 비영리 기관인 대학과 의료기관이 수요, 공급, 서비스, 수익 같은 시장논리를 추구하는 영리기관으로 뒤바뀐 겁니다. 또 이번 감염병 사태를 보아도 '메르스 정국'이란 말을 사용합니다. 바이러스는 바이러스지 왜 '정치의 국면'으로 끌고 갈까요? 또 메르스 때문에 한국 방문을 꺼리는 외국인 관광객을 정부가 여행 보조금으로 유인하려 한다는 보도도 우리를 안타깝게 했습니다. 보조금 때문에 건강과 생명의 위험을 무릅쓴 채 한국 여행을 하는 외국인이 많을까요? 여하튼 아무리 경제가 중요해도 교육기관은 교육기관이고 병원은 병원입니다. 정치는 더 큰 틀을 바라봐야 합니다.

너무 장황해진 것 같군요. 요지는 이렇습니다. 우리 모두에게 경제는 중요합니다. 그러나 그렇다고 인간의 본령, 사회의 본령, 국가의 본령을 부 축적과 재물의 가치로만 환원할 순 없습니다. 그래서는 성숙한 시민의식이 꽃 필 수 없겠지요. 시민의식은 그 자체로 매우 큰 의미가 있습니다. 시민은 역사의 주인입니다. 경제도 국정도 시민의 안전과 행복, 지속 가능한 미래를 지키기 위해 존재해야 합니다. 그럴 때만이 우리는 '사람의 존엄'을 말할 수 있습니다. '압축의 시대'인 오늘, 먼 미래를 내다보며 후대에 자랑스럽게 물려줄 공적 가치를 이제부터라도 적극적으로 찾아 나섰으면 합니다.

사회자 네, 잘 들었습니다. 두 번째 질문은 충분히 답하신 것 같은데, 첫 번째 질문에 관해서도 말씀해 주시긴 했지만, 학생들의 이해를 돕기 위해서 좀더 부연설명을 해주셨으면 합니다. 특히 후마니타스칼리지가 지향하고 소망하는 학문 간 소통의 필요성에 관해서 말입니다.

총장 개인적 생각을 몇 가지 예를 들어 말씀드리고 싶습니다. 물리학자 에어빈 슈뢰딩거^Erwin Schrödinger^는 DNA가 발견되기 전인 1940년대에 잘 알려진 책을 냈습니다. 『생명이란 무엇인가?』^*What Is Life?*^* 라는 책입니다. 그는 이 책에서 인간의 세계를 탐색했죠. 철학자와 인간의 물리적 배경을 설명하는 많은 자연과학자에게 깊은 영감을 주었습니다. 양자역학의 대가 베르너 하이젠베르크^Werner Heisenberg^도 20세기 중반에 『물리학과 철학』^*Physik und Philosophie*^*을 출간했습니다. 책 제목이 말하듯이 두 분야가 서로 교감할 수 있는 '새로운 사유 방식' '전체와 부분'에 관한 도전적 질문을 던진 책입니다. 이분들은 인문학적으로 소양이 깊었던 과학자였습니다. 그분들과는 반대의 경우도 있습니다. 이를테면 20세기의 석학 버트런드 러셀^Bertrand Russell^*의 경우지요. 그는 철학자이면서 뛰어난 수학자였습니다. 러셀은 수학과 철학의 교합학문의 기초를 놓았습니다. 그의 제자가 분석철학의 효시를 이룬 비트겐슈타인이기도 합니다.

물론 우리가 모두 이런 수준에 이를 수 있다거나 이르러야 한다는 것은 아닙니다. 다만 이과 사유방식과 문과 사유방식의 교감과 소통을 통해 넓고 깊은 학문의 길, 인생의 길을 열 수 있다는 점을 말하고 싶습니다. 문제의식의 출발점이 근본적으로 같기 때문입니다. 우리가 사는 세계, 인간에 대한 질문이 그 중심에 있습니다. 이런 맥락에서 학문 간 소통이 필요해보입니다.

학생 6 그래도 현실은 전문화된 졸업자를 요구하고 있습니다.

총장 현실을 외면할 수는 없겠지요. 그러나 문제는 어떤 수준의 전문성인지, 그리고 그 전문성이 어떤 사유 역량을 지니는지에 달려 있다고 봅니다. 학문과 학문 사이의 교감 지대, 소통 지대가 있어야 오늘과 같은 '불확실성 시대'를 헤쳐 갈 안목과 역량을 키울 수 있습니다. 대학시절에 그런 힘을 길러내는 배움의 기회를 얻는 것이 소중합니다. 울타리 안 전공만 고집하는 풍토는 학계 스스로가 극복해가리라고 생각합니다. 취업현장에 계신 분들도 이 상황을 알고 계실 거라고 봅니다. 현실의 요구에 충실하면서도 긴 호흡과 안목으로 자신의 사유세계를 확장하는 일이 궁극적으로 도움이 될 겁니다.

그리고 여러분이 마주하고 있는 '현실'의 문제를 앞서도 논의한 초기 '후마니타스칼리지의 어려움'과 관련해 말씀드리겠습니다. 당시 일각에선 '지금과 같은 과학기술의 시대에 왜 인문학이냐'는 얘기가 있었습니다. 혹시 '학생들의 사회진출에 걸림돌이 되지 않겠나'라는 우려도 있었습니다. 그런데 사회도 최근 들어 많이 변했습니다. 기초교양 학문도 중요하다는 쪽으로 말이지요. 우리 대학이 시대의 흐름과 같게 또는 조금 먼저 이 문제를 생각해왔던 것 같습니다. 이제는 의학을 공부하는 사람, 자연과학을 공부하는 사람들도 인문학의 중요성을 많이 이야기합니다. 실제로 여러분 가운데도 인문학을 전공하지 않는 분들이 많을 겁니다. 대부분 취업을 준비하고 계신가요? 그럴 경우 당연히 전공지식이 중요합니다. 그리고 열심히 하셔야 합니다. 그런데 취업 후 경영과 사회참여를 꿈꾸시는 분들도 계실 거라고 봅니다. 그런 꿈을 실현하는 데 인간과 공동체에 관한 배움이 도움이 될 겁니다. 자신을 성찰하고, 타자를 이해하고, 기관과 조직의 미래를 탐색할 수 있는 역량이 필요합니다. 그 역량과 함께, 큰 이야기로 들리겠지만, 사회와 문명의 흐름을 내다볼 수 있는 안목도 중요합니다. 그런 자질을 통해 더 넓고 깊은 미래를 디자인할 수 있습니다. 비전공자에게 기초교양은 그런 학문적 토양을 제공합니다.

타인의 행복, 나의 행복

김영찬(기계공학과 학생) 저는 '사람은 무엇으로 사는가'에 대한 질문을 드리고 싶습니다. 만약 이 질문에 보편적인 대답이 없다면 총장님이 마음속에 가지고 계시는 생각은 무엇인지 알고 싶습니다.

총장 그 질문엔 답이 없어야 한다고 봅니다. 누구에게나 적용되는 보편성은 성립하기 어렵다고 봅니다. 개개인은 누구나 각자 독특한 꿈이 있으니까요. 모두 존중받아야 합니다. 그 꿈이 남을 해치는 꿈이 아닌 이상 말입니다. 내가 누군가를 음해하고 공격해서 피해를 준다거나, 파탄에 이르게 하는 꿈을 꿔선 안 되겠지요. 그러나 내가 나를 표현하는 꿈, 더 나은 자신과 사회 그리고 세계를 지향하는 꿈은 자유롭게 꿔야 합니다. 다양성과 창의성이 존중받을 때, 사람은 사람답게 살 수 있습니다. 그런 사람들이 더 나은 세상을 만들어갈 겁니다.

우리 대학이 지난 1년여간 준비해온 「경희대학교 미래대학리포트 2015」이하 「미래대학리포트」*를 보면, 여러분 대다수는 개인적 '행복'이 그 어느 가치보다 중요하다고 답했습니다. 저를 포함한 기성세대는 사실 그보다는 이념적 가치를 지향했습니다. '자유'가 중요하다, '평등'이 중요하다, '공동체'가 중요하다는 생각을 많이 했던 세대입니다. 그런데 여러분 세대는 변했습니다. 달라진 점에 대해 비판하는 분들도 있습니다. 하지만 저는 훌륭하다고 봅니다. 자신의 가치에 대해 자존감을 지니고 성찰하는 세대이기 때문입니다.

다만 그런 행복에 대한 생각을 좀더 진전시킬 필요는 있을 것 같습니다. 내 행복도 추구하면서 타자를 배려하는 길을 열어가는 것, 이 두 가지의 조화가 중요한 덕목이라고 생각합니다. 「미래대학리포트」에 여러분은 사회의 경제 가치를 창출하는 사람이 미래를 이끌 것이란 생각을 담았습니다. 개인적인 부 창출과 함께 부의 사회적 책임을 중시하는 인물을 선호했습니다. 미래엔 종교인, 정신적 지도자가 가장 존경받는 리더가 될 것이라는 전망도 했습니다. 얼핏 보면 서로 모순되고 상충하는 것 같습니다. 하지만 저는 그런 경향을 현실적이면서도 훌륭한 인식의 흐름이라고 생각합니다. 현실과 이상의 조화를 지향해가는 것이 바람직해보입니다.

학생 7 우리 젊은 세대를 긍정적으로 봐주셔서 감사합니다. 그러나 사실 타인의 행복까지 신경 쓰고 살기에는 너무들 자기의 일에만 다급한 것이 현실입니다. 결국 어디에 관심을 두고 살 것인지가 관건인 것 같습니다.

총장 그렇습니다. 타인의 행복까지 생각하면서 살기란 말처럼 쉬운 일은 아닐 겁니다. 이렇게 생각해보면 어떨까요? 꿈은 개인마다 다릅니다. 서로 다른 꿈이 공존하는 곳이 우리가 원하는 세상이겠지요. 그런 세상 또는 공동체와 함께 우리는 행복을 찾아 나섭니다. 나의 행복은 타인의 그것을 전제하는 공동체를 통해서만 가능합니다. 공동체가 불안정하거나 와해되면 내 행복의 지평은 위축되거나 소멸될 수밖에 없습니다. 그런 점에서 남의 행복을 위해 직접 나서지는 못하더라도 공동체를 위한 노력에 동참하려는 것은 중요한 현실적인 의미를 지닙니다. 자신과 타자의 '정당한 행복'의 조건을 보장할 수 없는 사회. 그 사회는 삶의 지속 가능한 기반을 위협합니다.

조금 다른 얘기지만, 얼마 전 영국 국방성 산하 연구소가 미래를

파블로 피카소, 「게르니카」, 1937 그 어떤 전쟁도 학살이다. 첨단 테크놀로지가 등장하면, 인간에 대한 살상행위가 더욱 손쉬워진다. 윤리 없는 기술의 위력은 인간존재의 위협이다. '평화는 개선(凱旋)보다 귀하다.'

전망하는 보고서를 냈습니다. 『한겨레』에서 「30년 뒤 '암울한' 전쟁터… CEO사령관이 곤충부대 이끈다」[2014.7.14]라는 기사를 본 적이 있습니다. 인류가 처할 미래를 예측하는 정보 가운데 제 눈을 사로잡은 전망이 있었습니다. 전쟁은 일반적으로 국가가 수행합니다. 그러나 20~30년 후에는 다른 상황이 벌어질 수 있다고 합니다. 초국적기업이 전쟁을 수행할 수 있는 역량을 갖추게 될 거라고 합니다. 아직은 그런 기업이 없겠지만, 머지않은 미래에 그런 상황이 벌어질 수 있다는 사실에 놀랐습니다. 20~30년이면 바로 눈앞의 미래입니다. 그런데 '누군가가 기업을 통해 전쟁을 치를 수 있다?' 충격적입니다.

요즘처럼 기술과 문명의 전환이 워낙 빠른 시대엔 20년 후를 그 누구도 정확히 예측할 수 없습니다. 하지만 만약 그런 미래가 곧 도래한다면 엄청나게 위협적입니다. 핵무기가 지구를 몇십 번 파괴하고도 남을 가공할 위력을 갖추고 있다는 사실은 모두 잘 압니다. 우리는 요즘 한 환자에 의해 전파된 메르스의 전염력을 걱정합니다. 하지만 화학무기, 세균무기는 극소량도 엄청난 인명을 앗아갈 수 있습니다. 우리 모두의 노력이 절실한 때입니다. 대학도 이를 위해 더 많은 노력을 기울여야 합니다. 너와 나의 지속 가능한 '행복의 조건'을 위해서 말입니다. 보편 의식과 고양된 시민의식이 시급해보입니다.

김경욱(기계공학과 학생) 총장님의 말씀 중 모든 것의 본질이 하나로 통한다는 것에 대해 저도 적극적으로 공감합니다. 원효대사의 화쟁 사상이 떠오르기도 했고요. 그런데 우리 사회에 갈등이 많이 일어나는 가장 큰 원인은 정작 어디에 있는지 생각해보고 싶습니다. 특히 정치에 대한 논쟁은 여전히 숙제인 것 같아요. 모든 것이 정치라고 하셨는데, 가족 내부에서도 갈등이 있기는 하지만 그 관계가 정치적이라는 발상은 지나친 것이 아닐까요?

총장 오해가 있었던 것 같군요. 정치를 바라보는 전통적 시선에는 투쟁과 쟁취, 지배라는 권력 개념이 녹아 있습니다. 바로 이 점이 우리가 정치를 안 좋게 바라보는 이유입니다. 그와 같은 정치가 가족 내에 있어야 한다는 말은 당연히 아니겠죠? 권력을 놓고 투쟁하고, 싸우고, 지배하는 정치가 가정 내에 있다는 것은 말이 안 됩니다. 조금 다른 각도에서 접근해볼까요? 아무리 부모님이라 하더라도 자식을 절대복종의 대상으로 생각하고, 지배하고, 명령한다면 이런 가족은 당연히 불행하지 않을까요? 누구도 받아들이기 어려울 겁니다. 특히 요즘은 아무리 부모라 해도 자식과 대화해야 합니다. 소통과 공감의 지대를 만들어야 합니다. 또 양보와 관용도 있어야 합니다. 그럴 때 진정한 부모 사랑과 자식의 효도 이뤄질 수 있을 겁니다. 부모도 자신을 표현해야 하고, 자식도 자신을 표현해야 합니다. 그런 과정을 통해 부모의 사랑과 자식의 효가 조화로운 결실을 이뤄내는 것이 바람직하다고 봅니다. 만일 그런 것이 또 다른 의미의 정치라면, 우리는 그것을 지향해야 합니다. 각자의 자기표현과 대화, 과정상의 협의와 조정, 공감과 합의가 중시되는 그런 정치 말입니다.

대학과 정치의 동상'일'몽

오예린(도예학과 학생) 저는 아까 말씀하셨던 인문학에 대해서 질문하겠습니다. 정부 차원에서도 인문학을 강조하는 정책을 펼치면서 학생들에게 인문학을 많이 접하도록 권하고 있는 것 같습니다. 이런 정책과 우리 학교의 후마니타스칼리지와 어떤 상관관계가 있는지, 또 정부 차원의 정책이 어떤 의의가 있는지 듣고 싶습니다.

총장 후마니타스칼리지와 정부는 서로 다른 기관입니다. 시기적으로 겹친 부분이 있어서 그런 생각을 하실지도 모르겠습니다. 후마니타스칼리지는 '문화세계의 창조'*를 설립정신으로 한 경희의 전통을 이어받아 5년 전에 설립됐습니다. 정부와 관계가 없습니다. 다만 한 가지 언급하고 싶은 것이 있습니다. 현 정부뿐만 아니라 어느 정부라도 경계해야 할 부분입니다. 인문학, 문화라는 개념이 경제성장에 도구적 기능을 수행해야 한다는 의식은 곤란하다는 점입니다. 인문학을 통해 사회문화를 만들어가는 것은 그 자체로 우리의 정신세계를 고양할 수 있는 큰 자산입니다. 인문학이 경제의 도구로 전락해버리면 본래 의미를 상실합니다. '왜 우리가 정신적이고 문화적인 세계를 찾아 나서야 하는가'라는 질문에 대한 답이 '돈 벌기 위해서'라면, 이것은 너무 심한 것 아닐까요? 정부가 인문학을 중흥하고자 한다면, 시민의식을 고양하고, 더 나은 사회를 만드는 차원에서 추진해야 합니다. 이 점에 유의해야 한다고 봅니다. 인류의 문화적 토양과 유산으로 길이 남을 수 있는 학문적 성취를 존중하는 정책이 필요합니다. 그리고 이를 통해 학계와 사회, 학계와 정부의 수평적 협력이 이뤄져야 합니다.

민병현(한국어학과 학생) 총장님께서 생각하시는 대학의 진정한 덕목은 무엇인가요? 경희대가 그 덕목을 잘 가르치고 있는지에 대해서도 총장님의 의견을 듣고 싶습니다.

총장 이 점에 대해서는 사실 오랫동안 고민해왔습니다. 또 지금도 하고 있고요. 우리 대학이 처해 있는 현실과 대학 고유의 사명, 대학이 앞으로 추구해야 할 가치를 어떻게 조화롭게 할 것인지가 중요합니다. 우리 대학뿐 아니라 거의 모든 대학의 문제라고 생각합니다.

대학의 덕목은 무엇인가? 왜 존재하나? 현실적인 차원에선 여러분이 사회로 진출하는 데 필요한 학습 기회를 제공하는 것이겠지요. 그러나 이를 넘어서 생각해야 할 부분도 있습니다. 학문의 궁극적 목적은 사람입니다. 그리고 사람이 사람인 것은 결국 문화와 문명에 발자취를 남기기 때문이겠죠. 지구상엔 여러 생명체가 있습니다. 그런데 유독 인간이 인간인 것은 모든 생명체의 숙명인 '생존 너머의 가치'를 추구해왔기 때문입니다. 물론 인간도 생명체인 만큼 생존을 위해 동식물을 섭취하는 일을 꺼리지 않습니다. 그러나 사실 동식물도 장구한 진화의 역사를 갖고 있습니다. 그들 모두 존귀한 생명입니다. 인간이 생존을 위해 필요한 식품을 소비하는 것은 어쩔 수 없는 일입니다. 중요한 건 인간이 항상 그 너머 세계를 꿈꿔왔다는 사실입니다. 생존 너머의 세계를 향한 가치와 문화를 꿈꾸며 인간은 인간을 만들어왔습니다. 그래서 인간은 윌슨의 지적처럼 지구를 '정복'하게 됐는지도 모릅니다. 또 정복자로서 그 존재 이유와 책무를 말하게 됐습니다.

정리하면, 생존에 필요한 지식과 함께 협력과 상생의 문화를 창조하는 것, 그리고 이를 가능케 할 문명의 길을 여는 것이 대학의 근간이자 의미일 것입니다. 앞서 말한 옥스퍼드 대학이 1,000년의 역사와 전통을 이어오듯이 말입니다. 또 인류 역사상 수많은 석학이 지식과 지혜, 철학과 담론의 길을 열어왔듯이 말이지요. 우리는 대학을 통해 더 나은 개인과 사회 그리고 역사의 미래를 말해야 합니다.

학생 8 생각의 차원이 달라지는 것 같습니다. 그렇지만 4년이라는 짧은 시간에 그런 수준의 대학교육을 습득하기가 쉽지만은 않을 것 같습니다.

총장 그래서 지금도 고민을 거듭해야 한다는 말씀을 드리고 싶군요. 시간이 지나면서 점차 대학의 존재 이유와 본령이 정리되고, 고민을 풀어낼 현실의 조건도 성숙해질 겁니다. 여러분에게 주어진 대학 4년의 의미는 점차 진화할 거라고 봅니다. 여러분의 선배보다 여러분이, 여러분보다 여러분의 후배가 그런 진화의 혜택을 더 많이 받겠지요. 후배가 받을 혜택은 여러분의 노력 여하에 달려 있습니다. 다시 말씀드리면, 대학의 본령은 넓고 깊은 학문과 실천의 세계를 여는 것입니다. 그 과정에서 여러분은 필요로 하는 지식을 습득하게 됩니다. 습득한 지식은 개인적 성취를 위해 활용되겠지요. 그러나 동시에 손을 놓지 말아야 할 것도 있습니다. 개인의 성취를 인간과 사회의 지속 가능성과 연결하는 일입니다. 그럴 때 여러분의 미래도, 후대의 미래도 이어집니다. 그리고 이 모든 것을 위해 생각하고 실천하는 노력, 그것이 지금 우리가 필요로 하는 '대학'과 '정치'의 모습일 것입니다.

대학에서 꽃피는 '멋진 신세계'

사회자 네, 이제 예정된 시간이 다 되었습니다. 아쉽지만 여기서 마쳐야 할 것 같습니다. 총장님, 오늘 학생들과 얘기해보면서 어떻게 느끼셨습니까?

안진의, 「바람결」, 2011 꽃을 피우는 마음이 바람에 실려 퍼져가면 그곳은 화원(花園)이다. 영혼이, 우리의 갈망이 부드러운 바람을 타고 다가올 내일의 전령(傳令)이 된다면, 우리의 삶은 생명의 대지가 된다.

총장 우리 학생들과 대화할 때마다 느끼는데, 우리 세대보다는 훌륭한 것 같습니다. 질문의 내용이나 생각의 깊이가 희망적입니다. 크고 멋진 미래가 있을 겁니다. 다만 문제의식을 잃지 않아야 합니다. 가령 아까 말했듯이 기업이 전쟁을 치르는 세상, 정치가 권력을 위해 존재하는 세상, 학문이 경제성장의 도구로 전락하는 세상, 그런 세상을 만들어선 안 되겠지요. 이런 문제의식을 이어가는 한 여러분의 미래, 문명의 미래는 더 크고 넓게 펼쳐질 겁니다.

사회자 오늘 우리 학생들의 생각의 깊이, 자세에서 현실에 대한 고민 못지않게 본질적인 문제를 끌어안고 가야겠다는 것을 확인할 수 있었습니다. 여러분의 고민이나 저희 세대의 고민이나 모두 같습니다. '현실의 엄청난 파도에 휩쓸리지 않고 살아남으면서도, 그것에 그치는 것이 아니라 새로운 내일을 만들자' 대학과 정치의 본질을 묻고 생각의 깊이를 묻자' 등의 대화가 풍요했던 시간이었습니다. 총장님, 학생들에게 격려의 말씀을 한마디 해주시고 오늘의 순서 마무리 짓겠습니다.

총장 이런 기회가 자주 있었으면 좋겠네요. 같이 토론하고 싶으시면 언제든 알려주시기 바랍니다. 여러분의 멋진 인생, 멋진 세계를 만드는 일에 조금이나마 도움이 됐으면 합니다. 이것이 저를 포함한 우리 세대의 꿈이 아닐까 합니다. 여러분은 그 어느 세대보다 잘 준비되어 있습니다. 큰 꿈을 꾸시기 바랍니다. 멋진 미래를 만들어 가시기 바랍니다. 경청해주셔서 감사합니다. (전체 박수)

사회자 네, 오늘은 미래의 새로운 장이 펼쳐지는 시간이라는 행복감에 흠뻑 취했던 날이었습니다. 총장님과 학생 여러분, 진심으로 감사합니다.

총장과 학생들이 다시 마주 앉았다. 교수들도 자리를 함께했다. 대화가 네 시간 반 넘게 이어졌다. 질문과 답변이 계속 오갔다. 학생은 학생대로, 교수는 교수대로, 총장은 총장대로 자신의 생각을 토로했다. 상대방의 이야기에 귀를 기울였다. '내 안의 미래'가 서로 만나고 있었다.

학생들은 미래가 잘 보이지 않는다고 말했다. 현실과 이상 사이에서 갈등했다. 그리고 그 심적 갈등의 표현은 때로는 절규에 가까웠다. 학생뿐 아니라 교수들도 고민에 빠졌다. 대학이 무언가에 '포획'돼 있기 때문이었다. 대학의 근본 소임인 진리탐구와 그것의 실천 가능성이 '현실적 요구와 제약'에 묶여 있기 때문이었다. 출구는 없는 것일까?

대학大學은 본래 큰 학문이고 큰 배움이다. 앎과 모름의 무한 세계에 도전하며 개인과 사회, 문명의 미래를 열어가는 곳이 대학이다. 그런 근본 책무와 함께 참석자 모두는 시종일관 '또 다른 가능성의 미래'를 치열하게 탐색했다.

3

고민하는
대학이
새 길 연다

2015년 7월 24일 경희대 서울캠퍼스에서 '총장과의 대화' 두 번째 자리가 마련
됐다. 대화 주제는 "미래대학리포트 심층토론Focus Group Interview: 문명의 미래, 대학
의 미래"였다. 주제를 그렇게 정한 이유는 참여 학생들이 「미래대학리포트」를 비
롯한 관련 자료를 사전에 읽고 문제의식을 가다듬었기 때문이다. 이날 대화는 존
레넌의 노래와 비슬라바 쉼보르스카의 시가 열었다. 사회는 첫 번째 '총장과의
대화'와 마찬가지로 김민웅 교수가 맡았다. **편집자 주**

대학과 정치, 인간의 길을 묻다

새로움을 'Imagine'하자

김민웅(이하 사회자) 잘 들으셨죠? 존 레넌^{John Lennon}*의 노래 「이매진」 ^{Imagine}은 전 인류가 서로 평화롭게 살아가는 미래를 꿈꿉니다. 경계와 차이 그리고 차별을 넘어서는 세상을 말입니다. 현실적으로 불가능한 꿈일 수도 있죠. 그렇지 않아도 가사에 "You may say that I'm a dreamer. But I'm not the only one. I hope someday you'll join us. And the world will be as one."이라는 대목이 나옵니다. 이런 뜻일 겁니다. "그래, 사람들은 이런 꿈을 꾸는 나를 보면, 현실과 동떨어진 몽상가라고 할지 모르지. 하지만 온 세상에서 유독 나 혼자 이런 꿈을 꾸고 있는 것은 아니거든. 지금 나를 몽상가라고 여기는 당신도 언젠가는 이 꿈에 동참할 날이 올 거라고 나는 믿네. 그런 날이 오면 세상은 서로 적대하거나 차별하지 않고 하나가 될 거야."

경희의 출발도 「이매진」과 다르지 않았습니다. 20세기 중반, 전란 ^{戰亂}의 와중에서 설립자는 '문화세계의 창조'를 선언하고, 학술과 실천이 상상력을 통해 인류의 미래에 이바지할 길을 모색했습니다. 전쟁 직후의 상황에서 사람들은 몽상이라 생각했을 겁니다. 당

2015년 7월 24일 심층토론(Focus Group Interview) '문명과 대학의 미래'를 고민하는 학생·교수·총장이 모였다. 무언가에 '포획된' 대학의 실상에 주목하며, 이 시대 우리가 함께 성찰해야 할 대학의 미래를 말했다.

시로는 당연했겠죠. 한반도 전체가 치열한 전쟁이 쓸어버린 폐허로 변했으니까요. 그런데 경희대는 폐허에서 더 나은 미래와 세계를 내다봤습니다. 역경을 헤치고 국내 굴지의 대학으로 성장했습니다. 지금 세계적인 명문을 지향하고 있습니다. 오늘 우리가 있는 이 자리는 그런 역사를 배경으로 하고 있습니다.

이제 눈길을 미래로 돌려볼까요? 21세기는 우리에게 20세기와는 다른 담대한 상상력을 요구하고 있습니다. 새로운 과제들이 우리 앞에 쌓이고 있기 때문입니다. 한번 이렇게 물어보지요. '우리가 누군가에게 끌려가는 것은 아닐까? 그래서 우리가 원치 않은 미래

를 맞이하는 것은 아닐까? 그게 아니라면 우리가 바라는 새로운 미래는 과연 어떤 모습이어야 할까? 그러한 미래를 이루려면 우리는 생각을 어떻게 바꿔야 할까? 대학은 새로운 상상력의 진지陣地가 될 수 있을까?'라고요. 오늘 모임이 이런 질문들을 함께 나누고 성찰하는 자리가 됐으면 합니다. 자, 그럼 먼저 총장님의 말씀을 듣고, 여러분과 치열한 토론을 이어가겠습니다. 조인원 총장님, 환영합니다.

조인원(이하 총장) 감사합니다. 조금 전에 함께 들은 「이매진」은 학창 시절 종종 따라 부르던 노래입니다. 존 레넌의 이 곡은 시대 배경이 있지요? 유럽의 68학생운동, 미국의 베트남 반전운동이 역사의 전환점을 만들던 때였습니다. 「이매진」은 그런 시대의 갈망을 담아낸 곡이 아닌가 합니다. 당시 젊은 세대는 현실과 다른 미래를 꿈꿨던 것이지요.

이 자리에 혹시 2011년에 입학한 학생이 있나요? 아, 있네요. 2011년 9월, 평화의 전당과 뉴욕 UN 본부를 화상으로 연결해, UN이 제정한 '세계평화의 날'UN International Day of Peace* 30주년을 기념하는 국제회의를 개최했습니다. 저는 UN 본부에서 행사에 참여했습니다. 이곳 서울에서는 이른 아침부터 많은 학생이 참여했던 것으로 기억합니다. 그날 행사의 주제는 '평화의 또 다른 미래'Give Peace Another Chance였습니다. 행사 시작에 앞서 음악을 한 곡 연주했는데, 그 곡이 바로 존 레넌의 「이매진」이었습니다. 평화의 전당과 UN 본부에서 참석자들이 화상으로 마주 보며 함께 노래했었습니다. 인상적인 장면이었습니다.

사회자 저도 기억이 생생합니다. UN이 그 노래를 주제가로 선정했다는 것이 매우 인상적이었습니다. 이제 토론에 앞서 총장님의 기조발제라고 할까요, '여는 이야기'를 들어보겠습니다.

우주와 만나는 '시대의 아이들'

총장 먼저, 제가 이 토론에 들어오기 직전에 접한 뉴스를 하나 전해드릴까 합니다. 이미 알고 계신 분도 있을 텐데, 어제2015년 7월 23일 미국항공우주국^{NASA}에서 놀라운 내용을 발표했습니다. 아, 알고 계시군요. 바로 '또 하나의 지구'를 발견했다는 경이롭고도 흥분되는 소식입니다. NASA 관계자들은 이 행성을 '지구 2.0'의 유력한 후보로 꼽는다고 합니다. 새로 발견한 행성이 인간이 살 만한 환경을 갖춰, 이제 지구가 더 이상 외롭지 않게 됐다고 합니다. 우리 지구에 자매 행성이 생긴 셈입니다.

그런데 안타깝게도 지구와 그리 가깝지 않습니다. 태양계 밖의 먼 우주라고 합니다. 지구에서 1,400광년 거리라더군요. 환산하면 1.3경^京 킬로미터라고 합니다. 1억^億도 상상하기 어려운데, 조^兆도 아니고 경^京이라니요. 0이 열여섯 개인지 열일곱 개인지가 붙는다지요? (학생들 웃음)

이 경이로운 발견 앞에서 인간의 위대함을 다시 한 번 생각해봅니다. 우주에 대한 무한한 호기심과 상상력이 과학기술 문명과 어우러진 결과일 겁니다. 그런데 오늘 제가 말씀드릴 내용은 이와 사뭇 다른 것 같아 마음이 무겁습니다. 요즈음 문명과 정치 그리고 대학이 처한 현실이 인간적 위대함의 또 다른 면을 드러내기 때문입니다.

원래 오늘 토론의 주제를 '문명의 미래, 대학의 미래'로 하고, '우리는 무엇을 할 것인가'라는 질문으로 서두를 열 생각이었습니다. 그런데 '정치의 길을 묻다'라고 부제를 바꿔봤습니다. 문제의 본질, 문제의 해결 방안이 정치에 있기 때문입니다. 세 가지 문제를 제기하면서 대화를 시작하고 싶습니다.

첫 번째는 '100세 문명의 허와 실 또는 실과 허'라는 문제입니다. 100세 시대라는 낯익은 표현을 '100세 문명'이라고 바꿔 보았습니다. 두 번째 주제는 조금 자극적일 수 있습니다. '포획된 대학'입니다. 마지막은 '새로운 정치를 위한 성찰'입니다. 세 번째 주제에선 체제와 문화의 관점으로 민주주의와 시장경제에 대한 이야기를 나누려고 합니다. 이어 '욕망에서 갈망으로'라는 일종의 사유혁명의 가능성을 함께 고민하고 싶습니다. 그리고 마지막으로 정치의 새로운 개념과 미래라는 주제를 놓고 여러분과 대화해보려고 합니다.

논의에 앞서 제가 좋아하는 시인 한 분을 소개하겠습니다. 쉼보르스카라는 시인입니다. 폴란드 출신으로 1996년 노벨문학상을 받으셨죠. 여러분께 이분의 시선집 『끝과 시작』*The End and the Beginning*을 선물로 나눠 드렸는데, 그중 한 편을 소개하겠습니다. 「시대의 아이들」 중 한 부분입니다.

우리는 시대의 아이들,
바야흐로 시대는 정치적.

너와 우리와 너희의 모든 일들,

낮과 밤에 일어나는 모든 일들.

이 모든 것이 정치적……

그동안 사람들은 목숨을 잃었고……

집들은 불탔고,

들판은 폐허가 되었다.

좀처럼 정치적이지 않았던,

아득한 태고의 그 어떤 시대처럼.

쉼보르스카는 파란만장했던 동유럽 역사 속에서 자신의 시 세계를 완성하기 위해 평생을 바친 분입니다. 문명과 정치 비판, 평범한 삶의 실존을 중심으로 무한한 사유세계의 가능성을 평생의 문학적 주제로 삼았습니다. 제가 지금 낭독한 시가 정치 현실을 비판적으로 조명한 쉼보르스카의 대표적인 시 중 하나입니다. 태곳적부터 지금까지 정치는 변하지 않았고, 그런 정치의 소용돌이 속에서 사람들은 거듭 고난을 겪을 수밖에 없다는 내용입니다. '모든 것이 정치'인 인간의 역사, 그 역사 속에서 우리는 '어떻게 살아나가야 하나'라는 근본적인 질문을 던진 시입니다.

100세 시대, 유토피아와 디스토피아의 경계

최근에 많이들 이야기하지요? "100세 시대가 왔다." 일종의 문명 예찬으로 들립니다. 우리가 쌓아온 문명에 대한 자부심의 발로일 수도 있습니다. 그런가 하면 또 다른 이들은 축복보다는 부담으로 받아들입니다. 쉽지 않은 인생 여정을 관리해야 하기 때문입니다. 저는 100세 시대를 일단 축복으로 보겠습니다. 그리고 이 시대의 허와 실을 짚어 볼까 합니다.

'100세 시대'를 향한 예찬은 기성세대가 주도합니다. 전문가와 사회 일각에서 이 말을 '발명'하고, 널리 알리고 있습니다. 여러 분석과 함께 100세 시대를 기정사실화하는데, 그 시대가 과연 삶의 대세가 될 수 있을까요? 그럴지 그렇지 않을지 아직 우리는 잘 모릅니다. 인간의 생체학적 '시간의 역사'가 만들어져야 확인할 수 있을 것입니다.

또 다른 문제도 있습니다. 100세 시대가 과연 어떤 삶이 될지, 그 삶이 과연 미래에 전개될 수 있을지 우리는 이 역시 잘 모릅니다. 최근 일이 년 사이에 나온 미래문명 예측 보고서를 보면, 낙관하기가 결코 쉽지만은 않습니다. 미래학자들은 '100세 시대의 인간이 과연 안전한 삶을 누릴 수 있을까'라는 질문에 회의적인 전망을 내놓습니다. 왜일까요? 이유는 간단합니다. 인간의 수명은 길어질지 모르지만 삶의 조건, 지구의 수명은 그렇지 않을 수 있기 때문입니다. 기후변화와 자원 문제를 생각해보지요. 지금 지구의 생태계는 곳곳에서 이상 징후를 보입니다. 자원은 70억이 넘는 인류를 감당하기에 어려운 상태에 이르고 있다고도 합니다. 이런 상황을 종합할 때, 과연 우리의 문명이 미래에도 인류의 생명과 안위를 보장할 수 있을까 하는 의문이 듭니다.

최근 몇 가지 상징적인 이야기가 눈길을 끕니다. 지난번 국제캠퍼스 대담에서도 잠시 소개했지만, 영국 국방성 산하 연구소가 내놓은 미래보고서가 얼마 전 언론에 공개됐습니다. 그런데 그 내용이 충격적입니다. 20~30년 후엔 기업이 전쟁을 치를 수 있다고 합니다. 최근 과학기술의 발전과 함께 기업의 영향력이 매우 커지고 있습니다. 앞으로는 더욱 그럴지 모릅니다. 만일 그렇게 된다면 머지않아 국가 못지않은 영향력을 보유하게 될지 모릅니다.

예전엔 국가가 젊은이들에게 전쟁에 나가라고 하면 당연히 따랐습니다. 조국과 민족을 위해서지요. 그러나 상황이 달라지고 있습니다. 앞으로 첨단기술을 활용한 전쟁이 대세가 되면, 기존의 군인들은 물러가고, 그 자리를 전문적인 전쟁 수행 능력을 갖춘 기업이 대신할 수 있다는 겁니다. 보고서는 이런 내용도 전합니다. 미래의 전쟁은 기업뿐 아니라 범죄 집단에 의해서도 일어날 수 있다고 해요. 이 보고서를 처음 접했을 땐 의구심이 들었습니다. 하지만 다시 생각해보니 가능성이 커 보입니다.

범죄 집단은 굳이 첨단 무기가 없어도 테러를 저지를 수 있습니다. 메르스 사태가 그런 상상을 하게 합니다. 단 한 명의 감염자가 한 지역을 공포로 몰아넣었기 때문입니다. 감염 속도, 이동 경로에 따라 전국이 순식간에 공포에 빠질 수도 있습니다. 메르스 바이러스보다 전염력이 수십, 수백 배 강한 바이러스를 인위적으로 배양한다면 어떻게 될까요? 또 과학이 더 발전하면 곤충을 이용한 생화학 전쟁도 가능하겠죠. 곤충과 기계를 결합한 곤충 사이보그Insect-Cyborg에 생화학물질이 탑재될 수도 있습니다. 드론drone은 테러와 전쟁에 이용될 수 있다는 점에서 벌써부터 논란거리가 되고 있습니다. 첨단 테크놀로지와 테러리즘이 결합하면 어떻게 될지 더 이상 이야기를 이어가고 싶지 않군요. 이것이 100세 시대, 100세 문명의 배후에 도사리고 있는 디스토피아의 징후입니다.

산업문명의 위기에 대한 경고는 이미 있었습니다. 1972년 로마클럽The Club of Rome이 『성장의 한계』*The Limits to Growth**라는 보고서를 냈습니다. 인류가 이대로 성장을 계속하면 지속 가능한 미래가 불가능하다는 경고를 담고 있습니다. '지구는 유한하다. 그런데 인류는 영원한 성장과 팽창을 꿈꾼다'고 말입니다. 이 보고서는 당시 전 세계 36개 언어로 번역됐습니다. 그리고 9억 부 이상 팔렸다고 합니다. 당시 보고서 작성에 참여했던 노르웨이의 미래학 권위자 요르겐 랜더스Jorgen Randers는 로마클럽 보고서 발간 40주년을 기념하면서, 또 다른 40년을 내다보는 보고서를 펴냈습니다. 논지는 40년 전과 크게 다르지 않습니다.

사실 자본주의든 사회주의든 그 어떤 체제도 성장의 욕망에서 벗어나지 못합니다. 정치는 그 욕망을 수행하는 주체가 되고 있습니다. 성장을 하려면 자원이 필요합니다. 하지만 지구의 자원고갈 문제는 이미 경종을 울리고 있습니다. 탄소배출이 일으키는 문제들은 이미 잘 알려져 있습니다. 이로 인해 기후변화가 일어납니다. 기후변화는 가뭄과 물 부족 그리고 해수면 상승을 초래합니다. 여러분이 마흔 살, 쉰 살이 되었을 때 이런 문제가 여러분의 일상을 파괴할 수도 있습니다.

앞서 언급한 랜더스의 보고서 『더 나은 미래는 쉽게 오지 않는다』 *2052: A Global Forecast for the Next Forty Years*는 『성장의 한계』가 출간된 지 80년 뒤인 2052년을 내다보고 작성된 것입니다. 2013년에 우리말 번역본도 나왔습니다. 그런데 랜더스가 최근 국내 한 일간지와 가진 인터뷰에서 흥미로운 발언을 했습니다. 『성장의 한계』를 발표할 당시만 해도 문명의 위기를 제대로 경고만 하면 위기에서 벗어날 줄 알았다고 합니다. 그런데 막상 시간이 지나고 보니 그렇지 않더라고 해요. 인간이 합리적인 것 같지만, 실은 그렇지 않다는 겁니다. 이기적이어서 장기적인 시야로 미래를 진지하게 대비하지 않는다고 합니다. 결국 인간은 자신에게 이익이 될 때만 행동한다는 것이지요.

이런 배경에서 랜더스가 새로 내놓은 대책은 이렇습니다. 인간에게 단기적인 이익을 주고, 지구에는 장기적으로 도움이 되는 쪽으로 방향을 바꿔가야 한다고 합니다. 테슬라Tesla 전기자동차를 예로 듭니다. 전기자동차는 기존 차량보다 가격이 두 배 이상인데도 사람들은 이 차를 삽니다. 왜일까요? 환경을 고려해서가 아니라고 합니다. 디자인이 좋아 보이고, 빠르게 달릴 수도 있기 때문입니다. 이런 제품을 생산하면 개인의 단기 이익을 충족시키면서도 장기적으로는 생태계에 도움을 줄 수 있겠지요. 물론 생각처럼 쉽진 않겠지만 생각해볼 가치가 있어 보입니다. 여러분도 기회가 되면 그 보고서를 읽어보셨으면 합니다.

아무튼 이런 이야기는 낙관적이지만은 않습니다. 랜더스는 '자신의 예측이 틀리도록 도와줬으면 좋겠다'라는 말까지 보고서 말미에 덧붙입니다. 비슷한 맥락에서 앞서 언급한 다이아몬드는 더 충격적인 이야기를 전합니다. "우리에게 남은 시간은 고작 30~50년"일지 모른다고 합니다. 인간이 주식인 물고기를 지나치게 많이 소비해 20~30년 내에 알래스카 어장을 제외한 거의 모든 어장이 사라질 가능성이 크다고 합니다. 또 다른 문제로 문명의 원동력인 화석연료 문제를 듭니다. 문명의 급속한 팽창과 함께 그 저장량이 갈수록 줄어들어 수십 년 내 고갈될지 모른다고 합니다. 낯선 이야기만은 아니지요? 어쩌면 우리는 이미 그런 전망에 너무 친숙해져 있는지도 모르겠습니다.

정치와 대학, 왜 존재하나

이처럼 암울한 상황이 눈앞에 닥치면 인류의 미래는 어떻게 될까요? 여러분이 살아가는 동안 획기적인 반전이 일어날 수 있을까요? 지금부터 더 진지하게 문제를 풀어갈 상상력을 키워야 합니다. 실현 가능한 대책을 만들어야겠지요. '100세 시대'라는 낙관적 전망과 함께, 인간의 생존 가능성을 지속하기 위해 많은 노력을 기울여야 합니다. 그런데 그렇지 못한 것이 오늘의 현실이 아닌가 합니다. 이 점에 관해선 우리 사회, 특히 국가정책에 큰 영향력을 행사하는 정치인의 관심이 시급해보입니다.

'지금 여기, 곧 당장'의 문화가 우리의 삶과 정치에 주류를 이루는 것이 오늘의 현실입니다. 그런 현실에서 정치는 단기의 경제성과와 권력을 둘러싼 정치 현안에 주력합니다. 멀리 내다보는 정책과 제도 그리고 문화를 형성하는 일엔 큰 관심을 기울이지 않습니다. 끊임없이 경제의 중요성, 성장의 필요를 말하지만, 미래에 대한 전망과 사유는 우선순위에서 밀려나 있는 것 같습니다. 오늘 이 시대 그리고 미래를 위해선 장기 전망이 함께해야 합니다. 차세대에 물려줄 삶의 조건을 말해야 하지요. 문명의 미래를 위해 더 많은 관심을 기울여야 합니다. 그것이 '100세 시대'가 정치적 명분을 얻는 길이 아닐까 합니다. 지속 가능한 문명과 미래가 없으면, '100세 시대'도 없습니다. 정치도 물론 존재 이유를 찾을 수 없습니다.

그렇다면 대학은 지금 어디에 와 있을까요? '100세 시대' '100세 문명'의 허와 실에 대해 대학은 어떤 성찰을 하는 걸까요? 이 시대 우리의 정치·경제가 성장과 번영의 단기과제를 요청하는 현실에서 대학은 어떤 길을 가고 있을까요? 대학 역시 인간과 문명의 미래를 위해 적극적인 역할을 모색해야 합니다. 하지만 현실은 그렇지 못합니다. 이 시대 정치경제의 단기 과제에 '포획'된 대학, 어찌 보면 그것이 대학 사회의 현주소가 아닐까요? 시대가 필요로 하는 단기 과제를 수렴하면서도, 이를 넘어서는 길을 찾아 나설 때, 대학도 개인과 사회, 문명을 위한 존재의 지평을 넓혀갈 수 있을 것입니다.

저에게 주어진 시간을 훌쩍 넘긴 것 같군요. 너무 길어졌습니다. 이제 여러분과 더 진지한 이야기를 함께 나누었으면 합니다.

사회자 감사합니다. 그런데 긴 이야기를 도리어 짧게 하신 셈입니다. (학생들 웃음) 존 레넌의「이매진」과 쉼보르스카의 시에서 출발해 인류문명의 역설과 미래학의 경고, 정치와 대학에 이르기까지 단숨에 달려왔습니다.

총장님께서 읽어주신 쉼보르스카의 시 가운데 "그동안 사람들은 목숨을 잃었고…… 집들은 불탔고, 들판은 폐허가 되었다. 좀처럼 정치적이지 않았던, 아득한 태고의 그 어떤 시대처럼"이란 대목을 들으면서, 로마제국의 역사를 쓴 타키투스^{Publius Cornelius Tacitus}*의 목소리가 들리는 듯했습니다. 모두가 로마제국의 영광을 칭송하고 있을 때, 그는 로마제국에 공격당한 브리타니아의 지도자 칼가쿠스^{Calgacus}의 육성을 통해 전혀 다른 발언을 했어요. "파괴와 학살 그리고 노략질에 '통치'라는 잘못된 이름을 붙인다. 황폐하게 해버리고는 그것을 '평화'라고 부른다." 문명의 성취 이면에 존재하는 역설을 내다본 셈이라고 할까요?

그런 맥락에서 본다면, 총장님께서 제시하신 질문들은 우리의 현

문명을 어떻게 봐야 할 것인지, 만일 현 문명이 위대한 성취가 아니고 파멸을 초래하는 것이라면, 이런 상황에서 대학과 정치는 어떤 길을 모색해야 하는지에 관한 문제의식으로 요약할 수 있을 것 같습니다. 날이 갈수록 커지는 현실의 압박 속에서 대학은 제대로 견뎌내고 있기는 한지, 아니 현실을 바꿀 만한 힘을 갖고 있기는 한지 등의 고민도 함께 나눴으면 합니다. 서슴없는 토론, 열띤 논쟁을 기대해봅니다.

대학, 그 현실과 이상 사이에서

치열한 현실 넘어서는 치열함

이정담(관광학부 학생) 오늘 총장님께서 선물해주신 시집, 감사합니다. 잘 읽겠습니다. 최근 경희대학은 「미래대학리포트」 발간을 통해, 교육이 추구해야 하는 이상적 목표가 무엇인지 고뇌하고 성찰하고 있습니다. 그런데 이와 관련해 여기 있는 친구들과 여러 차례 이야기해보았지만, 그 답을 찾기가 힘듭니다.

과연 그 이유가 무엇일까 생각해보았는데요, 다들 이상은 갖고 있지만, 미래는 저희가 가보지 못한 영역이기 때문에 사실 겁이 좀 납니다. 현실의 벽이 있기 때문입니다. 이상도 좋지만, 그래서야 현실에서 살아남을 수 있을까 하고 고민하는 거죠. 저는 그걸 편견이라고 생각합니다. 그런데 그 편견이 현실에서 주도권을 쥐고 있어요. 교육이 진정으로 추구해야 할 가치를 현실 속으로 끌어들이려하면 사람들은 '취업이나 할 수 있겠느냐'는 시선으로 봅니다. 이게 사회의 편견이라는 것을 의식하면서도 그러다가 혹시 나만 불이익을 당하는 것은 아닌가 하는 두려움을 느끼게 됩니다.

학교의 영향력이 커지면 뭔가 좀 달라질 수 있지 않을까 하는 생각도 해봅니다. 사회의 편견은 쉽게 깨지지 않을 것이라는 생각 때문에, 순응주의와 이상 사이에서 고민하게 됩니다. '인간의 가치를 소중하게 여기자'라는 말은 좋은데, 현실에서는 패배하는 것이 아닌지, 솔직히 용기를 내기가 어렵습니다.

총장 '고민이다. 두렵다.' 우리에게 아직 오지 않은 미래를 두려워하는 것은 당연해보입니다. 조금 다른 얘기인데, 저는 만사에 정해진 답은 없다고 생각합니다. 사실 사회의 편견을 깨는 일은 쉽지 않습니다. 하지만 그 편견을 넘어서는 과정에서 무엇이 중요한지 스스로 생각해볼 기회가 열리겠지요.

경희라는 학교의 명성이나 학점도 중요하고 학생들이 사회에 진출하기 위한 시스템을 마련하는 일도 중요합니다. 현실적인 관점에선 그렇습니다. 그런데 저는 여러분 세대에 무엇보다 중요한 것은 '치열함'과 '진지함'이라는 생각이 듭니다. 종교를 가진 분들에게는 거슬리는 말이 될지 모르겠지만, 저는 '인간은 스스로를 발명하는 존재'라고 봅니다. 자기 존재를 발명해가는 치열한 사람은 자신의 삶에 가치와 의미를 부여합니다. 그뿐만 아니라 결국 타자에게 인정을 요청합니다. 치열함과 함께 진정성을 가진다면 타자와 함께 더 나은 미래를 만들어갈 수 있습니다. 학업도 마찬가지입니다. 학점이 학업의 질적 수준을 나타내는 실적표라고 여기지 않았으면 합니다. 여러분이 치열하게 학업에 몰두했다면, 학점과 무관하게 그 과정과 결과가 드러나기 마련입니다. 여러분의 치열함은 여러분의 언행에서도, 삶의 자세에서도 자연스럽게 묻어날 것입니다.

그런데 이 치열함이 오직 자기 자신만을 위한 치열함이어서는 무언가 부족해보입니다. 우리 모두는 공동체에서 살고 있기 때문입니다. 개인의 치열함이 공동체의 공공선을 도모하는 데 도움이 되도록 하는 것이 중요합니다. 그럴 경우 개인의 노력이 공동체와 연결되고, 그 연결고리가 편견 같은 삶의 제약을 극복해가는 데 중요한 역할을 하기 때문입니다.

예를 들어보지요. 여러분이 어떤 교수님을 평가할 때 그분의 출신 대학을 보나요? 그렇지만은 않을 겁니다. 학벌과 학식은 큰 상관관계가 없습니다. 그분이 가진 학문을 향한 진지한 자세와 경지 그리고 인간적 품성이 중요하겠지요. 실제로 우리가 '존경하는 스승'으로 인정하는 분은 그분의 출신학교와 무관하게 존경받는 경우가 많습니다. 그분이 갖고 있는 학문적 탁월성 때문입니다. 우리가 느낄 수 있는 인품과 식견 때문이기도 하겠지요. 강의실에서 여러분은 그런 경험을 하시지 않나요? 스승이 갖고 계신 학문과 인품의 깊이, 그리고 이를 위한 치열함이 우리의 '인정'을 이끌어냅니다. 우리를 둘러싼 편견의 벽, 현실의 벽은 결국 우리가 쌓아올린 치열함과 함께 넘어설 수 있습니다. 그리고 그렇게 쌓아올린 치열함은 공동체의 '공공선'에 결국 연결될 겁니다.

이장은(국제학과 학생) 치열함 이전에 해결해야 할 것이 있을 것 같아요. 저희가 하고 싶은 것이 있고, 스스로에 대한 고민이 있어야 치열함을 가질 수 있다고 생각합니다. 하지만 제 친구들에게 하고 싶은 것이 무엇이냐고 물어보면 대부분은 없다고 해요. 잘 아시겠지만, 요즘 대학은 경쟁을 부추기고 있습니다. 치열함은 내적 고민을 통해 만들어져야 하는데, 현실에서는 경쟁이라는 구조가 힘을 발휘합니다. 결국 치열함이 남들과의 비교를 통해 이루어지고 있습니다.

공동체의 가치를 강조하시지만, 사실 나에 대한 고민에서부터 시작해야 남을 향한 이타심으로까지 나아가는 것 아닐까요? 오늘날 대학의 현실은 그런 지점까지 나아가는 데 도움을 주지 못하고 있다고 봅니다. 경희대학이 후마니타스칼리지를 통해 이러한 문제를 해결하고자 한다는 것을 저희도 알고 있습니다. 「인간의 가치탐색」 과목을 통해 우리가 어떤 존재인지 파악하고, 「우리가 사는 세계」 과목을 통해 이웃을 바라볼 수 있는 지적 능력을 키우고 있죠. 그렇지만 경쟁 위주의 현실과 이를 넘어서고자 하는 후마니타스칼리지 사이에는 만만치 않은 벽이 가로놓여 있는 것 같습니다. 그러다 보니 우리가 대학을 졸업하고 치열한 삶을 살아갈 수 있을지 우려됩니다.

총장 앞서 질문한 학생과 비슷한 고민을 하시는군요. 그리고 그 고민은 후마니타스칼리지 교수님들의 고민이기도 할 것 같습니다. '현실세계에서 경쟁은 피할 수 없다.' 이 명제가 시대의 상식이 된 것 같습니다. 그런데 경쟁을 어떤 각도에서 바라볼 것인지에 관해서는 논의가 부족해보입니다. 예를 들어 학점, 출신학교 같은 것이 시대의 풍조이자 가치관으로 여겨집니다. 이런 시각이 저는 바람직하지 않다고 봅니다. 경쟁을 전혀 다른 관점에서 바라볼 수는 없는 것일까요?

경쟁을 강요하는 현실에 저항한 분들이 수없이 많습니다. 큰 이야기가 될지 모르겠지만, 예를 하나 들어보겠습니다. 전체주의 체제에 저항한 바츨라프 하벨^{Vaclav Havel*} 이야기입니다. 하벨은 체코슬로바키아를 대표하는 극작가였습니다. 벨벳혁명을 이끈 시민운동가이자 지식인이기도 합니다. 체코와 슬로바키아가 분리된 후 초대 체코 대통령을 역임했습니다. 하벨이 전체주의 체제에 저항할 때, 그를 지원해주는 정치조직이나 그룹이 없었습니다. 힘없는 시민, 지식인이 나서봐야 무슨 변화를 가져올 수 있겠나 라는 회의적인 시각이 많았습니다.

그러나 하벨은 시대의 필요와 잠재의식을 읽었습니다. 고통과 아픔을 시민과 공유했습니다. 그것을 홀로 독학한 희곡으로, 산문으로 그리고 나중엔 선언문과 행동으로 치열하게 표현했습니다. 진정성이 담긴 그의 글과 행동은 체코인들의 마음을 움직였습니다. 그리고 체코 국민은 결국 그를 초대 대통령으로 선출했습니다. 하벨은 당시 체코에 새로운 가치기준을 제시하고 실천했습니다. 앞

바츨라프 하벨 체코(당시 체코슬로바키아)에서 1989년 일어난 시민혁명인 벨벳혁명의 주역 바츨라프 하벨은 극작가로, 시민으로, 정치인으로 억압체제에 맞섰다. 그가 평생 실천한 '자유와 진실, 존엄과 양심의 정치'를 기리며, 경희대학교는 2015년 9월 그에게 사후(posthumous) 명예 평화학 박사학위를 수여했다.

서 말한 '자기를 발명하는 인간'의 길을 스스로 연 겁니다. 현실과 무관하게 추진한 것이지요. 또 경쟁하지도 않았습니다. 자신이 속한 공동체의 미래를 위해 하벨은 노력했습니다. 그리고 그의 그런 노력은 사회의 인정을 받았습니다. 한 사회의 미래를 위해 새 기준과 의미를 탄생시켰습니다.

여러분이 지금 마주하고 있는 그리고 앞으로도 경험하게 될 경쟁 기준도 언젠가는 바뀔 수 있습니다. 미래에는 여러분이 내뿜는 지식과 지혜의 역량, 품성과 지도력, 탁월한 전문성이 더 중요한 경쟁의 기준이 되지 않을까 합니다. 출신 대학, 취득 학점 같은 기준은 머지않은 미래에 힘을 잃을지 모릅니다. 이미 큰 기업에서 인재를 선발하는 기준도 그런 방향으로 변하고 있다지요? 단기적인 필요와 함께 긴 안목의 노력이 필요합니다. 스스로를 창조하고 도전하면서, 스스로 추구하는 탁월한 학식과 전문성, 인간적 역량을 만들어가는 것이 중요하리라 봅니다.

그런 맥락에서 경희대는 교양교육을 강화했습니다. 얼마 전까지만 해도 교양과목을 '편한 과목'으로 인식하는 경향이 있었습니다. 공부하기 어렵지 않은 과목으로 생각했습니다. 이것은 바람직하지 않은 현실이고 그릇된 인식입니다. 교양은 인간과 세계를 학습하는 중요한 지적 과정입니다. 그래서 교양을 '학문과 인생의 시야를 열어주는 문'이라고도 합니다. 인간의 길은 무엇인가, 자연과 우주의 광활한 세계에서 우리는 어떤 가치와 미래를 꿈꾸나? 그런 근원적 질문과 마주하면서 사고하는 힘을 키우고, 지적 기반을 넓혀가는 학문이 기초교양입니다. 이런 학습 위에 전공지식을 쌓아가는 것이 중요합니다. 전공과 교양의 조화를 이뤄내는 것이 필요합니다. 그렇게 하는 과정에서 여러분은 더 넓은 미래를 만나게 됩니다. '앞으로 어떤 삶의 철학과 함께 인생을 살 것인가'라는 물음이 생겨날 겁니다. 그 물음에 대한 각자의 답이 여러분 자신의 진정한 진로이자 삶의 토대고, 역량이 아닐까 합니다.

어디에 취업할지, 초봉은 얼마일지는 중요한 문제입니다. 그러나 경쟁의 욕망, 욕망의 경쟁에 치중해 눈앞의 목표만을 향해 달려가면, 그 삶은 너무 단기적이지 않을까요? 시야를 넓히는 것이 중요합니다. 조금 전에 말한 치열함과 진지함을 다시 생각해봤으면 합니다. 눈앞의 가치와 이익을 좇다 보면 학문은 취업의 도구로 전락합니다. 자신의 미래, 타인의 미래, 인간의 미래를 위해 안목을 키울 때, 미래사회가 요청하는 인재가 될 수 있습니다. 그리고 이 시대, 파편화된 개인과 문명의 위기가 울리는 경고음에도 주목했으면 합니다.

후마니타스칼리지는 다른 대학과 경쟁하려고 만든 것이 아닙니다. 현실과 경쟁하기 위해 만든 것도 아닙니다. 우리의 학문적 치열함, 인간적 진지함과 함께 개인과 공동체 그리고 문명 차원의 '새로운 가치기준'을 마련해보자는 취지에서 출발했습니다. 「미래대학리포트」의 취지는 '대학이 달라져야 미래가 달라진다'입니다. 「미래대학리포트」가 대학발전의 새 지평을 열었으면 합니다. 물론 이 일은 우리 대학이 홀로 할 수 있는 것은 아닙니다. 뜻을 같이하는 기관이 함께했으면 하는 바람을 갖고 있습니다. 뜻이 모이면 뭔가 달라지겠지요. 그리고 학문과 삶에 대한 여러분의 진지한 태도가 전공분야로 이어질 때 더 나아진 자신과 만나게 되지 않을까 합니다. 전문성을 키워줄 전공 공부도 열심히 하고, 그 활로의 토대가 될 기초교양도 열심히 쌓았으면 합니다. 그것이 여러분의 단기 목표에도 부합된다고 봅니다.

'한 우물'의 함정을 뛰어넘다

사회자 우리 학생들의 처지에서 보면, 대학을 졸업하자마자 당장 현실과 마주해야 하는데, 사회의 기준이 하루아침에 바뀔 것 같지는 않습니다. 그러니 불안하다고 생각할 수 있지요. 그래서 일단 현실에 투항하고, 상황이 달라지면 그때 새로운 길을 찾아보자고 할 수도 있습니다. 현실이 그렇고, 또 대부분 대학이 경쟁을 부정하기보다는 도리어 부추기기 때문입니다. 앞서 두 학생이 던진 질문과 같은 맥락이지만, 학생들이 후마니타스칼리지에서 기초교양만 배우다가 정작 취업전선에서는 상대적 불이익을 당하는 거 아니냐는 볼멘소리가 나오기도 합니다. 저는 그런 비판이 명백히 잘못되었다고 봅니다만, 학생들의 생각은 조금 다른 것 같습니다. 이에 대한 분명한 이해가 필요합니다.

최현지(수학과 학생) 그래서 드리는 질문입니다. 대학은 진리와 가치를 찾고, 그것을 실현하는 기관이라 생각하고 있습니다. 그러나 현실은 그렇지 않습니다. 학문 본래의 의미가 퇴색된 것이 엄연한 현실입니다. 학업의 내용이 아니라 취업률로 대학을 평가합니다. 경쟁력이 없다고 생각되는 학과는 통폐합한다는 소식도 들려오죠. 이러다가는 자칫 이상과 현실 사이에서 학생들만 희생되지 않을까요? 그 때문에 교양교육 강화가 오히려 전공교육의 위기를 가져올 수 있다는 얘기도 합니다. 하나를 제대로 알기도 부족한 판에, 이런저런 분야의 지식을 습득할 틈이 어디에 있느냐는 거지요. 그러다가 날 샌다는 겁니다. (학생들 웃음)

총장 (웃음) 학문에 정진하느라 밤을 새우는 학생, 아름답습니다. (학생들 웃음) 하나만 알기도 바쁘다는 말도 이해합니다. 그러나 하나만 해야 한다는 생각은 편견일 수 있습니다. 유학시절 저는 이런 경험을 했습니다. 정치학을 공부하면서 이곳저곳 다른 학과의 과목을 들었습니다. 사학과, 사회학과, 철학과, 경제학과를 옮겨 다니며 수강도 하고 청강도 했습니다. 교수님들도 적극적으로 권유하셨습니다. 시간이 나면, 개인적인 취향이기도 했지만 신학 서적도 뒤적이곤 했죠. 귀국해서 그런 이야기를 우연히 주변 분들과 나눌 때면, '한 우물만 파지 그랬냐'는 지적도 많이 받았습니다. 그럴 때마다 '역사와 경제 그리고 사회의 작동 기제와 철학을 모르는 정치학은 과연 어떤 학문일까?'라고 자문하며 저 자신을 위로했습니다.

외길로 들어선 학자는 전공분야를 독립적인 것이라고 생각할 수 있습니다. 거기서 전문성의 권위가 나온다고 생각할 수 있습니다. 하지만 전공을 넘나들어선 안 된다고 생각하는 것은 바람직하지 않다고 봅니다. 이를테면 역사, 사회, 경제, 철학을 모르고 어떻게 정치학을 공부할 수 있을까요? 정치현상은 사람이 만드는 것입니다. 그래서 사람을 연구해야 하고, 그러기 위해선 시야가 종합적이어야 합니다. 학문 간 소통이 필요한 이유입니다. 제가 정치학을 공부해서 정치학을 예로 들었습니다. 하지만 다른 학문도 비슷하지 않을까요? 이를테면 정치학과 완연히 다른 분야인 우주과학이나 물리학도 결국 사람이 속해 있는 우주와 사물의 이치에 관한 학문입니다. '내 안의 우주'가 물리현상과 무관하다곤 할 수 없을 겁니다. 그리고 무엇보다 내 안팎의 현상과 이치를 이해하기 위해선 이를 인식하는 사람을 이해하고 해석하는 것이 중요합니다. 우주론과 신학, 철학과 생물학의 소통과 결합, 이상한가요?

'구조조정'이란 명분을 내세워 학과를 인위적으로 통폐합하는 것은 생각해볼 부분이 많습니다. 그런데 학과 통폐합보다 먼저 짚고 넘어가야 할 문제가 있습니다. 문을 걸어 잠근 학문분야는 문호를 개방해야 한다고 봅니다. 폐쇄성을 극복하면 더 넓은 인식의 지평이 열릴 수 있습니다. 수학과에서 철학을 공부하면 왜 안 될까요? 또 철학과에서 수학을 공부하면 안 되나요? 학생들에게 학과와 전공을 넘나들 수 있도록 문을 열어주는 것이 바람직하다고 봅니다. 대학이 개방성을 견지하지 않으면 사회도 마찬가지일 겁니다. 어떤 편협함과 왜곡이 발생할 수 있다고도 생각합니다. 우리 사회의 다양한 형태의 선 긋기와 편 가르기 관행도 논리 면에선 폐쇄적인 학문과 크게 다르지 않다고 봅니다.

지난 세기 중후반, 특히 1960~70년대의 고도 성장기를 '개발 연대'라고도 하지요? 그 시기에 우리는 '경제개발 5개년 계획'을 거듭 추진해 경제성장을 이뤘습니다. 그러나 사회적으로는 불안정한 시절이었지요. 지식인과 노동자들이 '누구를 위한 성장인가'라고 외쳤습니다. 저항이 심했습니다. 정치적 혼란도 많이 겪었습니다. 여러 요인이 있겠지만, 저는 이렇게 봅니다. 경제성장의 사회적 의미와 정치적 파장을 간과한 경제 전문가가 중심이 돼 나라 발전을 이끌었습니다. 정책을 수행한 관료나 공무원 그리고 정치권도 비슷했습니다. 분야를 넘나드는 안목을 별로 중시하지 않았습니다. 상호 교류가 거의 없었습니다. 성장의 주역인 '인간'의 다양한 측면을 고려하는 데 한계를 보인 겁니다. 결과는 '성장 속 혼란'이 었습니다. 그런데 다양한 학문분야의 크고 작은 가능성을 종합적으로 사고했더라면 좀 달라지지 않았을까요? 우리 현대사에 깊이 각인된 맹렬한 소용돌이가 일어나지 않았을지도 모릅니다. 학문과 학문 사이를 넘나드는 것, 그리고 서로 배우고, 인식의 폭을 넓혀가는 것이 우리 시대에 주어진 개인과 사회 차원의 요청이 아닐까 합니다. 무엇보다 대학시절엔 학문을 깊고, 넓게, 그리고 치열하게 공부하겠다는 생각이 중요합니다. 학문의 깊이와 폭, 치열함과 진지함이 여러분의 취업에도 도움이 된다고 생각합니다.

즐거워야 공부다

사회자 이쯤 해서 개인적인 질문을 하나 드리겠습니다. 방금 말씀하신 그 '맹렬한 소용돌이' 속에서 학생들은 제대로 공부할 수가 없었습니다. 총장님도 그 시대, 다시 말해 70년대를 겪으면서 젊은 시절을 보내셨을 텐데, 오늘 말씀하시는 그런 의식이나 인식은 어떤 과정을 통해 형성하셨는지요? 학문의 경계를 넘나드는 일은 그리 간단치 않고 또 많은 공부가 필요한데요.

총장 전공보다는 미래학에 관심이 있었습니다. 관련 서적을 이것저것 읽었습니다. 산업사회와 미래사회, 인류의 기원, 이념과 문화 같은 주제에 관심이 갔습니다. 졸업 후엔 군 복무를 했고, 제대 후 유학을 떠났습니다. 그때가 1980년 1월이었습니다. 지금은 '광주민주화운동'이라 부르지만, 당시엔 '광주사태'라 부른 일이 그해 5월에 일어났습니다. 그런 암울한 정치 상황에서 유학을 떠났습니다.

미국 뉴욕의 JFK 공항에 도착해서는 정말 깜짝 놀랐습니다. 당시 서울과는 너무나 다른 야경이 펼쳐졌습니다. 미국의 모습은 놀라움 그 자체였습니다. 별천지같이 느껴졌습니다. 떠나온 조국을 돌아봤습니다. 많은 생각을 했습니다. 그런 느낌이 채 가시기도 전에 NBC 뉴스를 통해 또 다른 충격을 접했습니다. 광주에서 일어난 비극에 관한 보도였습니다. 이 문제를 어떻게 받아들여야 할지가 제게 닥친 큰 고민이었습니다. 특히 정치학을 공부하려는 사람으로서 이 문제를 어떻게 풀어가야 할 것인지, 정치학 중에서도 어떤 분야를 공부해야 할지 여러 생각을 했습니다.

그런 고민을 안고, 지금이야 상식이지만, 실러버스syllabus가 뭔지도 모른 채 강의실에 들어갔습니다. 제가 대학에 다니던 1970년대만 해도 한국에는 지금과 같은 개념의 실러버스가 없었습니다. 모든 것이 생소했지요. 또 과목당 읽을거리가 일주일에 수백 쪽에 달했습니다. 무척 당황스러웠습니다. 더 힘겨웠던 것은 주어진 정치 현실을 어떻게 바라봐야 하느냐는 문제였습니다. 국가권력의 요체는 무엇인가, 정치를 어떻게 바라봐야 하나? 그런 문제를 붙잡고 '국가론'을 공부했습니다. 국가론 분야에서 널리 알려진 랄프 밀리반드Ralph Miliband*, 니코스 플란차스Nicos Poulantzas*, 페리 앤더슨Perry Anderson*

같은 학자들의 저작들을 접하게 됐습니다. 그간 공부를 소홀히 한 애덤 스미스Adam Smith, 마르크스, 베버, 토머스 홉스Thomas Hobbes, 니체, 마키아벨리 같은 거장들의 고전도 읽기 시작했습니다. 그러다가 프레드 블록Fred Block* 교수님을 만나 가르침을 받았습니다. 그 교수님은 우리나라에도 번역된 칼 폴라니Karl Polanyi의 『거대한 전환』The Great Transformation*에 해제를 쓰신 분으로 후기 산업사회의 정치사회학에 큰 업적을 남긴 분입니다.

한국에서 이름만 들었던 책들을 손에 들고 공부하는 기쁨이 컸습니다. 그때는 그랬습니다. 학부 때 공부에 최선을 다하지 못했으니, 남들보다 두 배, 세 배 더 많은 노력을 기울여야 한다고 생각했습니다. 먹고 자고, 주말에 조금 쉬는 시간을 제외한 거의 모든 시간을 공부에 전념했던 것 같습니다. 8년여의 유학생활 동안 그런 강박적인 생각이 늘 마음에 있었습니다. 그러나 고생스러웠던 만큼 기쁨도 컸습니다. 다양한 인문사회 분야로도 관심을 가졌습니다. 책을 통해 철학, 신학, 역사 분야를 오가는 것이 제겐 흥미로운 경험이었지요. 새로운 세계와의 만남이었습니다. 정치학이라는 하나의 학문분야도 다양한 분야와 교류하고 소통하고 논쟁하는 가운데 발전해왔다는 사실도 알게 됐습니다.

학문적 거장과의 소통과 교류는 그와 직접 마주하지 않아도 할 수 있습니다. 그분들의 드넓은 학문세계와 인생철학을 책을 통해 음미할 수 있습니다. 저자의 사상과 철학 그리고 이론과의 대화는 소중한 경험이었습니다. 오래전 다른 시대에 살던 분들이 어떻게 이런 생각을 할 수 있었을까, 왜 그렇게 생각했을까, 지금 그런 생각들이 주는 의미는 무엇일까 하는 그런저런 생각을 이어나가는 과정이 재미있었습니다. 그래서 행복했고, 또 진지함을 불러낼 수 있었지 않았나 합니다.

사회자 지적 갈증을 해결할 기회를 얻으셨던 거군요. 문제의식이 생겨나는 것이 중요하다는 말씀이라고 여겨집니다. 총장님께서 정치학을 전공하신 것은 알고 있었습니다만, 국가론을 공부하신 것은 이번에 처음 알았습니다.

총장 당시 국가론은 비주류 정치학에 속했습니다. 비판이나 편견의 대상이 되기도 했습니다. 국가론의 학문세계를 이해하고, 나름의 사상과 철학 그리고 이론적 지형을 탐색해가는 일이 제겐 흥미로운 과제였습니다. 그 후 '초월'이란 주제에 관심이 갔습니다. 체제와 이념 너머의 의식과 무의식 세계에 흥미를 느꼈습니다. 신학, 철학, 심리학 서적을 읽었습니다. 의미와 가치, 책임과 소명에 내재한 대립과 균형, 조화와 모순 그리고 드넓게 펼쳐지는 인식의 지평을 찾아 나서는 일이 의미 있고 보람 있는 일로 느꼈습니다. 그것이 제가 추구했던 학문이고, 삶이 아니었던가 생각합니다.

고정된 절대선은 없다

최승지(정치외교학과 학생) 저도 정치학을 공부하는 학생입니다만, 총장님께서 그렇게 여러 분야를 넘나들면서 공부하셨다는 말씀을 들으니 자극이 됩니다. 국가론 이야기를 들으면서, 결국 국가의 한 행태인 정치가 얼마나 중요한지도 다시 생각하게 됐습니다.

총장님께서 어떤 사람들이 기업을 통해 전쟁을 수행할 수도 있다고 말씀하실 때 오싹한 기분이 들었습니다. 기업이 전쟁을 경영할 수 있다는 거니까요. 먼 미래의 이야기가 아니라는 생각이 듭니다. 기업이 자신의 이윤추구를 위해 사람들의 안전이나 권리 그리고 행복을 무너뜨리는 사태가 곳곳에서 일어나고 있습니다. 칠레의 예를 하나 들어보겠습니다. 칠레는 한때 아동 사망률이 높았습니다. 이를 해결하기 위해 대통령이 직접 나서서 아이들에게 우유를 무상으로 공급하는 정책을 펴려고 했죠. 그러자 우유 관련 다국적기업이 그 정책을 무산시키기 위해 애썼다고 해요. 정책이 다른 나라로 퍼질까봐 두려웠던 것이죠. 그러다가 쿠데타가 일어나 대통령이 암살당하고 군부가 집권하게 됩니다. 다국적기업과 군부의 이해가 맞아떨어지면서 비극적인 사태가 벌어진 것입니다.

총장 정치적 공공선과 이윤, 시장의 관계를 어떻게 풀어가야 하는지는 중요한 주제입니다. 그것이 한 나라 안의 많은 것을 결정합니다. 특히 세계가 초국적기업의 자본과 상품 그리고 인적 자원의 그물로 더욱 촘촘히 연결되는 상황에선 더욱 그럴 것 같군요.

최승지(정치외교학과 학생) 이런 사건에서 알 수 있듯이 현실은 다국적

기업이나 그런 기업과 관련된 나라의 이해관계에 따라 좌지우지되는 것 같습니다. 칠레의 경우에는 미국이 칠레 군부에 큰 영향을 미쳤다고 합니다. 칠레 군부를 통해 미국이 칠레 정치를 움직인 거죠. 결국 정치가 중요하다고 봅니다. 잘못된 역사를 만들어낸 것도 정치지만, 그 역사를 바꿀 주체도 정치라고 생각해요. 보통 정치라 하면 국회의사당이나 국회의원들만 떠올리기 쉽지만, 저는 다르게 생각합니다. 정치는 자신을 표현하기 위해 다른 사람들과 관계를 맺고, 그 관계 속에서 자신의 가치를 실현하는 과정이라고 말합니다. 그래서 본질적으로 우리는 모두 정치인이라고 봅니다. 이러한 정치를 현실로 만들어가는 과정에서 대학은 어떠한 역할을 해야 할지, 우리 개개인은 각자 어떤 역할을 해야 할지가 고민입니다.

총장 또 한 번 편견에 관한 이야기를 해야겠군요. 만약 제가 대학원에서 정치학을 공부할 때 애덤 스미스의 책을 읽었다면, 어떤 생각이 들었을까 상상해봅니다. 책장을 넘기면서 가슴이 두근거리진 않았겠죠. 그런데 애덤 스미스 대신 마르크스라면 어떨까요? 상황이 달라질 수 있습니다. 가슴이 두근거렸을지도 모릅니다. 단순히 책을 읽는 게 죄를 짓는 것도 아닌데, 왜 그럴까요? 시대 상황이 문제일 겁니다. 여러 제약 여건이 그런 마음을 만들어낼 수 있습니다. 물론 옛 동유럽 전체주의 국가에선 반대의 경우가 되겠지요.

우리가 생각 없이 받아들이는 편견 중 하나가 정치에 대한 고정된 시각입니다. 절대선의 문제입니다. 그것이 현대정치의 판단 기준으로 작동합니다. 예를 들어 많은 사람이 민주주의와 시장경제를 '절대선'으로 여긴다고 가정해보지요. 그런 상황에서 누가 민주주의나 시장경제를 비판하면, 이상한 사람이라는 반응이 나오기 쉽습니다. 또 반대의 경우도 마찬가지겠지요. 공산주의와 전체주의가 세계사적 맥락에서 힘을 얻을 때, 개인의 자유는 매우 제한적이었습니다. 자유로운 사상과 담론이 꽃 필 수 없었습니다. 체제의 억압에 누군가가 저항하면, 그 저항은 탄압을 면치 못했습니다. 이 두 상반된 체제 중 무엇이 진리일까요? 오류 없는 체제란 현실적으로 존재하기 어렵습니다. 불가능할지도 모릅니다. 시대에 따라 변하고, 생각과 관점에 따라 변합니다. 변화하는 실체인 나는 변화를 거부하는 고정된 체제에 묶일 수 없습니다.

그런 점에서 시민사회의 역할이 중요해집니다. 학문과 지성의 역할도 큰 의미를 갖게 됩니다. 무엇이 진리이고, 내가 인간으로서 지켜야 할 양심과 가치는 무엇인지, 또 어떤 실천적 책무를 떠안아야 할지 같은 문제의식과 이에 따른 사회적 실천이 중요해집니다. '가만히 있어도 모든 것이 잘될 거야' '내가 나선다고 상황이 달라질까?' 같은 생각은 더 나은 정치로 나가는 꿈과 희망을 가로막습니다. 개인과 공동체의 미래를 위해 사회와 대학은 더 많은 역할을 모색해야 합니다. 자신과 사회 그리고 미래를 생각하면서, 정치와 문명의 변화를 탐색해야 합니다. 그것이 이 시대가 요구하는 양심과 가치, 또 책무가 아닐까요? 정치는 개인과 사회 그리고 미래를 위해 존재해야 합니다. 이를 위해 '자신을 표현하고, 타자와 관계를 조율하며, 함께 인간적 가치를 일궈가야 할 공동체의 미래를 위한 정치'에 힘을 실어야 한다고 봅니다.

대학과 시민사회의 '소프트파워'

사회자 대학의 역할로 우리의 이야기가 좁혀지고 있습니다. 계속해보겠습니다.

최휘엽(정치외교학과 학생) 총장님 말씀을 들으면서, 기술과 문명은 발전하고 있는데, 우리 인간이 그것을 통제하지 못해서 많은 문제가 생긴다는 생각이 들었습니다. 한편으로는 현실정치가 이해관계에 휘둘리기 쉬워 한계가 명백하다는 말씀으로 이해했습니다. 그런데 과연 대학과 시민사회에 정치권만큼 변화를 일으킬 만한 힘이 있나 싶어요. 저는 현재 우리 사회에서 힘을 행사할 수 있는 것은 제도권 정치밖에 없다고 생각합니다. 그렇다면 어떻게 시민들이 그 권력을 나누어 가질 수 있는지 논의해보고 싶습니다. 제도권 정치에 한계도 있지만 그것이 갖는 현실적인 힘을 대학이 가볍게 여길 수는 없는 것 아닌가요?

총장 제도권 정치와 현실정치를 가볍게 여기자는 것은 아닙니다. 거기에만 의존하는 방식에서 탈피하자는 것이지요. 대학과 지성 그리고 시민사회가 지금 당장 정치에 변화를 주는 것이 아니라, 미래를 위해 더 많은 노력을 해야 한다는 말입니다. 이 일은 사실 전통적으로 사회와 대학이 해왔던 역할입니다. 사회의 양심과 지성이 모여 시대를 걱정했습니다. 민주주의를 위해 많은 노력을 기울였습니다. 대학도 이를 위해 노력했습니다. 경제발전을 위해서도 크게 이바지했습니다. 우리 사회가 이룬 경제발전과 민주화가 그런 예에 속합니다.

오늘의 과제는 더 나은 미래를 위한 것입니다. 새로운 생각, 새로운 가치관을 지향하는 것입니다. 더욱 자유롭고, 정의롭고, 풍요로운 시대. 그 시대를 어떻게 열 것인가? 우리 모두에게 주어진 큰 과제입니다. 그간 쌓여온 정치적·사회적 한계와 모순에 관한 해법을 제시해야 합니다. 인류가 처해 있는 문명의 한계를 넘어설 수 있는 비전과 대안도 모색해야 합니다. 경제성장만이 모든 것을 해결해주진 않습니다. 지속 가능한 사회와 문명의 길을 열어가는 것이 중요합니다. 또 고양된 시민의식과 함께 가치의 다양성도 이뤄야 합니다. 이 모든 것의 원천엔 기성정치의 역할만큼이나 중요한 사회의 역동과 대학의 역할이 있습니다. 이를 위한 '공감의 시대문화'가 필요합니다. 시대에 울림을 주는 이야기, 사회의 마음을 움직이는 이야기, 그런 과제들 말입니다. 이를 위해선 가치, 의식, 문화가 핵심입니다. 국민적 공감을 불러일으키는 이른바 '소프트 파워'가 중요합니다.

사회자 문화에 대해 말씀하셨습니다만, 그렇지 않아도 경희대학 교시가 '문화세계의 창조'입니다. 또 설립자께서 『문화세계의 창조』라는 저작을 남기시기도 했습니다. 조금 다른 이야기지만, 경희대학은 창학 초기부터 문화의 가치를 중시했는데, 설립자께서 이 책을 내시고 곤욕을 치르기도 하셨다는데, 왜 그랬는지요?

총장 『문화세계의 창조』는 인간의 인간적 가치를 중심에 둔 책입니다. 그 가치와 함께 평화로운 사회를 이루자는 것이 그 책의 요지입니다. 책이 저술될 당시 한반도의 현실은 참담했습니다. 전쟁으로 한 치 앞을 내다보기 힘든 상황이었습니다. 저자는 포화와 포성을 피해 여기저기 피란지를 옮겨 다니며 원고를 집필했습니다. 그렇게 그 책은 1951년 세상과 만났습니다.

책에 이런 이야기가 나옵니다. 피란길에 만난 한 농부가 저자에게 '태극기와 인공기를 전세戰勢에 따라 바꿔 들어야 하니 정말 힘들다'고 절규했다는 일화로 기억됩니다. 농부에겐 그 역사적 의미를 잘 파악할 수 없는 진영 간 대립보다는 가족과 자신의 생명을 지키는 일이 더 중요했겠지요. 다툼과 전쟁, 동족상잔의 비극 없이 먹고 사는 평범한 일상이 절실했을 겁니다. 저자는 이 평범한 진실에 주목했습니다. 인간의 기본권을 지키기 위한 열망과 노력이 필요하다는 문제의식에 집중했습니다. 새 정치의 필요성을 역설했고, 그 중심엔 인간의 양심이 있었습니다. 더 나은 삶을 위한 가치와 도덕이 있었습니다.

문화에 관한 이야기를 좀더 이어가보겠습니다. 인간이 인간인 이상 문화는 매우 소중합니다. 인간이 인간일 수 있는 것은 인간 특유의 문화세계가 있기 때문입니다. 문화세계를 자양분으로 인간은 삶과 미래를 꿈꿀 수 있습니다. 동구권이 붕괴할 때, 우리는 '인간의 얼굴을 한 사회주의'란 말을 자주 듣곤 했습니다. 이와는 반대도 있습니다. 자본주의가 극단적인 이윤추구의 길을 걸어갈 때 '인간의 얼굴을 한 자본주의'란 말이 나옵니다. 왜일까요? 체제와 이념의 차이에도 불구하고, 왜 '인간'이란 말이 두 진영에서 똑같이 나오는 걸까요? 무엇보다 전도된 가치문제 때문이 아닐까 합니다. 체제와 이념은 인간을 위해 만들어집니다. 그러나 체제와 이념이 일단 모습을 드러내면, 그 위치가 바뀝니다. 봉사받아야 할 인간이 체제와 이념을 위해 봉사하게 되는 경우가 흔히 있습니다. 현실정치는 그런 문제점을 안고 있습니다. 권력과 통치의 정치적 필요 때문입니다. 이 문제를 풀기 위해선 인간의 존엄과 기본권을 최우선시하는 문화의 복원이 필요합니다. 이 점에 주목해 인류의 평화와 복리, 공존의 중요성을 역설한 것이『문화세계의 창조』입니다. 지금의 관점에선 이해되지 않지만, 그 때문에 고초를 겪으신 것으로 알고 있습니다.

사회자 문화의 정치적 의미에 대한 이야기 그리고 그 중요성에 대해 들었습니다. 결국 어떤 기준과 관점에서 상황을 이해하는지가 중요하다고 봅니다. 그렇지 않아도 총장님께서는 정부의 국정운영에 참여해보신 경험이 있으시지요? 정치의 실체와 만나보셨다고 할 수 있을 텐데요.

총장 (웃음) 그렇게 말씀하시니 대단한 일을 한 것처럼 들리는데, 그렇진 않습니다. 예전에 국정지표를 만드는 작업에 잠시 참여한 적이 있습니다. 나름대로 열심히 하려고 했습니다. 나라의 미래를 위해 이바지할 기회라 생각했는데 현실과 마음은 달랐습니다. 일을 마치고선 현실정치가 긴 호흡으로 미래를 내다보는 국정지표를 정말 필요로 할지 회의가 들었습니다. 한국 정치는 여야가 나뉘어 있습니다. 그 안에 많은 계파와 정파가 있습니다. 지역과 계층, 이익과 사적 네트워크로 연결된 복잡한 정치현실이 있습니다. 그리고 대통령 임기는 단임제입니다. '다음번 선거에서 누가 승리할 것인가'가 큰 관심사입니다. 그런 상황에서 국가의 미래, 국익에 관한 서로 다른 시각 간의 치열한 경쟁이 일어납니다. 권력을 향한 정치가 무르익으면 진정성 문제가 대두됩니다. 긴박한 현실에서 나라의 미래와 국익을 심도 있게 고민하는 문제는 쉽지 않겠지요. 짧은 시간이었지만 그런 고민을 했던 경험이 있습니다.

역설적이게도 미래를 깊이 고민할 수 없는 현실정치가 미래를 만듭니다. 그것이 우리가 맞닥뜨릴 미래입니다. 지난해 세월호 참사가 일어났습니다. 얼마 전엔 메르스 사태가 발생했습니다. 앞으로도 예상치 못한 불행한 사건, 사고, 자연재해로 참담한 사태가 되풀이될 수도 있겠지요. 미래에 대한 전망이 이른바 '위험사회' 출현과 함께 중요해졌습니다. 우리는 지금 '100세 시대'를 말하고 있습니다. 하지만 그 미래 역시 불투명합니다. 100세 시대의 주역인 20~30대에겐 미래학자들의 경고처럼 향후 70~80년의 미래가 결코 '쉽게' 오지 않을 수 있습니다. 인간의 인간을 위한 문화가 소실되고, 문명의 위기가 자초된 상황에선 말입니다. '방임된 미래'는 불가지의 혼란, 예측 불가능한 위기를 부를지 모릅니다. 현실정치도 사회도 그리고 대학도 그 위험성을 깊이 생각해야 합니다.

인간을 위한 열린 마당

권유진(사회학과 학생) 그렇게 말씀하시니 책임감이 커집니다. 제가 보기에 현대사회의 가장 큰 문제는 인간성 상실이라고 생각합니다. 사람들이 자기 목숨을 하찮게 여기는 경우도 있습니다. 자본주의가 발달함에 따라 자신을 돈 버는 기계로 전락시켜 버리는 경우도 많죠. 아니, 그렇게 강요당하며 사는 것이 현실입니다. 이 같은 문제를 해결하기 위해 대학이 앞장서야 한다고 생각합니다. 얼마 전에 나온 「미래대학리포트」를 보면 많은 학생이 대학에서 자아실현을 할 수 있어야 한다고 생각하고 있어요. 학생들이 인간의 가치에 대해 배우고 싶어 한다는 조사 결과도 있습니다. 그러나 대부분의 대학은 인간의 가치와 의미를 탐구하는 일에 소극적인 태도를 보이는 것 같습니다. 다행히 후마니타스칼리지는 인간을 중심으로 교육을 재편하고, 그간 일정한 성과도 얻었다고 생각합니다. 그런데 인간성 회복을 내세우는 대학이 오늘날과 같은 현실에서도 지속 가능성을 지닐 수 있을까요? 후마니타스칼리지의 교육에 자부심을 가지면서도, 한편으로는 인간성이 상실되는 현실이 너무도 막강해서 드리는 질문입니다. 총장님, 자신 있으세요? (학생들 웃음)

총장 (웃음) 여러분은 자신 없으세요? 저와 여러분은 서로에게 자신감을 불어넣어 줘야 합니다. 미래엔 인간의 가능성을 귀히 여기는 사람, 인간적 가치와 공동체에 의미를 부여하는 사람이 존중받아야 합니다.「미래대학리포트」에는 그런 생각이 나타나 있습니다. 개인과 공동체의 조화를 지향하는 여러분이 있고, 기성세대가 더 많은 전망적·실천적 노력을 기울인다면 우리에겐 미래가 있을 겁니다. 그것을 준비해가는 곳이 바로 대학입니다. 사회와 정치도 마찬가지겠지요. 그런데 사실 인간적 가치를 말하기는 쉽지 않습니다. '인간적'이라 할 때, 그것이 구체적으로 무엇이냐고 물으면 답하기가 쉽지 않아요. 가령 어떤 시대에는 특정한 사람이 부정적 평가를 받다가도 시대가 바뀌면 긍정적 평가를 받는 경우가 있습니다. 그 반대의 경우도 물론 있을 것입니다.

인간은 누구나 '이 사람은 아닌 것 같다' '이 사람은 괜찮다'는 식으로 타자를 인식하고 판단하는 경향이 있습니다. 이 판단이 시간에 따라 바뀌기도 합니다. 물론 안 바뀌기도 하겠지요. 그렇지만 길게 보면 상당 부분 바뀝니다. '남녀칠세부동석'男女七歲不同席이 좋은 예가 되겠군요. 예전엔 절대적인 가치였습니다. 하지만 요즘에는 남녀칠세부동석을 요구하면 웃음거리가 됩니다. 이처럼 인간은 거듭 태어납니다. 인간적 가치, 인간성에 대한 기준이 당대의 시각에 고착되면 문제가 생깁니다. 그래서 인간에 대한 시각은 열려 있어야 합니다. 시간적·공간적으로도 폭넓은 시야를 가져야 합니다. 이를 통해 새로운 출구를 향한 노력과 새 세계를 위한 가치를 모색할

여동현, 「파라다이스 시티」, 2007 익숙한 것만을 고집하는 세상에서 새로운 내일은 태어나지 않는다. 모름은 알려고 하는 갈망의 뿌리다. 그 갈망은 아름다운 미래에 대한 상상과 손잡고 나갈 때 창조의 미학이 된다. 미래는 창조와 동의어다.

수 있습니다. 그리고 이것은 인간을 위한 열린 마당을 만드는 일입니다.

대학이 바로 이 마당 역할을 자처해야 한다고 봅니다. 대학이라는 열린 지적 공간, 지성의 공간에서 '정해진 답'을 주는 것이 아니라 스스로 모색하고 함께 실천하는 창의적인 사유의 가능성을 이어가야 합니다. '인간의 인간'을 탐색하는 것이지요. 그것이 열린 사회, 열린 정치, 열린 문명을 가능하게 합니다. 틀 지워진 제도나 구조에 포획된 욕망과 탐욕, 편견과 실리의 공학에서 벗어날 수 있는 '인간의 조건'을 만드는 것이 필요합니다. 「미래대학리포트」에서 여러분이 꼽은 최우선 가치인 '행복'과 '자아실현'은 이런 문제의식과 함께 구현할 때 더 값지지 않을까요? 개인의 성취와 함께 공동체의 안정이 필요합니다. 삶의 질서, 공동체가 흔들리면 개인적 성취의 기반이 위기에 처합니다. 기초교양과 전공 학문의 결합이 중요한 의미를 갖게 되는 이유입니다.

김진현(정치외교학과 학생) 그런 점에서 보면, 대학은 성숙한 시민을 길러내는 곳이라고 생각합니다. 스스로 자신의 정치적 지향점과 삶의 가치관을 세울 수 있는 곳이 대학이어야 합니다. 하지만 요즘 청년들의 정치적 입지는 줄어들고 있습니다. 사회가 고령화되는 상황에서 정치권은 청년들보다는 중장년층의 목소리를 더 중시하는 것 같아요. 이로 인해 정치에서 배제된 청년들은 결국 정치에 대해 무관심하게 됩니다. 이런 현실에서 한 사회의 시민을 키워내는 학문기관인 대학이 청년들에게 올바른 정치관을 심어주어야할 텐데요, 이 문제는 자칫 정치논쟁에 휩쓸릴 수도 있습니다. 딜레마가 있는 것 같아요.

총장 정치권이 시대의 미래, 청년의 미래를 말할 때, 어느 정도로 진정성을 담아내는지 가늠하기 쉽지 않습니다. 진정성을 담아 말하는 정치인이 있다고 믿어야 하는 것이 정도正道겠지요. 그러나 우리 시대는 정치인의 진정성을 의심하는 경향이 있습니다. '현실정치는 권력과 지배에 더 많은 관심이 있다' '그런 정치현실과 함께 회자되는 공공선의 정치는 믿을 수 없다'는 의구심입니다. 이것이 이 시대의 인식처럼 보입니다. 애석한 일입니다. 어떻게 대처해야 할까요?

과거엔 우리 사회의 지성들이 민주주의를 향한 목소리를 키웠습니다. 오늘 우리는 그 혜택을 보고 있습니다. 문제를 풀기 위해 대화와 토론의 장을 더 마련하는 것이 중요합니다. 오늘과 같은 토론의 자리를 많이 마련하는 것도 해야 할 일 중 하나일 겁니다. 전공분야를 열심히 공부하는 것은 물론 중요합니다. 여러분의 현실적 필요뿐만 아니라 사회와 나라 그리고 인류의 번영을 위해 필요하지요. 하지만 시대를 말하고, 인간과 문명의 길을 계속해서 묻는 것 또한 의미 있는 일입니다. 그 의미와 가치를 위해 지혜를 모아가는 것이 정치발전의 밑거름이 됩니다. 미래세대의 꿈과 희망, 시민성을 논하는 것은 현실정치를 넘어선 대학 본연의 책무 중 하나입니다.

대학의 두 날개, 배움과 실천

구민기(정치외교학과 학생) 앞으로 사회에 나가야 하는 학생으로서 현실과 대학의 관계 그리고 역할에 대해서 실질적인 질문을 드리고 싶습니다. 대학이 인간적 가치에 대해 물음을 던지고 토론할 수 있는 장이 되어야 한다고 말씀하셨는데, 거기까지는 동의합니다. 일이 학년 때 후마니타스칼리지를 통해 많은 변화를 겪었습니다. 그러나 막상 사회진출을 앞둔 개인으로서 어떻게 해야 할지 고민이 적지 않아요. 제 옆에는 어떤 조언자도 없고, 어떤 길을 걸어야 하는지 알려주는 사람도 없습니다. 후마니타스칼리지에서 배운 바가 현실에서 어떤 의미와 가치를 가지게 될 것인지, 사실 앞이 잘 보이지 않습니다.

총장 모든 배움이 소중한 경험이 될 겁니다. 그런 고민 또한 마찬가지입니다. 대학에서 축적한 경험을 바탕으로 자신 앞에 놓인 문제들을 어떻게 풀어갈지 고민하기 시작할 때, 그 경험이 새로운 시야를 열 수 있습니다. 개인의 단기 욕망을 넘어 공적 가치관을 가진 사람들이 사회에 나가면 그만큼 사회는 성숙해지겠지요. 개인적으로도 더 큰 행복을 누릴 수 있을 겁니다. 그런 기회를 제공하는 장場이 대학 교육입니다. 개인과 사회 그리고 문명의 길을 고민하는 지적·실천적 경험이 교양교육을 넘어 전공교육에서도 다양하게 이뤄질 수 있길 바랍니다. 사회진출을 위한 '공부만 잘하면 된다. 공부만 잘하면 사회에 나가 성공할 수 있다.' 그렇게 말하는 것은 '성공의 기술'을 강조하는 '대학大學 없는 대학'입니다. 나와 타자로 이뤄진 공동체를 위한 '큰 배움'을 놓칩니다. 공부는 물론 열심히 해야 합니다. 하지만 공부하면서 개인과 사회 그리고 세계 차원의 의미까지 판단할 수 있는 배움의 길을 여는 것도 중요합니다. 그리고 그 주체는 여러분 자신이어야 합니다. 교수님과 대학은 장을 마련하고, 여러분은 스스로 학문의 주체, 삶의 주체, 사회와 문명의 주체로 성장해가는 것이 바람직하다고 봅니다. 시행착오를 두려워하면 내 눈, 내 경험, 내 삶은 좁아집니다.

박예지(정치외교학과 학생) 이어지는 얘기라고 생각하는데요, 저는 실천 프로그램과 관련해, 우리 대학에 부족한 부분이 있어 말씀드리려 합니다. 전공교육이 새의 몸통이라고 한다면, 전공지식이 올바른 방향으로 날아갈 수 있도록 두 날개가 필요합니다. 한 날개는 후마니타스칼리지에서 배운 가치들이고 다른 날개는 그 가치들을 실제로 실현할 수 있는 기회라고 생각해요. 그런데 우리의 경우, 한쪽 날개는 커다란데, 다른 날개는 작아서 제대로 날아가지 못하는 게 아닌가 싶습니다. 실천하는 기회가 적다는 느낌입니다.

그래서 해외자료를 찾아봤습니다. 미국 브라운 대학의 경우인데요, 「독립연구」Independent Study*라는 과목이 있습니다. 학생들이 자율적으로 연구하고 싶은 주제를 선정해 심도 있게 연구하는 프로그램입니다. 물론 교수님에게 지도를 받습니다. 이 대학에는 또 공공서비스센터가 있어서 지역단체들과 함께 프로그램을 기획하고 진행합니다. 이걸 보고 '아, 이거다' 싶었는데요, 우리 학교에서 이런 제도를 도입했으면 좋겠습니다.

오늘 이 자리에 있는 학생들이 브라운 대학에 가서 직접 체험해보는 것도 나쁘지 않을 것 같다는 생각도 해보았습니다. 총장님, 보내주실 거죠? (학생들 웃음) 결론으로 제가 말씀드리고 싶은 점은 후마니타스칼리지를 통해서 일종의 교육혁명을 이루어냈으니, 그에 걸맞은 실천교육 프로그램을 만들어야 한다는 것입니다.

총장 참 열심히 조사했군요. 좋은 아이디어입니다. 그런데 여기 학생들 모두 브라운 대학에 체험학습을 보내겠다는 약속은 드리기 어렵습니다. (학생들 웃음) 우리 대학엔 지구사회봉사단Global Service Corps 이 있습니다. 지구사회봉사단을 통해 더 많은 체험 기회를 얻을 수 있습니다. 지구사회봉사단과 시민교육은 조금 전 제기한 바로 그 취지에서 추진한 사업입니다. 여러분에게 더 많은 기회를 드리기 위해 다각적으로 검토해보겠습니다. 그리고 독립연구 도입도 적극적으로 생각해볼 필요가 있습니다. 미국 대학에서는 주로 대학원 과정에서 실행하는데, 학부 과정에서도 못 할 일은 아닙니다. 훌륭한 생각입니다. 강의실에서 강의를 듣는 것도 좋지만, 여러분 스스로 생각하고, 공부하고, 결과물을 생산해내는 것도 소중한 경험입니다. 성숙한 사유와 학문의 길 그리고 실천의 가능성을 열어줄 테니까요. 저도 유학시절 독립연구의 매력을 경험했습니다. 지금 생각해보면, 교수님과 가장 근접한 거리에서 스스로 깊이 사유하고, 판단했던 창조적인 지적 과정이었습니다.

교수님들의 의견을 구해보겠습니다. 학부 과정에 충분히 실행해볼 제도로 보입니다. 그리고 실천 교육에 관해선 그것을 전공과 연결할 수 있다면 더 좋겠지요. 깊이 공부할 기회를 제공할 수 있습니다. 좋은 질문과 요청 고맙습니다.

강세리(언론정보학과 학생) 총장님께서는 과거 많은 사람이 자신의 미래를 위해 치열하게 살아왔다고 말씀해주셨는데요, 동시에 나의 욕망에만 집중하지 말고 타인에게도 관심을 두어야 한다고 하셨잖아요? 그러려면 나와 타인의 관계 또 나와 사회의 관계를 어떻게 형성하는지가 중요한데, 총장님께서는 어떤 고민이나 걱정을 하셨나요?

총장 저 역시 미래에 대한 고민이 컸습니다. 특히 대학원 시절엔 같은 길을 걷는 동료들과 비슷한 고민을 했던 것 같습니다. '학위 과정을 잘 마칠 수 있을까?' 공부에 전념했지만, 속마음은 불안했습니다. 개인적 성취를 위한 그 불안 속엔 동시에 더 나은 자신에 관한 고민이 있었습니다. 학위논문을 쓰던 시절 이런 생각을 많이 했어요. '치열하게 살자' '열린 생각을 갖자.' 그런 생각들과 함께 자신과의 싸움을 했던 것 같아요. 자신을 통제하고 인내해야 하는 '학문적 수행'이라고도 할 수 있을까요? 그리고 학위를 끝내고 한국에 돌아와선 또 다른 고민이 시작됐습니다. '학자로서 정치학 분야에, 그리고 세상에 무엇을 남길까?'라는 생각이 들었습니다. 몇몇 대학에서 강사 생활을 시작하면서 처음 가르친 과목이 정치경제학이었습니다. 당시 대학에서 개설을 안 하는 과목이었습니다. 정치학개론 시간에 그 분야를 가르쳤습니다. 그때 나름의 문제의식, 책임의식을 갖고 임했던 것 같아요.

또 다른 기억은 연구에 관한 것입니다. 그 무렵 책을 쓸 때, 대작을 만들고 싶어 했습니다. 결과는 물론 그렇지 않았지만 이런 생각을 했습니다. '내가 하고자 하는 말의 이론적·철학적 기초를 튼튼히 하자' '나 자신의 고민과 사회의 고민, 국가의 고민을 관류하는 그 무엇을 찾아보자,' 그런 생각을 했던 기억이 있습니다. 칠팔 년 동안 씨름을 했습니다. 그런 끝에 『국가와 선택』*이란 책을 출간했습니다. '선택'으로 드러난 인간과 사회 그리고 국가의 얼굴을 들여다본 책입니다. 지금은 쑥스러운 미소를 머금을 수밖에 없지만, 고민을 많이 했던 것 같아요. 학자에게 주어진 '학문의 사회성과 사명감'을 되새기고자 했습니다. 이런 말들, 너무 '전투적'으로 들리지요? (학생들 웃음)

사람은 누구나 이기적인 존재일지 모릅니다. 자신의 생명과 안위를 먼저 챙기는 여느 생명체와 다르지 않습니다. 그러나 그것이 전부여서는 무언가 허전해보입니다. 누군가가 말하는 '이기적 유전자'만으로는 인간적 가치를 공유할 수 없습니다. 물론 이기심을 버리자는 것은 아닙니다. 이기심을 앞서 말한 개인적 욕망이라 말해도 좋겠지요. 욕망을 추구하되, 더 나은 인간과 세상을 위한 의식과 갈망 그리고 고뇌를 놓지 말자는 것입니다. 세상을 모순투성이로 볼 수 있습니다. 하지만 가치 있는 삶을 지향하겠다는 의지를 우리가 포기하지 않는 한 그 모순은 언젠가 풀리지 않을까요? 또 그렇게 돼야 하지 않을까 합니다. 더 나은 인간과 세상을 위한 또 다른 틀 속으로 스스로 들어간다면, 언젠가 해결의 실마리를 찾을 수 있다고도 봅니다. 그리고 그렇게 생각하는 것이 시시포스 신화의 교훈, '고난의 여정을 거듭하지 않으면 언젠가 파국의 길을 모면할 수 없다'는 인간의 '슬픈 숙명'을 지연하는 일일지도 모릅니다.

최승지(정치외교학과 학생) 총장님 말씀을 들으면서 하버드 대학 드루 파우스트Drew Faust 총장의 말이 생각났습니다. 개인적 능력을 자신 만을 위해 쓰지 않고, 인류를 위해 쓸 수 있도록 가르치고 이끄는 것이 대학의 책무라는 이야기 말입니다. 실천 프로그램이나 체험 학습과 관련해 한 가지 제안이 있습니다. 6개월짜리 단기 프로젝트는 한계가 있어 보입니다. 장기 프로젝트를 만들어볼 수는 없을까요? 우리의 체험학습이지만, 상대방에게는 일회성 행사로 보일 때가 있습니다. 심하게 말하면, 학점 따러 가는 것처럼 느껴져 종종 마음이 무겁습니다.

총장 좋은 의견입니다. 학과마다 그런 프로그램을 개설하면 좋겠습니다. 각 학과나 단과대학에서 자율적으로 논의해 프로그램을 만들 수 있었으면 합니다. 현재로선 시민교육 교과와 지구사회봉사단이 이를 실현할 수 있을 것 같습니다. 여러분도 장기 실천 프로그램에 관한 좋은 의견을 적극적으로 제시해주기 바랍니다. 그렇지만 단기 봉사도 의미 없는 일은 아닙니다. 일회성 봉사활동도 사전조사를 철저히 해야 합니다. 그래야 바람직한 결과를 낼 수 있습니다. 단기든 장기든 봉사활동에 진정성을 담아내는 것이 중요합니다.

하버드 대학에 폴 파머Paul Farmer*라는 교수님이 계십니다. 의사이면서 인류학자입니다. 이분이 아프리카 지역의 질병 치유를 지원할 목적으로 연구를 시작했습니다. 성과가 나오자 약품을 그 지역에 전달하려 했다고 합니다. 그런데 여의치 않았다고 하지요. 그 지역의 정치적·사회적 문제 때문입니다. 그분은 굴하지 않고 어려움을 극복하기 위해 직접 NGO를 창립했습니다. 그러고는 국제사회에 협력을 구해 결국 그 약품을 전달했다고 합니다. 그러자 그 교수님의 개인적 노력에 대학이 주목했습니다. 실제로 새 프로그램이 시작되자 적지 않은 교수진이 취지에 공감해 동참했습니다. 100여 명의 교수진이 함께했다고 합니다. 교육·연구·실천 융합 프로그램인 '세계보건원'Global Health Institute은 그렇게 탄생했습니다. 그 후 이 소식이 알려지자 국내외 하버드 대학 동문의 후원이 이어졌습니다. 인도적 가치를 섬겼던 한 대학인의 노력이 큰 열매를 맺게 된 셈입니다. 개인과 시민단체, 대학과 국제사회가 뜻을 모아 인간의 건강과 존엄을 강화한 아름다운 사례가 아닌가 합니다.

이와 같은 기획과 실천이 우리 대학에서도 많이 나오면 좋겠습니다. 지난 이삼 년간 추진해온 '클러스터 프로젝트'인류문명, 미래과학, 바이오헬스, 문화예술, 사회체육 융복합 클러스터 사업*가 좋은 결실을 맺었으면 합니다. 지금은 아직 초기 단계입니다. 뜻 있는 교수님들이 틀을 다듬고 있습니다. 조만간 그 틀이 공표되면, 인간과 사회 그리고 인류의 미래를 위한 더 큰 집단적 상상과 실천이 함께 모이길 기대 합니다. 우리 학생들도 관심을 많이 가져주시기 바랍니다.

지혜민(간호학과 학생) 총장님 말씀을 들으면서 우리의 스케일이 매우 커지는 기분입니다. 저도 실천 프로그램에 대해 이야기하고 싶은데요, 봉사에 대한 사회적 편견이 있습니다. 앞에서 다른 분도 잠깐 언급했지만, '시간 채우기 위해서 온 거 아니냐, 학점 따기 위해서 온 거 아니냐'라는 반응이 있어요. 그런 말을 들을 때마다 사회를 위해 뭔가 봉사하기 위해 나갔지만 크게 낙담할 수밖에 없습니다. 이에 대한 제도적 보완책이 있어야 합니다. 학생들의 사회공헌 노력이 평가절하되어선 안 된다고 생각합니다.

총장 진정성을 갖고 봉사활동에 나선 학생들을 색안경 끼고 바라보는 현실이 안타깝습니다. 진심 어린 노력을 '스펙 쌓기'로 생각하는 상황이 답답하지요? 획일적 잣대와 편견으로 평가하는 문화가 우리 사회 곳곳에 자리 잡고 있습니다. 개인을 세심하게 배려하는 평가 방식이 없다는 것도 하루속히 개선해야 할 문제입니다.

분위기 쇄신이 중요해보입니다. 한 사람 한 사람이 쌓아올린 내실과 성취는 다양합니다. 그것이 학업이든, 일이든, 실천이든 개인과 기관이 제대로 평가받을 수 있도록 분위기를 만들어내는 것이 중요합니다. 생각과 실천의 깊이는 어디를 향하고 있는지, 얼마나 진정성을 지니고 있는지, 그 가능성의 미래는 무엇인지. 개인과 인간을 위한 철학과 가치, 그리고 문명사적 함의를 담아내는 것이 중요해보입니다. 이런 진지한 노력이 우리 사회의 미래를 위한 초석이라고 생각합니다.

'포획된 대학'의 자유를 위해

사회자 총장님, 수고하셨습니다. 지금부터 세 번째 순서를 시작하겠습니다. 이번에는 전체를 아우르는 의미에서 교수님들이 자유롭게 발언해주시기 바랍니다. 오늘 주제는 '문명의 미래, 대학의 미래, 정치의 미래'라고 할 수 있습니다. 사유혁명을 통해 어떻게 인식의 새로운 변화를 가져올 것인지, 사회 발전을 위해 대학은 어떻게 변화해야 하는지 등의 이슈를 심도 있게 논의하는 시간이 되었으면 합니다.

권기붕(평화복지대학원 원장) 총장님께서 읽으신 쉼보르스카의 시를 보면서 이 시가 의미하는 바가 뭔지 생각해보았습니다. 결국엔 현실정치 때문에 폐허가 됐다는 건데요, 현실정치의 결과로 정치가 필요 없는 상황이 만들어졌다고 이해했습니다. 제가 정치학을 전공해서 그런지 모르겠습니다만, 이 시가 정치의 종말에 대해서 말한 것이 아닌가 하는 생각이 들었습니다.

학생들이 취업에 대해 고민이 아주 많습니다. 우리 세대는 취업 걱정을 안 해도 되었던, 어찌 보면 좋은 시절에 태어난 것 같습니다. 지금 세대같이 직장에 대한 강박관념이 이렇게 크지 않았던 것 같아요. 이런 현실을 보면서 저는 젊은 세대에게 이런 말을 전하고 싶습니다. 취직에 대한 단기적 생각을 넘어 사회를 새롭게 만들어가는 수준에서 자기 꿈을 펼치고, 자아를 실현하는 이른바 자조의 식Self-empowerment을 가지자고 말입니다.

물론 상황이 이렇게 된 것은 기성세대의 책임이기도 합니다. 그러나 학생 여러분이 자기가 생각하는 꿈을 창조적으로 개척해 나간다면, 자아를 실현할 길이 새롭게 열리지 않을까 싶습니다. 21세기가 필요로 하는 분야는 창조적 영역입니다. 기성세대보다 여러분 세대는 훨씬 더 예술가적이어야 합니다. 문화적으로도 전문적인 직업을 고민하는 것이 필요하지 않을까 생각해봅니다.

총장 '좋은 직장' 하면 흔히 대기업을 말합니다. 대기업이 연봉은 많겠지요. 하지만 자녀가 대기업에만 들어가면 좋겠다는 생각은 재고해볼 여지가 있습니다. 그것이 자녀의 선택일 경우는 물론 다른 얘기지만 말입니다. 대기업 직장인들의 평균 근속 연수는 대체로 15~20여 년 이내로 알려져 있습니다. 100세 시대에 전혀 길지 않은 기간입니다. 더 중요한 문제도 있습니다. 인생의 가치를 돈으로만 따질 것인가 하는 문제입니다. 우리 사회가 우울해진 이유 중 하나는 가치의 다양성이 사라졌기 때문입니다. 오직 돈과 명성이 성공의 잣대 역할을 하는 것은 곤란하지 않을까요? 그것을 떠나 자신이 진정 원하는 바가 중요한 기준이 돼야 합니다. 정신세계를 풍요롭게 하는 소설가, 시인, 극작가, 예술인, 종교인, 사진작가, 훌륭하지 않습니까? 더 나은 사회와 세계를 위해 헌신하는 NGO 활동가와 교육자는 어떤가요? 자신의 재능과 가능성을 표현하는 요리사, 기술자, 탐험가, 창업의 주역, 그 외에도 다양한 삶에 종사하는 분들 역시 아름답지 않나요? 우리 사회가 모두 절실히 필요로 하는 분들입니다.

그런데 문제는 '보상의 정의'입니다. 왜 엄청난 소득격차와 사회적 예우가 지금 '이 모습'을 하고 있는지를 생각해봐야 합니다. 공론의 장이 필요합니다. '모든 것이 경제다. 모든 것이 부 창출이고, 이윤이고, 금전적 가치.' 이런 생각이 사회의 영원한 '우상'과 '이념'으로 자리매김해야 할까요? 물론 경제가치의 창출은 중요합니다. 생존과 향유를 위해 필수적입니다. 그러나 '더 많은 부 경쟁'이 초래한 실용과 타산적 실리의 문화는 인간의 가치와 의미를 축소시킵니다. 양극화로 인한 분노 사회, 자원 고갈과 환경파괴로 점철된 지구 행성이 그런 삶의 결과를 말해줍니다. 인간과 사회 그리고 세계에 관한 조화로운 사유와 문화, 정치적 관심이 그 어느 때보다 필요한 시점입니다.

권기붕 하버드 대학 파우스트 총장이 연설에서 이런 이야기를 하더군요. 대기업에서 제시한 수만 달러의 연봉을 마다하고, 근로자를 가르치는 시간제 교사가 된 졸업생이 많다는 것이 자신은 아주 자랑

하버드 대학의 공적 헌신 온난화와 청정에너지 문제는 전 지구적 의제다. 하버드 대학은 이런 문제를 다루는 Global Institute를 최근 창설했다. 존 케리 미국 국무장관과 파우스트 총장은 대학의 지구적 책임을 강조했다.

스럽다고요. 하버드 대학만이 아니라, 모든 대학에는 공동체를 위해 인재를 발굴하고 교육하는 임무가 있습니다. 공공성의 가치가 앞서는 것입니다. 하지만 우리 사회의 대학은 공공성을 거의 외면하고 있습니다.

총장 그렇습니다. 하버드 대학은 많은 이들이 부러워하는 명문 대학입니다. '탁월성'으로 존중받고 있지요. 그런데 이 대학이 강조하는 탁월성이 과연 무엇을 의미하는지 생각해볼 필요가 있습니다. 하버드 대학이 지금 이 시점에 강조하는 탁월성은 파우스트 총장께서 말하는 대로 학문과 성취의 공공성을 의미하는 것 같습니다. 공공성에 관한 문제의식이 없는 탁월성은 '영혼 없는 전문가'를 양산합니다. 지성의 목소리는 지식인 자신의 양심에서 우러나옵니다. 그런데 양심과 지성에 관한 논의가 대학가에서 점차 사라지고 있습니다. 공공성에 대한 발언이 좀처럼 들리지 않습니다. 하버드 대학이 탁월성을 강조하는 건 이에 대한 경종이 아닐까요? 캠퍼스에서 개인적 성취와 함께 공공성에 관한 목소리가 울려 퍼지는 것이 필요하다는 현실 인식이 아닌가 합니다.

'포획된 대학'

김영진(아레테 지도교수) 저는 후마니타스칼리지에서 학생들의 스터디 그룹인 '아레테'를 지도하는 김영진입니다. 먼저, 총장님과 학생들이 이렇게 만나 이야기를 나누는 모습을 보니 매우 뜻깊습니다.

저는 80년대 학번인데요, 제가 대학에 지원할 때는 여러 대학 중 하나를 선택해야 했는데, 당시 경희대가 '세계로 웅비하는 대학'이라는 슬로건을 내걸었던 것으로 저는 기억하고 있습니다. 거기에 상당한 매력을 느껴 과감히 그 게임에 도박을 걸어보겠다는 생각으로 경희대에 들어왔습니다. (모두 웃음) 막상 입학해보니, 민주화 시대여서 운동을 많이 하게 됐습니다. 학생운동이지요. 아무튼 혼란의 시기에 세계라는 거대한 지평을 내다보는 학교라니 뭔가 큰일을 내리라 생각하고 기대를 많이 했습니다.

세월이 지나 다시 학교로 돌아와 강의하게 됐습니다. 그런데 경희대학이 그때 그 정신을 놓치지 않고 꾸준히 노력하고 있어서 새삼 놀랐습니다. 오늘도 "문명의 미래, 대학의 미래"라는 주제를 놓고 총장님과 학생들이 대화를 나누는 모습을 보면서 깊은 생각을 하게 되었고 많이 배우고 느끼는 시간이 되었습니다.

오늘 여기 모인 학생이 20여 명 됩니다만, 오늘과 같은 혜택을 받는 학생이 더 많아졌으면 합니다. 그리고 이런 토론회를 통해 많은 학생이 깊이 생각하고, 행동하면서 창조적 '머저리티'majority, 다수가 되었으면 합니다. 조심해야 할 것은 잘못하면 창조적 머저리티가 아니고 그냥 머저리가 될 수도 있다는 것입니다. (모두 웃음) 여하튼 더 치열하게 고민하고 이론과 실천을 겸비하면, 우리 대학이 크게 발전할 수 있을 겁니다. 현재 당면하고 있는 문제들, 이를테면 사회적 편견이나 두려움 등은 저도 대학 다닐 때 많이 겪어봤습니다. 과외를 해도 소위 명문대학생은 쉽게 자리를 구하는데, 당시 경희대학생은 어렵더라고요. 특히 부자 동네일수록 잘 안 되더군요. 저도 토익 만점을 다섯 번이나 받아봤지만 소용이 없었습니다. (학생들 웃음)

그 편견을 이겨내는 것이 바로 우리의 용기입니다. 거기에 강력한 의지를 뒷받침하면 사회적 편견을 타파할 수 있습니다. 나아가 진정한 문명의 미래를 열어갈 수 있을 것으로 봅니다. 저는 문명을 열어가는 키워드가 '세계시민'이라고 봅니다. 남아프리카 지역에 '우분투'Ubuntu라는 말이 있죠. 우리로 치면 공동체 같은 의미입니다. 너와 나, 즉 우리가 모두 연결되어 있으며 우리는 혼자 살 수 없다는 뜻입니다. 영어로는 'I am because you are'인데 '당신이 있으므로 나도 있다'라는 뜻이에요. 우리는 세계시민 교육을 통해 그런 공동체를 만들어나가야 할 것입니다. 그래서 의사소통이 매우 중요한데, 그게 '의사'들만 소통하는 게 아니잖아요. (학생들 웃음)

이문재(후마니타스칼리지 교수) 방금 80년대 학번 교수님이 말씀하셨는데, 저는 70년대 학번입니다. (학생들 웃음)

이렇게 20대 초반의 청춘들이 총장님, 교수님들과 대화를 나누는 걸 보니까 다시 태어나고 싶어집니다. 하지만 다시 태어나면 어떻게 될까 상상해보니 생각을 바꾸게 되네요. 이제 막 100세 시대로 접어드는데, 초국적기업들은 전쟁을 수행하고, 드론에서 생화학무기가 떨어질 수 있다니요. 그래서 저는 이번 생으로 마칠까 합니다. (모두 웃음)

농담이었고요, 총장님께서 준비하신 주제를 보면 '포획된 대학'이라는 항목이 있습니다. 포획된 대학이 현실에서 어떻게 구체적으로 나타나고 있고, 그 포획을 어떻게 풀어낼 수 있는 것인지, 그리고 풀려나는 과정에서 가치의 지향점을 어떻게 설정해야 하는지 총장님 말씀을 듣고 싶습니다.

'포획된 대학'이라는 표현이 추상적입니다만, 요즘 대학생들의 포획된 상태를 살펴보면, 한마디로 경제적 공포에서 비롯된 것으로 생각합니다. 학생들이 경제적 공포에서 벗어나지 못해서 그렇겠지만, 자신감이 너무 없습니다. 저는 글쓰기를 가르치는데, 강의목표 중 하나가 학생들의 자신감 회복입니다. 저는 자신감을 갖도록 하는 것이 후마니타스칼리지의 교육목표 중 하나라고 생각합니다. 학생들이 자신감을 갖추지 못하고 사회에 나간다면, 총장님께서 말씀하신 '자기 자신을 발명하는 인간'은 불가능하다고 봅니다.

대학의 주체들이 포획되어 있습니다. 학생들은 위와 같은 맥락에서 포획되어 있죠. 그렇다면 우리 교수사회는 어떠하며 대학 운영진은 또 어떠한지 등 포획된 대학의 상황을 말씀해주신다면 오늘 주제를 더욱 깊이 있게 성찰할 수 있지 않을까 생각합니다.

Veritas 그리고 Praxis

총장 너무 절실하고 심각한 문제를 그렇게 재미있게 표현해주신 교수님들께 감사드립니다. (모두 웃음)

사실 고민이 많습니다. 대학이 방향을 잘못 잡으면 어떻게 하나? 대학은 사회를 어떤 시선으로 바라봐야 할까? 또 지금 사회에 절실히 필요로 하는 것은 무엇일까? 그런 질문 앞에 대학은 정직하고 면밀해야 합니다. 그런데 답을 찾기가 쉽지만은 않습니다. 그런 부담을 느낍니다. 상징적인 예가 후마니타스칼리지입니다. 설립에 많은 분의 고민을 모아 설립했지만, 최근까지도 부정적인 견해가 나옵니다.

'후마니타스칼리지를 왜 만든 건가? 성적 우수한 학생들을 선발해 공부 열심히 시키고, 교수진은 논문 많이 쓰고, 좋은 프로젝트 수행하면 될 텐데. 이런 비판이 심심치 않게 제기됐습니다. 또 이런 말도 있었지요. '후마니타스칼리지 교수진은 왜 이리 많지? 교양대

학 학생은 사실 소속으로만 따지면 한 명도 없는데, 교수가 너무 많은 거 아니야?'

시간이 지나면서 불신을 많이 해소했습니다. 인식이 점차 변했습니다. 그런데 이런 시도가 우리 대학만의 독자적인 프로젝트는 아니었던 것 같습니다. 다른 대학들도 유사한 프로그램을 만들기 시작했습니다. 그러면서 좋은 의미든 나쁜 의미든 경쟁심이 생기고 있다고 들었습니다.

아무튼 우리는 가보지 않은 길을 가고 있습니다. 가보지 않은 길을 해석하는 방법은 하나만이 아니라고 생각합니다. 해석을 달리하면 대상에 관한 수많은 긍정과 부정의 판단이 교차할 수 있습니다. 앞서 소개한 시각과 함께, 우리의 판단 기준은 '진정성'이었습니다. 대학은 기초교양 학문과 전공 학문이 잘 결합한 교육 그리고 연구 체계를 유지해야 한다는 사실입니다. 그래야 학생들에게 지식의 폭과 깊이를 균형 있게 전달할 수 있다고 믿었습니다. 그것이 후마니타스칼리지의 출범 취지였습니다. 탁월한 전문지식과 함께 인간의 미래를 고민하고자 했습니다.

또 이런 생각이 들 때도 있습니다. 사회의 고정관념을 극복해야 할지 아니면 시대의 현실적 요구에 편승해야 할지 말입니다. 이에 대한 답을 내리기는 쉽지 않습니다. 그러나 분명한 사실은 대학인이자 지식인으로서 이 시대에 물어야 할 질문이 있다는 것입니다.

"대학은 왜, 무엇을 위해 존재하나?" 제 기억으론 우리 사회는 근래 들어 이 물음을 진지하게 물은 적이 없습니다. 사회가 대학에 큰 의미를 부여하면서도, 왜 묻지 않는 것일까요?

이제 이 문제를 진지하게 다뤄야 합니다. 대학은 물론 학생들의 취업준비를 위해서도 존재해야 합니다. 과거엔 초급대학, 전문대학이 주로 이 기능을 담당했습니다. 또 정부나 기업이 원하는 시장과 경제성장을 위해서도 일정 기능을 수행해야 합니다. 이 역시 예전엔 이른바 산업대학, 직업대학이 주로 담당했습니다. 정부나 기업 연수원도 이를 위해 노력해온 것으로 알고 있습니다. 그런데 요즘은 이 모든 기능과 역할이 종합대학에 몰리고 있습니다. 획일화의 길을 걷고 있는 셈입니다. '국가와 기업의 경쟁력 강화를 위해 대학이 제 역할을 해야 한다.' 바람직할 수 있습니다. 이 길이 사회의 공유된 가치라면 대학은 그 책임을 떠안아야 합니다.

그러나 한 가지 주의를 기울여야 할 부분이 있습니다. 시장과 경제 논리가 대학의 '모든 것'이 돼 버리면, 대학의 미래는 위협받습니다. 대학 본연의 가치인 Veritas^{학문적 진리}와 Praxis^{공적 실천}가 크게 위축되고 맙니다. 대학은 물론 '고립된 상아탑'의 한계를 스스로 극복해야 합니다. 사회와 소통하고 세계와 활발히 교류해야 합니다. 그러면서도 반드시 지켜내야 할 부분이 있습니다. 대학의 심원한 학술 가치와 자유로운 학습 가치입니다. 이를 지켜내면서 인간과 사회, 문명의 진보를 이뤄내는 것이 필요합니다. 이를 위해 대학인 스스로가, 그리고 사회 구성원 모두가 서로 지원하고 격려하는 문화를 이뤄내는 것이 중요합니다. 그래야 우리나라에서도 세계가 부러워하는 명문 대학, 세계적인 고등교육기관이 탄생할 수 있겠지요. 미래의 학문과 지식, 문명을 이끄는 대학, 그것이 우리 모두의 꿈이어야 합니다. 그런 대학을 보유하고 있는 나라가 인간과 문명, 사회발전에 큰 족적을 남길 수 있다고 봅니다.

'대학다운 미래대학'의 길을 열어가는 것은, 제가 정치를 공부해서인지, 상당 부분 정치의 몫으로 보입니다. 제가 말하는 정치는 현실 정치가 아닙니다. 목적 달성을 위해 계산과 거래, 흥정을 거듭하는 정치가 아닙니다. 대학이 만들어내야 할 또 다른 정치는 양심과 가치 그리고 책임에서 비롯됩니다. 그런 가치에 충실하면서, 더 나은 대학의 열린 가능성을 진지하게 모색하는 정치가 필요합니다. 대학은 그 어느 기관의 도구가 아닙니다. 진정한 학문과 학습의 장을 지켜내면서, 개인과 사회, 국가와 문명의 탁월성에 이바지하는 곳이 대학이어야 합니다. 이문재 교수님이 앞서 물어보신 '포획된 대학'은 그런 취지에서 논제로 설정했습니다. 간단히 말하면, 현세의 '물신주의 경향'과 이에 따른 '성공의 법칙' 그리고 그 '제약 조건' 속에서도 대학의 중심을 잃지 말자는 뜻을 담고자 했습니다.

사회자 이문재 교수님과 총장님의 말씀에 덧붙여 추가로 생각해볼 바를 말씀드리고 싶습니다. 새로운 흐름을 만들어내는 운동의 형성과 관련된 것입니다. 총장님께서 변화를 말씀하셨는데 속도의 문제도 여기에 포함되지 않을까 합니다. 변화의 속도가 느려지면, 자첫 동력이 떨어질 수도 있습니다. 너무 빠른 것도 문제가 되지만, 동기가 부여되었을 때 바로 움직일 수 있도록 해야 한다고 봅니다. 변화를 가져올 수 있는 경로는 잘 설계했는데, 추진속도가 이를 뒷받침하지 않는다면, 사람들이 관심과 의지를 잃을 수도 있을 것 같습니다. 변화의 방향, 내용, 속도를 하나로 결합할 때 새로운 역동성이 생겨나지 않을까 합니다.

'대학전선 이상 있다'

우대식(정치외교학과 대학원생) 90년대 학번으로서 목소리를 내보겠습니다. (학생들 웃음) 우선은 제가 학부생들과 공감하는 측면에서 학생들의 처지를 생각해보았는데요, 두 가지를 말씀드리고 싶습니다. 학생들과 대학혁신에 관한 토론을 하면서 알게 된 내용입니다. 그 자리에서 이런 말이 나왔습니다. "격하게 아무것도 하고 싶지 않다. 그것이 나의 꿈이다." 저는 이 발언에 상징성이 있다고 생각합니다.

학생들이 고등학교 시절에 공부하고 싶어서 한 게 아닙니다. 타의에 의해 공부해야 하는 상황 속으로 밀려들어간 겁니다. 부모님 때문에 수능을 봐야 하고, 대학에 들어가면 토익을 공부해야 하고, 학비를 내기 위해 아르바이트를 해야 하는 등 악순환이 대학을 졸업할 때까지 계속됩니다. 이런 악순환 속에서 어쩌다가 여유가 생기면 우선 눕고 싶은 욕구부터 생긴단 말입니다. 솔직히 말씀드리자면, 대학도 주범이라고 생각합니다. 대학이 끊임없이 말하잖아요. '사유하라' '실천하라' '경험하라'라고요. 이렇게 대학도 학생들에게 끊임없이 압력을 행사하고 있습니다.

대학의 구조와 제도 자체가 학생들이 자유롭고 자발적으로 경험할 수 있고, 사유할 수 있고, 실천할 수 있게끔 해줘야 대학의 목소리도 의미 있을 텐데, 구조와 제도가 교육과 상반된 형국이죠. 이를 바꾸기 위해서는 교수님들이 변해야 한다고 생각합니다. 그 구조를 변화시킬 수 있는 것은 교수님들이기 때문입니다.

이어서 사회적 책임에 대한 이야기, 특히 봉사에 대해 이야기하고 싶습니다. 보통 봉사를 '나를 버리고, 타인과 사회를 위해 헌신하는 것'으로 봅니다. 저는 이런 개념에서 벗어나야 한다고 생각합니다. 예전에 학교 프로그램 중 사회공헌 활동을 담당했던 적이 있습니다. 그때 교수님들의 연구 중에서 사회공헌과 연관된 것을 무작위로 찾아보았습니다. 연구결과에는 어떤 사회를 만들고 싶어 하는지가 다 나와 있었어요. 그런데 연구의 동기가 정말 그것이었을까 하는 의문이 들었습니다. 진정으로 그런 목적을 지니고, 연구를 시작하고 끝맺는다면 훌륭한 모범사례가 만들어진다고 봅니다.

대학이 좀더 적극적으로 연구과정과 성과가 사회와 연결되도록 시스템을 만들어야 합니다. 저는 지금 지구사회봉사단 일을 하고 있어서 이런 고민을 많이 하고 있습니다. 무조건 대학은 이런 환경을 만들어야 한다는 당위적 측면에서 말씀드리는 것이 아닙니다. 대학의 사회적 책임은 연구든 교육이든 당사자가 의욕적으로 프로젝트를 진행할 수 있도록 제도와 분위기를 만드는 것입니다. 그래야 근본적인 변화가 올 수 있다고 봅니다. 90년대 학번의 이야기였습니다.

총장 중요한 이야기를 들었습니다. 우 선생의 견해에 한마디만 덧붙이고자 합니다. 탁월한 교육과 연구의 동기 또는 학생들의 학습권을 향한 열정은 어디서 나올까요? 이 문제는 쉽지 않습니다. 특히 요즘 들어 더 어려워진 것 같습니다. 과거엔 요즘과 같은 복잡한 평가와 보상제도 없이 '본분'과 '책임'을 중시했습니다. 스승과 학자로서, 학생으로서 그런 덕목들을 최우선으로 꼽았습니다. 물론 시대가 바뀌었습니다. 그렇지만 대학의 근본 가치와 덕목이 달라져선 안 된다고 봅니다. 교육과 연구의 탁월성, 학습의 자생적 열기와 문화를 끊임없이 만들어내야 합니다. 봉사도 맥락이 비슷한 것 같습니다. 나 스스로 의미를 부여하고, 이웃과 세상이 필요로 하는 노력이 중요하다고 봅니다. 이를 위해 또 다른 제도적 뒷받침이 필요하다면 시대 흐름에 맞게 그렇게 해야 합니다. 같이 더 고민해보도록 하지요.

유정완(후마니타스칼리지 서울캠퍼스 학장) 저는 80년대 학번입니다. 제가 생각하기에는 지금 여기 있는 학생들과 교수님들이 전반적으로 대학의 사명과 의지에는 동의하는 것 같습니다. 그렇다면 문제는 바로 이것입니다. '그런데도 왜 대학은 변하지 않는가?' 아마 시대적 요인 때문으로 보입니다.

어쩌면 지금 이 시대가 분단 이후 가장 불행한 시기인지 모릅니다. 베이비 붐 시대에 태어난 저희 80년대 학번들이 가장 행복했습니다. 저희는 하루하루 좋아질 거라는 희망이 있었죠. 오늘은 닭고기, 내일은 돼지고기, 모레는 소고기를 먹는다는 식이었습니다. 근대 경제발전 이론을 바탕으로 나날이 성장하는 삶을 살았으니까요. 지금은 그렇지 않습니다. 여러분들은 다이어트를 해야 하고 스펙도 쌓아야 합니다. 물론 탄수화물을 과다하게 섭취해 건강은 악화되고 있지만요. (학생들 웃음)

제가 말씀드리고 싶은 것은 이런 겁니다. 우리 근현대사를 돌아보면, 특히 식민지 시기나 박정희 시대를 돌아보면 젊은 세대가 '반란'을 일으키지 않는 사회는 망한 사회와 다름없다는 걸 알게 됩니다. 절망이 심할수록 젊은 사람들이 들고일어나야 하는데, 지금 우리 학생들은 공부만 하고 있습니다. 기성세대에 대들면서 자기주장을 해야 하는데, 전반적으로 패기가 없습니다. 개성도 없어 보이고요. 다른 학생들이 경영학을 복수전공하면, 나도 복수전공하고 싶어 하는 획일주의에 빠져 있습니다. 기성세대의 말에 너무 순종하지 마십시오.

제가 신입생들에게 항상 하는 말이 있습니다. "선배 말 듣지 마라"

영화 「죽은 시인의 사회」의 마지막 장면을 보면 다들 책상 위에 올라가 있는 상태에서 키팅 선생님이 말하지요. "선생님은 이제 너희가 너희만의 걸음걸이를 찾길 바란다." 자기 생각을 가지고 뭔가 한번 해보라는 겁니다. 젊은 세대가 '반란'을 일으키지 않는 사회는 미래가 없는, 죽은 사회입니다. 주변의 후배들과 친구들에게 같은 말 좀 해주시기 바랍니다. 대기업에 어떻게 취직하느냐 그런 이야기 말고, 정말로 한 번 사는 인생인데 무엇을 해야 하는지를 나누셨으면 좋겠습니다. 4학년 2학기를 수강 중인 학생은 좀 어렵겠지만, 젊은 여러분들이 교수님한테도 좀 대드시고 새로운 문화를 만드는 데 이바지해줬으면 좋겠어요. 이상입니다. (모두 웃음, 박수)

욕망에서 갈망으로

사회자 에리히 마리아 레마르크Erich Maria Remarque의 소설 『서부전선 이상 없다』Im Westen nichts Neues*에 이런 대목이 나옵니다. 제1차 세계대전 때 19세밖에 안 된 학생들을 어느 교사가 군대에 보내버립니다. 애국심을 부추긴 것이지요. 이 학생들은 전쟁의 참혹함과 군대의 비인간적 현실을 경험합니다. 그러던 어느 날 바로 그 교사에게서 편지를 받습니다. '그대들은 강철의 청춘이다'라는 내용의 편지를 받은 학생들은 "뭐? 강철의 청춘? 무슨 소리야. 우리는 이미 늙어버렸는데"라고 얘기합니다. 혹시 지금 우리 사회가 여러분들의 청춘을 빼앗고 있는 것은 아닌지 걱정입니다. 유정완 학장님 말씀처럼 청년들이 반란을 꿈꾸는 힘찬 세대가 되었으면 좋겠습니다.

안병진(경희사이버대학 교수) 유정완 학장님께서 청년들이 반란을 일으키지 않는다고 하셨는데, 저는 조금 다르게 봅니다. 청년들의 행태에 오히려 긍정적인 측면이 있지 않을까요? 요즘 저는 가족끼리 여행을 많이 가는데, 저의 부친께서 손녀인 제 딸에게 "너는 왜 이렇게 부모랑 여행을 많이 가느냐"고 물으시니, 제 딸이 이렇게 말하더라고요. "88만 원 세대가 돈이 어디 있어서 여행을 가요." 그 말을 들으니 기분이 묘하더군요. 유 학장님이 말씀하신 것처럼 요즘 젊은 세대가 무기력해보일 수도 있지만, 혹시 이들 세대가 자신의 욕망을 제어하고 소박하게 사는 것은 아닌지 모르겠습니다.

우기동(지구사회봉사단 교수) 저도 비슷한 문제의식에서 질문을 드리겠습니다. 총장님께서 준비하신 오늘 토론 목차를 보면, 새로운 정치를 위한 성찰 부분에서 '욕망에서 갈망으로' '사유혁명의 가능성'이란 주제를 설정하셨는데, 이것에 어떤 의미가 있는지 추가적으로 설명해주셨으면 합니다.

총장 정리가 잘 안 된 상태이지만, 이렇게 이야기를 이어가면 어떨까 합니다. 앞서 한 얘기와 비슷할지 모르겠는데, 예를 들어 '공부를 왜 하나?'라고 물으면 누군가는 '교수 되기 위해서'라고 말할지 모릅니다. 교수가 되려면 일반적으로 학위를 취득해야 합니다. 그런데 요즘은 박사학위를 '딴다'고 합니다. 그런데 저는 이 '딴다'라는 표현이 좀 거북하게 느껴집니다. 학문적 열정과 노력이 학문적 영예와 권위의 상징인 박사학위로 이어지는 것인데, 그 표현은 학위

울산 대곡리 반구대 암각화(기원전 7,000~3,000년 신석기시대, 왼쪽)와 산토리니 섬의 「어부 프레스코화」(기원전 1,500년) 포획한 생명과 자연을 통해 인류는 번성과 풍요의 물적 기반을 쌓아왔다. 지나친 욕망 때문이었을까? 이제 인간은 급속한 문명진보와 함께 남벌과 남용, 남획의 '지구적 경고음'을 듣고 있다. 기후변화와 자원고갈, 생태 교란과 바다어장의 황폐화가 인간과 문명에 주는 의미는 무엇일까?

를 생계수단으로 여기는 것처럼 들립니다.

물론 인간은 누구나 생명의 존속을 위해 생존의 기반 또는 이를 위한 '힘'을 생각합니다. 그 힘의 원천을 향한 본능과 욕망이 있겠지요. 그런데 그 본능적 욕망만으로 인간이 삶을 이끌어갈 수 있을까요? 힘을 향한 욕망은 여느 생명체도 다 지니고 있습니다. 그러면 인간은 왜 '존엄'을 말하고, '인간'이란 말을 따로 만들었을까요? 생존 또는 먹고사는 것을 위한 힘의 기반은 중요합니다. 하지만 여기에 '모든 것을 걸겠다'는 생각은 인간 특유의 존엄과 특권을 무색하게 합니다. 그래서 우리는 끊임없이 인간을 성찰하는 것인지도 모릅니다. 여느 생명체와 같기도 하고 또 다르기도 한 '인간의 인간'을 위해 고군분투하는 것이 아닐까 해요. 인간은 서로 어울려 사회를 이루면서 문화를 만듭니다. 가치를 만들어냅니다. 그 과정에서 우리는 인간을 발명하고, 문명을 건설합니다.

사전적 의미에서 욕망과 갈망은 큰 차이가 없을 겁니다. 하지만 저는 이렇게 구별하고자 합니다. '갈망이 인간적 삶의 가치를 이루기 위한 노력과 지향을 두루 포괄하는 것이라면, 욕망은 생명체로서 당연히 추구하는 욕구다.' 욕망은 본능에 더 가깝습니다. 쉽게 말해 갈망이 인간적 차원이라면, 욕망은 생명 차원의 문제가 아닐까 해요. '나는 누구인가? 왜 존재하나? 앞으로 무엇을 할 것인가?'라는 고민에서 새로운 갈망이 생겨납니다. 인간을 정의하는 일도 그런 맥락에서 가능합니다.

내가 공부하는 건 공부 그 자체의 인간적 의미와 가치를 찾기 위해서라는 생각이 소중해보입니다. 학점을 위한 공부, 교수가 되기 위한 연구는 생존을 위한 수단이겠지요. 학문의 인간적 측면을 더 깊이 성찰하는 문화가 대학 내에 꽃 피었으면 하는 바람입니다. 학자의 자긍심은 학문하는 기술의 탁월함에서 나오는 게 아닙니다. 논문이나 저서를 쓰는 이유는 자신의 창조적인 목소리를 낼 수 있기 때문일 겁니다. 문학이나 예술만이 창작은 아닙니다. 논문과 저서도 창조적인 결과물입니다. 언제나 새로워야 하고, 그 새로움의 의미를 인간과 세계에서 찾아야 하니까요.

조금 빗나가는 말이지만, 학생들에게 이런 말을 하고 싶습니다. 배움의 길을 열어가는 과정에서 틀에 갇히지 않았으면 한다고 말입니다. 여러분은 연수도 가고, 인턴도 하고, 또 공부도 열심히 해야 하죠? 그런데 이 모든 것이 혹시 짐으로 느껴지진 않나요? 만약 그렇다면 여기에 쏟는 시간의 일부를 '왜 나는 공부하나?'라는 물음을 스스로 던지는 데 쓰셨으면 합니다. 내 노력은 무엇을 위한 것인지, 학문에 임하는 자세를 스스로 살펴보는 것이 중요하지 않을까 합니다. 물론 그렇게 성장한 인재를 존중하는 사회를 만드는 일은 대학과 기성세대의 몫입니다. 대학과 사회가 이를 위해 더 노력해야 합니다. 성취의 기준을 비교가 아니라 내면에 두었으면 합니다. 경쟁보다는 수신修身, 그리고 그것의 실천에 집중하는 것이 더 넓고 깊은 세계를 만나는 데 도움이 되지 않을까 합니다.

우기동 교수님이 제기하신 '사유혁명'의 가능성에 관한 질문도 비슷한 맥락에서 생각했습니다. 현실의 틀과 주어진 해석 너머의 세계에 더 많은 관심을 기울일 때, 그리고 그것이 인식의 전환적 대세를 이룰 때, 우리는 더 나은 미래를 말할 수 있습니다. 그런 바람을 표현해봤습니다. 내 안팎의 열린 세계와 가능성을 찾아 나서는 일. 인간의 가치와 의미를 더욱 풍요롭게 하는 일. 바로 그런 과업에로의 갈망이 더 나은 미래의 지평을 열 수 있다고 봅니다.

모름, 그 가능성의 세계

권기붕 총장님은 정치학도이시지만, 미학에도 관심이 많으시지요? 흔치 않은 경우인데, 정치의 미학적 재구성을 사유하는 분으로 알고 있습니다. 새로운 시대가 지녀야 할 정치적인 아름다움은 어떤 것인지요?

총장 따로 '미학'이라 말씀드리긴 좀 쑥스럽지만, 정치에 대한 새로운 '의미 공간'이 필요하다고 봅니다. 정치는 결국 더 나은 미래를 향해야 합니다. 나와 너, 우리가 함께 관계를 설정하고, 자신을 표현해가는 과정이 돼야 한다는 것입니다. 그리고 그 세계의 지향은 결국 아름다움을 향해야 합니다. 아름다움은 '주어진 무엇'에 대한 정적인 평가가 아니라 미래를 위해 소중히 가꾸어야 할 어떤 가치입니다. 인간적인 그 무엇이라고도 생각합니다. '가치'와 '그 무엇'에서 비롯한 공명과 공감의 세계, 바로 그 세계가 발하는 빛에 매료된 영적 울림이 아름다움 아닐까요? 그래서 저는 이를 위한 상상과 무한세계로의 도전 그리고 갈망이 필요하다고 봅니다.

조금 다른 이야기지만, 저는 대학에서 하는 교육을 학습, 'learning'이라는 말로 바꾸면 좋겠다고 생각합니다. 원래 뜻은 그렇지 않지만, 요즘 교육이라는 말엔 주어진 지식을 일방적으로 '가르친다'는 의미가 너무 강한 것 같습니다. 사실 저도 교수 생활을 오래 했지만, 교수가 과연 학생을 일방적으로 가르칠 자격이 있나 하는 의구심이 들 때가 많았습니다. 물론 교수의 교육적 권위를 폄하하려는 것은 아닙니다. 방식을 다시 생각해보자는 것입니다. 교수가 제자들과 서로 대화하고 소통하는 가운데 함께 배워가는 게 학문이 아닐까 합니다. 누가 누구를 일방적으로 가르치는 것은 주입이고 교화입니다. 이런 일방통행은 학문세계에선 바람직하지 않다고 봅니다. 내 말이 정답이니 학생들은 무조건 배우라는 식의 태도는 결코 아니라는 생각이 듭니다. 역사에 현존하는 어떤 이론도 어느 학설도 '정답'은 아닙니다. 또 다른 사유의 가능성을 열기 위한 징검다리일 뿐입니다. 완벽한 이론과 학설은 논리적으로나 현실적으로 성립할 수 없습니다. 이론과 학설의 주체인 인간은 누군가의 말처럼 '뿌리 없음'에 근거합니다. 그 시작과 끝을 아직 모릅니다. 그것을 우리가 온전히 알기 전까진 그 누구도 정답을 말할 수 없을 겁니다.

그래서 요람에서 무덤까지 배움의 연속이라는 말이 설득력을 갖습니다. 유치원, 초등학교에 들어가면 제도권 학습이 시작됩니다. 인간은 이를 통해 성장합니다. 그런데 학습은 '무지'모름*를 전제로 해야 합니다. 다 알면 배울 필요조차 없겠고 배운다고 하더라도 금방 끝나겠지요. 제가 말하는 '모름'은 앎의 대칭 개념이 아닙니다. 그다음의 세계입니다. 모름, 무지 또는 미지는 우리가 알고 있는 것 너머의 무한세계를 향합니다. 우리는 바로 그 세계가 있어서 끊임없이 지적 탐색과 모험을 거듭해올 수 있었습니다. 장구한 생명의 역사를 써올 수 있었습니다. 무와 신비 그리고 미지를 향한 끊임없는 갈망과 도전이 없었다면, 인간의 진화나 진보도 없었을지 모릅니다. '지구는 평평하다' '태양이 지구 주위를 돈다' 같은 옛 사고가 지금도 진리 행세를 했을 겁니다. 그러면서 인간을 발명하려는 인간의 갈망과 도전을 옥죄려 들었을 테고요.

기존의 지식을 넘어 존재하는 무한한 '미지의 세계'에 대한 동경은 진화와 발전에 필수적입니다. 그 공간에 나의 실존을 내던지고 싶어 하는 갈망과 열정을 실행해야 합니다. 이를 통해 우리는 인간을 만들어갈 수 있습니다. 이런 태도가 학습의 주체가 돼야 하지 않을까 합니다. 만일 어떤 관념과 개념을 절대적으로 신봉하고, 정당화하고, 고정한다면, 그것은 '지적 사망'과 다르지 않습니다. 앎 너머의 세계는 알 수 없겠지요. 예를 들어 지구가 우주의 중심이라 여기던 시대를 상상해볼 수 있지 않을까요? 우리가 그 시대에 산다면, 모두에서 얘기했던 '또 하나의 지구'는 생각조차 못 했을 겁니다. 그러나 인간의 거처인 우주엔 수많은 지구의 형제자매가 있습니다. 그런 발견이 모름에 도전한 현대과학의 성취입니다. 그런데 만일 이 이야기를 '절대의 시대' '믿음의 시대'에 말했다면 그

화형에 처해지는 조르다노 브루노(Giordano Bruno) "이 세계는 우주의 중심이 아닙니다. 지구는 태양 주위를 도는 하나의 행성에 불과합니다." 16세기를 살다간 조르다노 브루노의 말이다. 진실을 말했던 그는 결국 신성모독과 반역으로 화형에 처해졌다. 그의 목숨을 앗아간 불길은 정작 무엇을 태운 것일까?(「코스모스: 시공 오디세이」의 한 장면)

사람은 당연히 파문을 당하고, 목숨을 잃었을 겁니다. 무한세계에서 '구원'을 구하는 자, 바로 그는 이단으로 배척됐습니다.

제게 미학은 그런 의미가 있습니다. 모름의 세계, 신비의 세계, 미지의 세계에 대한 동경과 갈망을 표현하는 것입니다. '미'美, 특히 '인간적 미'를 갈구하는 사람은 그 열린 모름과 미지의 세계를 열망합니다. 도전의식을 이어갑니다. 그 열망, 그 도전과 함께 우리는 차이와 경계, 차별과 억압의 문제를 풀어갈 수 있지 않을까 해요. 어느 철인哲人의 말처럼, '정신세계의 이중주'double vision인 내면의 심연과 무한 우주를 향한 정신의 열림을 통해 우리는 미의 세계를 말할 수 있습니다. 더 나은 실천의 가능성을 열어갈 수 있을 것이라고 생각합니다.

모름과 신비 그리고 미지의 심연, 바로 그 세계가 학문과 배움의 세계에서도 중요합니다. 영원한 발전과 진보를 거듭해야 하는 것이 학문이자 배움이라면, 우리는 그 세계를 끌어안아야 합니다. 이것이 큰 학문이고, 큰 배움의 길이라고 생각합니다. 그리고 그 배움과 함께 미래를 준비하는 '학습공동체'learning community가 대학大學 아닐까요?

박용승(경희대학 경영대 교수) 토론이 벌써 네 시간을 훌쩍 넘기고 있는데, 전혀 지루하지 않습니다. 요즘 제 전공인 경영학 분야의 주요 관심사는 인간 중심의 경영학을 어떻게 실천할 것인지입니다.

오늘 대화에서 인간에 대한 성찰이 자주 언급되는데, 최근 기업이 대학보다 먼저 그것을 필요로 하고 있습니다. 물론 기업 일반에 대한 비판은 여전히 많습니다. 하지만 일부 기업들은 미래의 지속 가능성에 대해 절실하게 고민하고 있죠. 그런 기업에서는 인간의 가치, 미학적 가치를 이해할 만큼 안목 있는 인재에 주목하고 있습니다.

대학 사회가 이런 변화에 대응하려면, 학교 내의 모든 주체가 함께 해야 합니다. 학교 밖으로는 지구적 연대의식을 가지고 정부, 기업, 시민사회가 손잡아야 합니다. 요즘 '세계감'Globality이라는 표현을 자주 쓰는 것도 이와 연관이 있을 겁니다. 학생 여러분께서 기업의 인재상이 달라지고 있다는 사실을 유념하셨으면 합니다. 여러 활동을 체험하면서 창의적이고 책임 있는 리더가 될 수 있는 역량을 기르시기 바랍니다. 기업이 변하고 있으니 희망을 품고 공부 열심히 하십시오.

마지막으로 총장님께 질문하고 싶습니다. 총장님 말씀에서 가장 인상 깊었던 대목은, 우리가 변화를 끌어내기 위해 필요한 것이 치열함과 진정성이라는 것입니다. 그 치열함과 진정성이 어디서 나오는 것인지 말씀해주셨으면 합니다.

총장 앞서 말씀드렸듯이 이기심을 부정적으로만 보는 태도엔 문제가 있어 보입니다. 나를 보존하려는 의지는 이기심의 아름다운 측면이라 할 수 있습니다. 저는 학부시절 뚜렷한 인간관과 세계관을 갖지 못한 채 대학원에 진학했습니다. 물론 대학원 시절에도 그랬지만, 그래도 그것을 더 뚜렷하게 가져보려고 노력했던 것 같습니다. 또 다른 노력은 학문과 나를 분리하지 않으려 했던 내적 모색이었습니다. 그래야 공부가 재미있을 것 같다고 생각했습니다. 유학시절 제가 보았던 것, 읽었던 것이 모두 충격이었습니다. 그 충격을 풀어내는 것이 큰 고민거리였습니다. 그래서 나 자신과 학문을 하나로 만들려고 노력했습니다. 그런 과정을 통해 치열함을 이어갈 수 있었지 않나 합니다. 어찌 보면 이는 매우 이기적인 것입니다. 그런데 그 이기심의 세계에서 서로 다른 의식이 충돌했고, 기쁨과 번민이 교차했습니다. 돌이켜 보면, 이런 과정이 '내가 접한 진실이 무엇이고, 인간은 무엇인지, 또 주어진 현실의 초월적 의미는 무엇인지'를 생각할 수 있는 계기가 아니었나 합니다.

그런 내면의 방황을 할 때, '현상에 따라 분석 단위가 달라져야 한다'는 이론을 접했습니다. 마음이 편치 않았지요. 이게 무슨 말인가 하는 생각이 일었습니다. 그 학설은 이렇게 전합니다. '인간, 사회, 국가, 국제관계는 층위가 다른 현상이다. 그 다름은 당연히 다른 분석의 틀을 요구한다.' 그런데 전혀 다른 각도에서도 문제를 볼 수 있습니다. 가령 인간도, 사회도, 국가도, 국제관계도 우주 내 현상이고, 우주 내 세계에서 인간은 진화를 거듭하면서 인간현상을 만든 것이라고 볼 수 있습니다. 물론 이들 현상 모두가 인간이 의도한 산물은 아닐지 모릅니다. 부지불식간에, 또는 의도하지 않은 행위의 결과로 만들어진 것일 수 있습니다. 그러나 인간을 둘러싼 인간의 현상세계는 인간에서 비롯됩니다. 그 세계의 주체와 매개는 인간입니다. 그런 점에서 분석단위의 차별화는 손쉬움을 줄진 몰라도 설득력을 주지는 않습니다. 차별화나 결정론적 사유는 분리와 억압의 세계를 부릅니다. 현실세계에선 이로 인해 갈등과 대립, 폭력이 발생합니다. 그런 생각과 함께 차별화를 넘어설 수 있는 초월적 사유공간에 관심이 일었습니다. 그리고 그와 같은 개인적인 생각이 학문적 치열함으로 이어졌던 것 같습니다.

말이 길어졌는데, 요지는 이렇습니다. 열린 마음과 자세는 인간과 학문 그리고 정치의 진보를 위해 중요합니다. 우리는 모두 열린 우주의 자손입니다. 그 시작과 끝, 끝과 시작을 모르는 우주의 영원한 신비와 함께 앎을 향한 무한 도전을 이어갑니다. 결정론적 사유는 그런 점에서 자가당착自家撞着의 문제를 안고 있습니다. 이를 넘어서는 과업은 열린 학문세계를 위해서나, 인간적 삶의 창조를 위해서 중요한 일이라고 봅니다.

사회자 치열함과 진정성을 가지고 대학의 공적 책임을 수행하려고 할 때, 정치가 이를 가로막을 수도 있습니다. 쉼보르스카의 시 중에 「돌과의 대화」라는 제목의 시가 있더군요. 돌은 굳게 닫혀 있기에 그 안에는 빈자리가 없고, 웃음의 근육도 존재하지 않는다고 합니다. 총장님이 지금까지 말씀하신 그런 시도는 어쩌면 대화를 통해 돌에 문을 새기는 일일 수도 있습니다. 우리의 정신이, "내겐 문이 없다"고 말하는 돌에 문을 만들어주는 작업인 셈이지요.

총장 권력엔 두 얼굴이 있습니다. 사적 권력과 공적 권력입니다. 권력의 광기는 사적 권력이 욕망에 휩싸일 때 발생합니다. 시민들은 그런 권력과 정치의 모습을 누구보다 잘 압니다. 현실정치는 '냉혹한 현실'이란 이름으로 권력과 정치의 아름다운 측면을 외면하는 경향을 보입니다. 또는 그 아름다움을 명분으로만 내세웁니다. 그 과정에서 진정성이 사라집니다. 물론 이에 대한 개선 노력, 자정 노력을 사회만 하는 것은 아닐 것입니다. 권력과 정치도 그런 노력을 할 수 있습니다. 문제는 '정치는 으레 그런 것'이라고 규정하는 것입니다. 거기에 안주하는 것입니다.

앞서 언급한 벨벳혁명의 지도자 하벨은 「힘없는 자의 힘」이란 글을 발표했습니다. 소련 치하 억압체제에서 채소가게 주인이 매일 아침 '만국의 노동자 만세!'란 표어를 유리창에 내겁니다. 「힘없는 자의 힘」은 그 행동의 의미를 다룬 글입니다. 그 글에서 하벨은

1989년 체코의 벨벳혁명 인간의 존엄과 자유, 양심과 정의가 결여된 체제에서 반사이익을 얻는 행동과 관성적 일상이 결국 전체주의의 억압을 연장했다. 이 이야기는 체코의 지연된 민주주의 역사뿐 아니라 동서고금을 망라해 자주 일어나는 정치의 진실이다. 위 사진은 프라하 구시가 광장에서 촬영된 것이다.

체제에 순응하며 반사이익을 얻는 행동, 권력이 두려워서거나 습관적으로 한 행동이 결국 전체주의 억압체제를 유지했다고 말합니다.

물론 이 이야기는 동유럽 이야기입니다. 그러나 그 현상이 반드시 그곳에만 해당하는 것은 아닙니다. 다른 닫힌 체제에서도 비슷한 예를 많이 찾을 수 있습니다. 이 문제를 다루기 위해선 더 나은 미래를 위한 전환적 노력이 필요합니다. 인간의 진실과 양심 그리고 가치를 찾아 나서는 실천이 역사와 장소를 초월해 중요합니다.

사회자 대학의 미래, 정치의 미래에 대해 깊고 오랜 성찰을 해오셨다고 느껴집니다. 최근 경희대학이 발간한「미래대학리포트」를 보면, 미래대학의 총장이 갖춰야 할 가장 중요한 덕목으로 경영능력이 아니라 교육철학과 비전을 꼽습니다. 그런 철학과 비전을 가진 공적 지식인으로서 총장의 역할을 수행해주시면 감사하겠습니다.

오늘 이 자리가 학생들의 갈망을 듣는 자리인 동시에 총장님의 철학기조를 나눌 수 있었던 소중한 자리가 된 것 같습니다. 그런 차원에서 사유혁명을 이뤄낼 방법에 대한 총장님 자신의 견해를 듣고 싶습니다.

총장 저는 무신론자입니다. 하지만 종교와 신앙에 대해 공감하는 부분이 많습니다. 그 종교와 신앙이 닫힌 것이 아니라는 전제하에서 말입니다. 자연이든, 우주든, 신이든 인간이 범접할 수 없는 세계가 있다는 것을 함부로 부정하거나 폄하해선 안 된다고 봅니다. 범접할 수 없는 세계에 대한 관심과 모색은 숭고합니다. 언제 어디서나 인간에게 주어진 소중한 가치이자 특권입니다. 의식의 더 높고 더 아름다운 세계를 열어갑니다. 그런 점에서 사유혁명과 실존혁명은 벗어나고, 넘어서고, 차이와 경계를 포괄하는 공감지대를 찾아 나서는 일이 아닐까 합니다.

인간은 '학습하는 존재'입니다. 그 관점은 학문과 영성 그리고 정치를 초월한다고 봅니다. 물음과 반성, 전망과 구상은 인간의 내면과 세계 내 존재를 위해 열려 있어야 합니다. 미래를 위해 끌어안고 가야 합니다. 그것이 앞서 말한 무지, 신비, 미지의 세계가 인간에게 준 '큰 선물'이 아닐까 합니다.

사회자 네, 감사합니다. 이제 학생들의 소감을 듣겠습니다.

김동화(경영학과 학생) 오늘 이 자리에 앉아 있으니, 뭔가 해야 한다는 책임감이 생긴 것 같아요. 오늘 제게 와닿은 말은 '젊음의 반란'인데요, 그 말을 아주 좋아하고, 나름대로 실천하는 학생입니다. 제가 조그맣게 창업을 했는데요, 아직 손익 분기점을 넘지 못했습니다. 하지만 오늘 총장님께서 말씀해주신 치열함과 진정성을 기억하고, 열심히 노력하겠습니다. 그래서 타인에게 긍정적인 영향을 미치겠습니다. 이런 기회를 주셔서 감사합니다.

여자영(철학과 학생) 오늘 이 자리는 미래세대에게 우리의 고민을 넘겨주지 않기 위해 우리가 해결할 수 있는 것이 무엇인지를 함께 생각해보는 시간이었다고 생각합니다. 저는 11학번으로 후마니타스칼리지 교육을 접한 학생인데, 교양교육을 통해 자아를 실현할 방안을 모색하고, 나를 긍정함으로써 타인을 긍정하는 사유를 훈련했습니다.

그래서 최근에 쟁점이 된 '갑과 을' 같은 문제도 다르게 보았습니다. 우리가 어떤 물건이나 서비스를 살 때, 돈을 냄으로써 그들의 서비스를 잠시 빌리는 것이지, 그들의 인격을 사는 것은 아니라는 사실을 배웠습니다. 그러나 우리 사회는 인격까지 돈으로 살 수 있다는 생각이 팽배해 있습니다. 우리 학교가 후마니타스칼리지를 통해 그릇된 생각을 하지 않도록 이끌어준 것 같습니다.

그리고 앞서 김민웅 교수님이 속도에 관해 말씀해주셨는데, 우리에게 변화의 역동성을 만들어내는 과제가 생긴 듯합니다. 여기 모인 분들의 고민을 앞으로 다른 사람들과도 공유하는 자리가 만들어졌으면 좋겠습니다.

강민지(무역학과 학생) 오늘 장시간 토론하면서 느끼게 된 것은 결국 일상에서 현실을 개혁해야 한다는 것입니다. 그런데 굉장히 힘든 것도 사실입니다. 개인이 마주하고 있는 현실의 벽이 너무 두껍고, 개인마다 가지고 있는 이상이 다 다르기 때문입니다. 저희의 논의를 실천하는 것은 만만치 않다고 생각합니다. 그런데도 현실 문제를 함께 고민하는 시간은 대단히 소중하다고 믿습니다. 이렇게 공감하고 소통하는 자리가 더 자주 마련돼 현실을 좀더 낫게 만들어나가는 데 이바지할 수 있으면 좋겠습니다.

감여진(영어학부 학생) 오늘 한마디도 못하고 갈까봐 긴장했는데, 마지막에 기회를 주셔서 감사합니다. 나름대로 오늘 토론을 한마디로 정리해봤습니다. "20대의 용기와 그것을 지지하고 지탱해줄 사회가 필요하다." 저희는 생존에 편중된 경쟁사회에서 벗어나 자신의 가치를 자각하고, 자아를 실현하기 위해 치열함을 발휘하고 싶습니다. '너는 왜 대세를 따르지 않니?' '너는 왜 취업을 준비하지 않니?' 이런 물음이 없는 사회, 다양성을 존중하는 사회를 만들고 싶어요.

후마니타스칼리지에서 배운 학생들이 사회에 나가면 변화를 위한 원동력이 될 겁니다. 취업에 매달리는 것이 아니라, 자아실현을 우선하는 흐름을 대세로 만들어 미래를 바꾸는 힘이 되었으면 합니다. 이런 자리가 더 많이 마련되었으면 좋겠어요.

제가 오늘 토론회에 참석한다고 하니까 친구들이 "네가 대체 총장님이랑 무슨 대화를 하니?"라고 하더라고요. (학생들 웃음) 사실 친구들에게 대답을 못 했습니다. 오늘 장시간 총장님, 교수님들과 함께 얘기를 나누고 나니까 친구들에게 "우리가 함께 모여 대학의 미래와 사회의 미래를 고민하고 좋은 의견을 나누었다"라고 자신 있게 얘기할 수 있을 것 같습니다. 그리고 또 많은 학생의 의견을 들을 수 있어서 행복하고 좋은 자리였습니다.

사회자 네 시간이 훌쩍 넘도록 이야기했습니다. 총장님과의 대화를 몇 번 진행했었는데, 총장님께서 이제는 말을 상당히 쉽게 풀어 가시네요. 말씀하셨던 학습효과라고 할 수 있겠지요? (학생들 웃음) 총장님, 끝으로 말씀을 정리해주시지요.

총장 (웃음) 배고프시죠? 어서 저녁 먹으러 가지요. (모두 웃음) 학생 여러분, 많이 꿈꾸시고, 멋진 인생 설계하시고, 행복한 삶을 사셨으면 좋겠습니다. 오늘 만나서 반가웠습니다. 그리고 좋은 토론을 이어주신 교수님들께도 감사드립니다. (전체 박수)

산업문명에 이어 시장문명이 역사의 흐름을 형성한다. 오늘을 사는 우리가 체험하는 '오래된 미래'다. 그 역사의 흐름 앞에 우리는 어떤 생각을 하고 있는 것일까? 시장문명과 현실정치엔 '생산자'와 '고객,' '권력의지'가 사회적 사유의 대세를 이룬다. '인간의 세계'는 그래서 동질화의 길을 걷고 있다.

진리veritas와 실천praxis의 전당인 대학조차 시장문명과 현실정치의 논리에서 벗어나지 않는다. 이제 대학은 현실의 제약 속에서 인간과 사회 그리고 문명의 미래를 위해 무엇을 할 것인가? 총장과 교수들은 인간의 존엄과 진실, 가치의 다양성을 인간세계에 불어넣는 '소임정치,' 연구·교육·실천이 창의적으로 결합된 '대학다운 미래대학'을 화두로 삼았다.

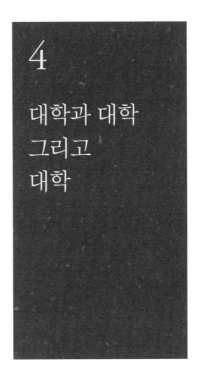

4

대학과 대학
그리고
대학

2015년 10월 2일, 경희대 서울캠퍼스 본관 대회의실에서 조인원 총장과 교수들이 만났다. 이 대담에는 우기동 교수경희대 지구사회봉사단, 이문재 교수경희대 후마니타스칼리지, 이영준 교수경희대 후마니타스칼리지, 김종옥 연구원경희대 미래문명원이 참여했다. 사회는 이전 대담과 마찬가지로 김민웅 교수경희대 후마니타스칼리지가 맡았다. "내 안의 미래"라는 주제를 마무리하는 자리로, 문명·정치·대학의 새로운 역할과 상호연결성에 관해 논의했다. **편집자 주**

인간을 품는 시장문명을 향하여

김민웅(이하 사회자) 오늘 이 자리는 그간의 대담을 총정리하는 자리입니다. 몇 가지 개념과 주제를 더하고 질문들을 심층적으로 다룰 수 있는 시간이기도 할 것 같습니다. 아울러 문명·정치·대학이란 화두에 대해 어떤 제안을 사회에 던질 수 있을지, 어떤 실천을 해나갈 수 있을지 고민을 함께 나눠보고자 합니다.

대담의 전체적인 흐름은 이런 질문들을 따라 짜보았습니다. 오늘날 우리의 삶은 어떤 문제에 봉착하고 있나? 이 물음의 본질 또는 위기의 정체는 무엇이고, 그 속에서 우리가 갖게 되는 사유방식은 무엇인가? 직면한 문제를 풀기 위해 대학이 지향해야 할 학습공동체의 모습은 무엇인가? 우리가 꿈꾸는 미래를 오늘로 불러오려면 대학은 이제 무엇을 해야 하는가? 이런 문제를 다루고자 합니다.

우선 조인원 총장님과 얘기를 나눠보도록 하겠습니다. 컨디션은 어떠십니까?

2015년 10월 2일의 특별대담 '시장문명'은 21세기 초엽을 통과하는 인류의 역사를 표상한다. 그 역사의 흐름과 함께 우리는 어떤 미래를 갈망하는 것일까? 이에 답하기 위해 특별대담은 대학과 정치의 근본 소임을 물었다.

조인원(이하 총장) 사실 오늘은 편한 마음으로 이야기를 나눴으면 했습니다. 그런데 다양한 전공분야의 교수님들과 함께 토론하고, 마감해야 하는 자리여서 쉽지만은 않을 것 같군요. 가벼운 마음으로 들어왔는데, 사회자의 말씀을 들으니 바짝 긴장해야 할 것 같습니다. (모두 웃음)

사회자 네, 그러실 것 같기도 합니다. 이곳에 앉아 계신 교수님들이 마치 무슨 심사위원들 같기도 하니까요. (모두 웃음) 자, 우선 첫 번째 질문 드립니다. 우리가 지금 과연 어떤 사회에 살고 있나 하는, 큰 틀로 보면 '문명'에 대한 물음입니다. 이 시대 우리를 압도하고 있는 문명을 뭐라고 부를 수 있을까요? 또 왜 그렇게 부르는지에서부터 이야기를 풀어갔으면 합니다.

총장 (웃음) 처음부터 어려운 질문이네요. 어떤 시선으로 바라볼 것인가에 따라 답이 다를 것 같습니다. 그런 점에서 문명을 고정된 시선으로 틀 지우는 것은 아무래도 현명하지 않을 것 같습니다. 그렇지만 우리가 이 시대에 무엇을 체험하고 있는지, 무엇을 가능성으로 보는지, 또 반대로 어떤 것을 구속으로 생각하는지에 관해선 공감대가 있어 보입니다. 모르긴 해도 그건 역시 오랜 세월 시장의 역사와 함께한 정치·사회·문화의 질서가 아닌가 합니다. 예전엔 '산업문명'이라는 표현을 자주 썼는데 요즘은 좀더 포괄적인 의미의 '시장문명'이란 말이 더 어울리지 않나 합니다.

사회자 사실 시장이 형성되어온 것은 인류가 공동체 생활을 하면서부터일 것입니다. 그러나 지구적 차원에서 시장문명이 주도권을 가지게 된 기간은 500년 정도라고 할 수 있습니다. 그런 세월을 거치면서 이제는 대단히 견고한 문명의 틀이 되었습니다. 근대 이전과 비교해보면, 시장문명은 인간의 삶에 역동적인 가능성을 제공한 측면이 있습니다. 이런 점에서, 방금 말씀하신 구속의 문제, 달리 말해서 시장문명이 인간의 삶을 제약한다는 주장은 '패자들의 논리'라는 반론도 만만치 않습니다.

총장 말씀하신 대로 시장의 역사는 인간의 역사와 늘 함께해왔습니다. 생산과 소비, 교환과 이윤 같은 고리가 지속적이고 유기적으로 연결되면서 삶을 꾸리는 일종의 '양식'과 '규범'이 됐습니다. 그리고 이 양식과 규범의 고리는 자본주의 등장 이후 확고한 제도로 자리 잡았습니다. 최근엔 시장문명이란 말 앞에 '지구적'이란 표현을 붙여야 그 특징이 좀더 피부에 와닿지 않나 합니다. 지역과 나라의 경계를 자유롭게 넘나드는 상품과 자본, 지식과 정보가 거의 실시간으로 순환합니다. 그리고 우리는 그것을 교환합니다. 누구나 다 경험하는 일입니다. 순환과 교환의 틀이 시장문명의 가장 두드러진 특징입니다. 우선 그 안의 '가능성'을 말하자면, 부 창출과 이를 위한 혁신을 들 수 있습니다. 그 어느 때보다 생산 소비 교환 같은 사회적 기제가 역동적인 '성장과 팽창'을 만들어냅니다. 과거와는 비교할 수 없을 만큼 풍요로운 물적 기반이 형성되고 있습니다.

그러나 오늘의 시장문명엔 또 다른 면도 있습니다. '삶 속의 압박'이라 해야 할까요 아니면 '제약'이라 해야 할까요? 오늘 우리가 경험하는 문명의 이면엔 결코 가볍게 보아 넘길 수 없는 모습이 있습니다. 빠르게 변하는 현실에서 살아남기 위해선 삶이 치열해질 수밖에 없습니다. 그래서 생존의 굴레에 내재한 다양한 형태의 경쟁이 엄존합니다. 이것이 시장문명의 또 다른 현실입니다. 그리고 이 치열한 경쟁은 현대인 특유의 긴장을 만들어냅니다. 절박성과 긴박성이 늘 삶과 함께하고 있습니다.

그러다 보니 일반적으로 틀을 넘어서기보다는 틀에 순응하는 삶의 양식을 택합니다. 그래야만 안정된 삶이 가능해진다는 현실논리가 뒤따릅니다. 그것이 바로 시장문명의 제약이 아닌가 합니다. 물론 이것을 뒤집어서 '또 다른 가능성'이라고도 말할 수 있습니다. 하지만 개인의 호불호와 상관없이 삶을 영위하기 위해 틀에 적응해야만 한다는 점에선 '제약'이란 말이 적절해보입니다. 이 제약을 수용하지 못하거나 안 한다면 세속적인 성공, 특히 부를 크게 창출하진 못하겠지요. 그런데 이 상황을 두고 굳이 '패자'란 말을 써야 할까요? 인간을 승자와 패자로 나누는 것도 문제고, 사회나 정치가 가치의 다양성을 함께 만들어내지 못하는 것도 문제입니다. 인간의 생존과 존엄은 이념과 체제를 넘어 실현해야 합니다. 반인간적 가치가 아니라면 인간의 다양한 가치는 존중해야 마땅합니다.

인간은 시장문명을 넘어설 수 있을까

사회자 시장문명이 많은 성취를 이뤄왔지만, 인간을 압박감 속에 살게 하고 인간의 사유와 가치를 왜소하게 만든다는 문제제기로 들립니다. 그러나 이는 어차피 오늘의 현실에서 불가피한 비용이 아니겠느냐는 고민이나 반박도 가능하지 않을까요?

총장 그렇게 볼 수도 있겠지요. 앞서 말했듯이, 삶이 틀에 묶여 있는 한 그렇습니다. 틀의 요구에 적응해야 하는 것이 시장제도의 이른바 '현실'일지 모릅니다. 의식이 부 창출에만 열려 있다면 더욱 그럴 겁니다. 그렇지만 인간의 모습엔 항상 '그 너머'를 지향하는 갈망이 존재합니다. 그것이 '또 다른 현실'입니다. 역사가 말하듯이,

캥탱 마시, 「환전업자와 그의 부인」, 1514(왼쪽), 마리우스 반 레이메르발, 「환전업자와 그의 부인」, 1539
같은 인물을 그린 두 그림이다. 세월이 지나면서 생긴 변화가 담겨 있다. 복장은 화려해졌지만, 대부업자의
얼굴은 더 거칠어졌다. 아내의 고개는 돈이 있는 쪽으로 더 기울었다.

인간은 생존과 물적 소유 또는 향유를 넘어 '인간의 인간되기'를
항상 도모해왔습니다. 정신세계의 더 큰 충만감을 꿈꿔왔습니다.
그래서 역사는 변화를 거듭해왔고 그것이 바로 변전하는 인류 역
사의 현실이 아닌가 합니다.

시장문명의 문제로 돌아가보지요. 생산과 소비, 투자와 성장 그리
고 경쟁이란 시장제도의 대명제를 '불변의 무엇'으로 인식할 수도
있습니다. 하지만 그 틀을 떠받치는 주체는 사람입니다. 그 사실을
기억해야 합니다. 사람의 변화, 사유와 인식의 전환에 따라 틀은 변
할 수 있습니다. 인간사에 있어 '절대' '고정' '불변'이란 말은 맞는
말이 아니라고 봅니다. 인간 의식은 무한한 우주와 영혼세계를 향
해 열려 있습니다. 인간 특유의 정신세계는 상상과 창조 그리고 이
를 현실로 전환할 수 있는 실천을 추동해낼 수 있기 때문입니다.

사회자 시장문명 아래 위축되는 인간성을 복원하거나 구원해야 한다는 말씀인 것 같습니다. 시장문명이 이런 갈망을 계속 차단하고 무력화하고 있다고 보시나요 아니면 그 갈망이 오히려 팽창하고 있다고 보시나요?

총장 답하기에 앞서 오래전 유학시절 읽었던 글 두 편을 소개하겠습니다. 아마 읽어보신 분도 계실 것 같습니다. 공교롭게도 비슷한 시기에 비슷한 문제를 보수와 진보의 시각에서 각각 다룬 글입니다. 이 두 글을 참고해서 지금 우리가 고민하는 문제를 함께 생각했으면 합니다.

사회자 자, 이제 정치경제학 시간입니다. 조금 골치 아플 준비들 하십시오. (모두 웃음)

총장 하하, 그건 아니고요. 하나는 당시 예일 대학에 몸담고 있던 찰스 린드블롬Charles Lindblom* 교수의 글입니다. 저명하신 분이니 많이들 아실 겁니다. 올해로 98세인데, 종신 석좌교수로 활동하고 계신 것으로 알고 있습니다. 이분이 쓰신 『정치와 시장』Politics and Market이라는 책이 1977년에 출간됐습니다. 자유주의 정치경제학 분야의 고전으로 부제가 '세계 정치경제 체제'입니다. 여러 나라에서 정치와 시장이 맺는 관계 유형을 분석한 책입니다. 출간 당시 큰 반향을 불러일으켰습니다.

이 책에서 린드블롬은 거대한 기업과 시장이 민주주의에 잘 어울리지 않는다는 견해를 피력합니다. 민주주의가 기업주의 또는 조합주의corporatism에 지배된다고 비판합니다. 시장과 민주주의를 존중하는 자유주의자이면서 보수에 속하는 학자가 한 말치고는 상당히 진보적입니다. 그렇지 않아도 이 책이 출간됐을 때, 『뉴욕타임스』가 그를 그렇게 평가했습니다. 또 일부 기업은 책 내용에 불만을 품고 이런저런 혹독한 비판을 제기하기도 했습니다. 린드블롬은 민주주의의 학문적 기초를 탄탄히 한 예일 대학의 동료 교수 로버트 달Robert Dahl*과도 활발히 의견을 교환했다고 합니다. 아무튼 린드블롬은 보수 진영 내 진보라 해야 할까요? 그런 관점을 이 책에서 견지했습니다.

사회자 달은 어느 특정한 소수가 아닌 엘리트층의 경쟁적 다수가 지배하는 다원적 민주주의 모델인 '폴리아키'polyarchy를 제시하지 않았나요? 이는 『파워 엘리트』*Power Elite*라는 저서에서 소수의 엘리트가 지배한다고 주장했던 라이트 밀즈C. Wright Mills*를 비판한 것이기도 하고요. 린드블롬도 시장의 자유를 통해 폴리아키가 이루어질 수 있다고 보았습니다.

그런데 린드블롬이 우려한 건 제도적으로는 마치 다수의 지배가 유지되는 것 같지만, 결국 시장에서 유리한 위치에 선 어느 특수한 세력이 주도권을 가져버리는 상황이죠. 그런 상황에선 미국의 민주주의가 지향하는 폴리아키가 무너질 수 있다는 것 아니었나요?

총장 바로 그 점에 주목하려고 합니다. 린드블롬은 그런 현실을 만들어내는 것이 시장의 지속적인 탄력성이라 봤습니다. 누르고 또 눌러도 다시 튀어나오는 강한 탄성이 있다는 겁니다. 린드블롬은 시장의 그런 성격을 '감옥으로서의 시장'market as prison이라고 표현했습니다. 시장적 삶의 원리를 따르지 않는 대상에게 감옥 같은 '자동처벌장치'automatic punishment recoil가 작동한다는 겁니다. 그래서 자본주의의 구조나 제도에 순응하지 않으면 기업이든 개인이든 제대로 생존할 수 없다고 합니다. 정치도 마찬가지겠지요? 시장논리를 따르지 않으면 대다수 자유민주주의 국가에서는 정권과 권력을 잡을 수 없습니다. 그뿐만 아니라 설령 권력을 잡는다 해도 그것을 유지하기가 매우 어렵게 됩니다.

이런 맥락에서 대중이 처한 상황은 시장체제 내에서 '특권적 위치'privileged position를 점하고 있는 엘리트 집단의 판단에 영향을 받겠지요. 그리고 그런 상황은 웬만한 충격과 격변이 아니고선 쉽게 소멸하지 않는다고 해요. 한마디로 린드블롬은 매우 강한 구속력을 갖는 시장적 상황이 탄력성을 갖게 된다고 말합니다.

사회자 고전적 자유주의가 주장했던, 시장이 알아서 저절로 균형을 이룬다는 논리가 여기서 부정되고 있다는 말씀인가요?

총장 그런 셈입니다. 시장체제의 과두지배oligarchy 경향을 본 것이겠지요. 그것을 린드블롬은 '소수독점' 또는 '과점체제'oligopoly라고 불렀습니다. 그 때문에 사회주의자란 비난까지 들어야 했습니다. 린드블롬은 인류가 지금까지 경험했던 체제 가운데 시장체제가 부의 창출과 혁신에서는 가장 탄력적이고 회복력이 강하다고 말합니다. 그렇지만 경제와 사회 정의를 실현하는 데는 효율적이지 않다고 본 겁니다.

시장이 허락하는 삶

사회자 또 다른 관점은 어떤 건가요?

총장 블록 교수의 시각입니다. 진보적인 사회학자로 널리 알려진 분입니다. 블록 교수가 제기하는 문제는 매우 중요하지만 간단합니다. 자본주의는 그 기나긴 발전의 여정과 함께 끊임없는 정치 불안을 겪어왔습니다. 이념적 좌파 또는 고전적 마르크스주의는 생산양식mode of production의 사회관계social relations*, 그러니까 계급관계가 그 핵심에 있다고 합니다. 이윤을 극대화하고자 하는 자본과 이에 맞서 투쟁을 벌이는 노동의 관계가 때론 저항으로, 때론 혼란으로 이어졌다는 것입니다. 이런 과정에서 국가권력은 자본의 이익을 대변하고, 이에 따라 자본주의 사회는 항상 정치 혼란을 겪는다는 것이지요. 그런데 이런 고질적인 문제를 안고 있는 자본주의, 더 엄밀하게는 기업과 투자가의 이익을 대변하는 자본주의 국가는 끈질긴 생명력을 이어왔습니다. 문제는 '왜'인데, 그것이 블록 교수의 관심사였습니다.

앞서 이야기한 린드블롬 교수의 글이 발표되기 직전에 블록 교수는 「지배계급은 지배하지 않는다」Ruling class does not rule란 글을 발표했습니다. 그리고 앞서 언급한 문제의식을 '사업신인'事業信認, business confidence의 개념으로 풀어갑니다. 기억나는 대로 옮겨보겠습니다. "자본주의 사회에서 국가권력이 사업신인, 다시 말해 기업이 선호하는 사회경제적 여건을 만들어내지 못하면 많은 문제가 발생한다. 자본과 노동의 대립으로 혼란한 상황이 발생하면 개인과 기업의 투자심리가 위축된다. 그러면 각종 경제지표가 하락하고, 생산활동이 줄어든다. 해외자본은 이와 같은 상황에서 더 나은 투자처를 찾게 되고, 이는 결국 사회경제적 위기로 이어진다."

블록 교수는 자본주의 사회에 만연한 이 위기의 순환 고리가 자본주의의 생명력을 이어가는 데 중요한 역할을 한다고 봤습니다. 정말 역설적이지요? 자본주의 체제는 위기의 징후를 늘 안고 있습니다. 그런데 바로 이 때문에 체제가 끈질긴 생명력을 이어간다니 아이러니가 아닐 수 없습니다. 블록은 바로 이 점에 주목합니다. 이유는 이렇습니다. 자본주의를 견지하는 나라는 대부분 보편적으로 선거제도를 시행합니다. 정치인들은 여야를 막론하고 선거를 통해 당선됩니다. 그것이 현실정치인들의 눈앞의 목표입니다. 바로 이 기제가 여야를 막론하고 집권하면 경제성장과 사회 안정을 동시에 추구하게 한다는 것입니다.

사회자 두 관점을 종합해보면 결국 어떤 결론을 내릴 수 있을까요?

총장 한 분은 보수의 시각에서 시장의 구조적 역동성을 말합니다. 다른 한 분은 진보의 시각에서 자본주의 체제의 작동원리를 말합니다. 사유방식과 접근의 틀이 이처럼 서로 다른데도 결론은 결국 같습니다. 시장문명이 체제로 작동하는 한 그 틀 안의 삶은, 그것이 정치적 삶이든 사회적 삶이든 아니면 개인적 삶이든, 결국 체제의 관성적 힘에 의해 좌우된다는 겁니다. 시장이 허용하고 인정하는 범위 안에서 삶의 형식을 유지해간다는 것이지요.

새 출발선 긋기

사회자 그렇다면 다시 애초의 질문으로 돌아가보겠습니다. 이런 압도적인 시장문명 속에서 인간성을 발현할 가능성은 끊임없이 소멸할 운명에 처해 있나요 아니면 이에 대한 저항이나 대안을 모색하는 갈망이 도리어 커지고 있나요? 어떻게 보시나요? 대답에 따라 우리가 어떤 형태의 길을 모색할지를 논의해볼 수 있을 것 같습니다.

총장 대안적 삶에 대한 갈망은 항상 있어왔습니다. 인류 문명의 역사가 말해줍니다. 수많은 시도와 사건이 있었습니다. 물론 시대와 장소에 따라 그 방법과 목표는 달랐습니다. 하지만 크게 보면 같은 면도 있습니다. 정치사회적 저항의 대상은 늘 국가권력이었습니다. 누가 권력을 장악할 것인지, 누가 정치를 주도할 것인지를 둘러싸고 갈등과 투쟁을 되풀이했습니다. 그리고 그런 갈등과 투쟁의 역사에 드러난 문제의식은 크게 세 가지로 압축해볼 수 있습니다.

첫 번째는. '잘되고 있는데 뭐가 문제지? 과거보다 풍요로워졌는데'라고 만족하거나 안주하는 태도입니다. 두 번째는 상대성의 문제입니다. 풍요로워지긴 했는데, 나는 덜 풍요롭다는 반발입니다. 마지막은 절규입니다. 나는 도저히 풍요로워질 수 없다는 절망입니다. 이 세 축은 앞서 논한 린드블롬과 블록의 논리로 본다면, 서로의 균형점을 찾기가 쉽지 않습니다. 어떤 관점에 서 있든 시장문명의 작동원리는 구조의 힘, 체제의 원리로 움직이기 때문입니다. 두 분의 표현을 빌리면, 시장문명엔 그 회생력을 담보하는 '자동처벌장치'가 존재하고, '구조 내 권력의 속성'이 있기 때문입니다.

사회자께서 질문하신 '시장문명의 역동성과 함께 더 나은 인간의 삶에 대한 갈망이 커지고 있는지 아니면 차단되고 있는지'에 대한 제 생각은 이렇습니다. 우선 시장문명 내에서 인간의 고양human empowerment과 다양한 가치의 균형점을 찾기란 쉽지만은 않습니다. 시장체제를 '당연시'하고 '불가항력'으로 받아들이는 한 더 그렇습니다. 그리고 아마 이런 관점이 학계나 사회의 일반 인식이 아닌가 합니다.

그런데 저는 바로 여기에 의미가 있다고 봅니다. 또 다른 가능성이 아닐까 하는 것이지요. 앞서 말씀드렸듯이 틀의 속박에 끊임없이 저항해온 것이 인간의 역사입니다. 인간의 의식세계는 '더 나음'을 향해 항상 열려 있습니다. 인간의 그런 경험과 지향을 고려할 때, 시장문명은 '역사의 종언'이 아닙니다. 오히려 시작입니다. 지구적 차원에서 고조되는 '공유경제'sharing economy*에 대한 관심, UN을 비롯한 국제 NGO 협의체와 단체들의 인류의 미래를 위한 연대와 결속 강화가 그런 가능성을 말해줍니다. 지금 우리 사회에서 고조되는 이른바 기부문화, 소셜벤처, 동반성장에 관한 관심도 또 다른 가능성을 기약하리라 믿습니다. 인간과 문명의 미래를 위한 고양된 시민의식이 점차 커지리라고 봅니다.

함께 찾는 '인간의 인간'

사회자 가능성에 대한 부분을 말씀하셨습니다. 그렇다면 우선 지금 우리가 복원해야 할 것은 무엇인가요? 가능성이 가능성으로 그치지 않고 새로운 현실을 만들어낼 수 있다면 그것은 어떤 것일까요?

이문재 김 교수님, 제가 잠깐 끼어들겠습니다.

사회자 하하, 끼어드시는 게 아니라 언제든지 말씀하셔도 되는 겁니다.

이문재 네, 알겠습니다. (웃음) 지금 시장문명과 인간이라는 주제로 대화를 나누고 있습니다. 시장문명 속의 인간이 지금 어떤 처지에 있는지 좀더 깊이 살펴보고 넘어가야 할 것 같습니다. 시장문명을 살아가는 인간을 우리는 '소비적 주체'라고 명명할 수 있습니다. 저는 소비적 주체, 다시 말해 소비자를 인간의 가장 낮은 수준이라고 봅니다. 다시 말해 '소비적 주체'란 표현은 형용모순이죠. 소비자는 선택할 수 있는 의지적 주체가 아니에요. 대중소비사회의 소비자는 욕망의 굴레에서 벗어날 수 없는, 욕망의 하수인에 불과합니다. 그런데 그 욕망은 결코 채울 수 없습니다. 그래서 그 소비자의 내면에 큰 문제가 발생하지요. 소비자의 마음이 지금 어떤 상태인지 진단하고 넘어가야 우리가 어떤 인간을 지향할 것인지도 논의할 수 있다고 생각합니다.

여러 학자가 지적하듯이, 대중소비사회를 살아가는 소비자는 소비를 통해 삶의 질, 특히 의식의 고양을 이룰 수 없습니다. 결국 욕망의 무한궤도에서 내려오지 못하고 마음에 병이 생기죠. 한마디로 '병리적 인간'입니다. 개인이 시장문명 속에서 단순히 사회적으로 소외되어 있다거나, 교육을 받지 못한다거나, 문화적으로 배제되어 있다거나 하는 정도가 아니에요. 시장문명 속에서 정신적인 문제가 생기고 있습니다. 과하게 표현하면 미쳐가고 있습니다. 현대인의 60~70퍼센트가 우울증 환자라는 통계도 있어요. 그중 상당수가 공황장애에 시달리거나 자살을 선택합니다. 인간이 자기 존엄을 스스로 포기하게 하는 사회, 내면의 황폐화를 '정상'으로 인식하는 사회의 본모습을 직시해야 한다고 봅니다. 인류 탄생 이래 지금처럼 병리적 인간이 많은 시대가 또 있었을까요? 저는 시장문명의 가장 큰 폐해가 인간 내면의 황폐화라고 생각합니다.

사회자 중요한 지적입니다. 어떻게 보시나요?

총장 이문재 교수님 말씀을 들으니 생각나는 것이 있습니다. 어느 잡지에 실린 하벨의 인터뷰입니다. 동유럽을 공산당이 지배했던 전체주의 시절, 체코슬로바키아와 폴란드 경계에 있는 산중에서 폴란드의 반체제 인사이자 옛 동료인 아담 미츠니크^{Adam Michnik*}와 나눈 대화를 소개한 것입니다. 작고하시기 몇 해 전 일입니다. 대통령직에서 물러나고 다시 극작가로 돌아왔을 때였습니다. 그 대담엔 여전히 문명을 향한 예리한 시각이 담겨 있었습니다.

요즘 시대를 규정할 수 있는 범주는 많습니다. 하벨은 그 대화에서 '지구소비자사회'^{global consumer society}란 말에 주목합니다. 무언가 새로운 것에 몰입하고, 또 거기서 정체성을 찾아가려는 행태가 지구소비자사회를 표상한다고 말합니다. 좀더 기억을 더듬어보면 이런 이야기였던 것 같습니다. '현대사회의 소비자와 대중은 각종 언론매체에서 매일매일 쏟아져 나오는 신상품 광고를 보고, 카탈로그를 탐독한다. 그러면서 그 상품이 주는 기대와 기쁨으로 일상을 살아가게 된다.' 이런 상황에서 정체성을 만들어가는 것은 아닌지 우려스럽다는 말이었습니다. 앞서 이문재 교수님께서 말씀하신 '소비를 거듭하면서 스스로 앞서가는 삶의 주체라고 착각하는 현상'과도 비슷한 이야기 아닐까요? 우리 모두 알고 있듯이 소비적 삶으로는 상실감과 무력감에서 해방되긴 힘들 것입니다. 자신의 발견, 삶의 가치와 의미를 생각하고 느낄 수 있는 정신적 충만감과는 거리가 있습니다. 이것이 최근의 사회병리 현상을 초래하는 건 아닌지 모르겠습니다.

요즘은 사적 모임에서 삶의 의미나 가치 문제를 말하는 게 어색한 것 같습니다. 일부러 마음먹고 하지 않는 한 말입니다. 얼마 전에 이런 이야기를 들었습니다. 요즘은 우리 사회 지성의 기반인 교수 사회에서조차 사석에선 인간의 가치, 학문의 의미를 이야기하는 게 금기시되어 있다는 겁니다. 이 말이 맞나요? (모두 웃음) 인간을 말하고, 삶의 의미와 가치를 이야기하는 것이 어색해진 사회, 우리가 몸담은 이 시대의 현주소를 되돌아보게 합니다. 크게 보면, 현대사회의 시대적·대중적 풍조라고도 할 수 있을 것 같습니다.

시장문명은 인류사회에 크게 이바지해왔습니다. 현대인은 그 어느 때보다 많은 것을 누립니다. 우스갯소리로 요즘의 중산층은 과거의 왕이나 임금보다 더 많은 것을 누린다는 이야기도 하곤 합니다. 그런데도 인간은 점점 더 왜소해집니다. 바쁘게 돌아가는 일상에서 근본을 잘 묻지 않습니다. '왜 내 삶과 사회가 오늘 이 모습이지?' '그렇게 된 원인은 뭐지?' 인간의 근본에 대한 그런 물음이 결여된 사회에서 우리는 '인간의 인간'을 찾아 헤매는지 모릅니다.

보이지 않는 손, 보이지 않으려는 손

이영준 제가 조금 보충해서 정리해보겠습니다. 지금 총장님은 시장사회라는 관점으로 세계를 설명하십니다. 애덤 스미스가 이야기한 대로 시장은 가난한 사람들에게 좀더 많은 상품을 가져다주어서 물질적으로 풍요롭게 해주는 장점이 있어요. 남을 위해서 빵을 굽는 것이 아니라 빵을 팔아서 돈을 벌겠다는 이기적 욕망을 추구하

보이지 않는 손　노벨경제학상을 받은 조지프 스티글리츠(Joseph Stiglitz)는 '보이지 않는 손'이 벌거벗은 임금님의 옷처럼 실제로는 없거나 숭배의 대상이 돼버렸다고 말했다. 그 손은 지구를 감싸는 것일까 아니면 옥죄는 것일까?

는 빵집 주인의 노력과 시장의 자유가 결합해 사회가 풍요로워진다는 비전이지요. 욕망을 자유롭게 해주면 시장은 보이지 않는 손 invisible hand*에 의해 정의롭게 된다는 생각인데, 문제는 개인적 욕망을 긍정하고, 그것을 부추기는 시장의 자유만 추구한다는 겁니다.

애덤 스미스가 욕망만을 무한히 긍정한 것은 아닙니다. 『도덕감정론』*The Theory of Moral Sentiments*을 통해 도덕적 인간이라는 테두리도 강조했어요. 하지만 시장자유주의자들은 시장적 자유만 택하고 도덕적인간은 외면해왔습니다. 인간이 살아가면서 물질과의 관계만 추구하고, 인간 상호 간의 관계와 우주 전체와의 관계는 망각하게 될 경우 어떻게 되는지를 현재 우리는 목도하고 있습니다. 이미 50년 전 토인비는 기술문명은 발달했지만 현대인은 왜소해진 개인으로 변했다고 지적했습니다. 역사의 주체인 인간이 과학기술 문명의 대상으로 전락한 점을 염두에 둔 것입니다. 거대한 세계의 흐름 속에서 자기는 왜소해지다가 결국 주체로서의 자리를 빼앗겨버리는 현상은 시장사회에서도 마찬가지입니다. 원래는 생존을 위해 필요했던 물질이 이제는 생존을 넘어 욕망을 부추기는 작용을 하면서 본질적인 것을 놓쳐버리게 된 것이 우리가 당면한 가장 큰 문제가 아닐까요? 인간과의 관계, 초월적인 관계, 전체와의 관계 그리고 이 전체를 아우르는 인간의 내면 같은 것들을 점점 망각하거나 무시하는 것이지요.

물질적 자유를 확대한 시장적 원칙이 우리의 일상을 지배하다 보니, 각 개인은 인간적 주체의 위치를 완전히 상실했습니다. 현재 우리가 당면하고 있는 시장사회 또는 시장주의를 극복하고 인간의 존엄을 회복할 방법과 비전은 어떤 것이라고 생각하시나요?

총장 애덤 스미스의 생각에 공감하는 부분이 많습니다. 그러면서도 철학적 공허함이라 할까요, 뭔가 빠져 있다는 느낌이 듭니다. '보이지 않는 손'에 관한 이야기입니다. 시장주의를 옹호하는 사람들은 '보이지 않는 손'이 궁극적으로 시장과 사회의 관계를 안정적으로 잘 풀어갈 것으로 생각합니다. 하지만 '보이지 않는 손'이 '신의 손'은 아닙니다. 그런데 그런 결과를 항상 만들어낼 수 있을까요? '보이지 않는 손'과 '신의 손'을 혼동하면 안 된다고 생각합니다. 애덤 스미스는 인간에게 내재한 '도덕감정'^moral sentiment^을 말합니다. 그것이 보이지 않는 손과 결합해 사회를 안정시킬 수 있다고 본 것이겠지요. 논리적으론 공감하는 부분이 있습니다. 그런데 과연 현실도 그럴까요? 하루하루를 치열하게 경쟁하고 이에 따른 정치사회적 혼란이 일상화되어 있는 상황에서도 그럴까요? 이윤을 확대재생산하지 않으면 파산 위기에 처할 기업이나, 개인적 욕망과 부의 축적에 몰입하는 사람이 사회 안정에 필수적인 인간의 가치에 많은 신경을 쓸지 의문입니다. 현실정치는 어떤가요? 자신의 권력과 입지 그리고 집권에 몰입하는 정치인이 인간의 미래, 고양된 사회의식을 깊이 천착할 시간이 있을까요? 시장 내 치열한 경쟁, 미래를 깊이 고민하지 않는 현실정치의 현실이 그런 우려를 낳습니다.

사회자 그런 면이 중요해보입니다. 현실에서는 '보이지 않는 손'에 대한 믿음이 마치 종교가 되어버린 것 같습니다. 시장문명이 압도하고 있는 세상에서는 그 '보이지 않는 손'은 정체가 드러나지 않도록 '보이지 않으려는 손'이 된 것 같은 느낌마저 듭니다. 지난번 국제캠퍼스에서 말씀하신 토인비의 역사비판도 비슷한 맥락에서 이해할 수 있을까요?

총장 맥락이 좀 다르기는 하지만, 토인비도 의식의 각성 없는 문명의 질주에 대해 경고를 했습니다. 기술문명이 궁극적으로는 해피엔딩으로 갈 것이란 말을 경계했습니다. 예를 들어 윤리가 결여된 문명의 질주, 첨단기술의 출현이 불러온 폭력수단의 고도화가 언젠가는 인간을 파국으로 몰아갈 수 있다고 본 것이지요. 이와 같은 현실에서는 '보이지 않는 손'에 의존하는 것은 큰 의미가 없습니다. 그런 점에서 인간은 문명의 수혜자인 동시에 피해자입니다. 또

기술과 산업, 자본에 대한 윤리적 성찰이 지속적으로 결여되면 비극적 문명을 초래할 주체이기도 합니다. 이영준 교수님 말씀에 덧붙이면, 토인비는 모든 것을 인간의 자성自省으로 해결할 수 있는 것은 아니라고 봤습니다. 그러면서도 그것이 필요하다고 합니다. 현 문명에 대한 성찰적 비판과 창조적 대안이 요구된다는 뜻이겠지요.

'보이지 않는 손'의 사회철학을 좀더 확장해보겠습니다. 인간이 의도했든 안 했든 사회가 만들어졌습니다. 그런데 자유시장주의의 극단에 서면, '사회는 자정 능력과 자기 치유 능력을 갖추고 있다. 그래서 인간의 자유는 무한대로 보장돼야 한다'는 논리가 나오게 됩니다. 그러나 역사는 이를 입증한 적이 없습니다. 그렇게 손 놓고 있기엔 현재와 미래가 절박합니다. 우리는 가난과 굶주림의 고통, 자연 파괴와 기후변화, 자원 고갈, 인간 소외, 갈등과 대립, 테러와 전쟁 같은 문제를 생각해야 합니다. 특히 개인적 실존의 의미, 의식의 열림과 공동체의 미래를 심사숙고해야 합니다. 우리가 함께 일궈야 할 윤리와 도덕, 양심과 정의가 무엇인지 더 깊이, 더 넓게 생각하는 것이 중요해보입니다.

사실 이렇게 말하면서도 조심스럽습니다. 인간은 이렇게 저렇게 살아야 한다고 말하는 것 자체가 또 다른 틀의 속박을 부를 수 있기 때문입니다. 그것이 바로 파시즘이나 공산주의가 범했던 '유토피아적 몽상'이 아닌가 합니다. 실제로 시장문명뿐 아니라 사회주의와 공산주의도 문명의 많은 폐해를 초래했습니다. 그래서 철학적으로 표현하면, 우리가 함께 실존적 기투企投, projection*를 통해 타자의 그것과 합일점을 찾아내는 일이 의미를 갖습니다.

사회자 그렇다고 윤리적 가치를 모색하거나 제시하는 작업을 포기할 순 없지 않나요?

총장 물론입니다. 제가 우려하는 것은 윤리나 가치를 일방적으로 또는 마치 모든 답을 이미 알고 있는 것처럼 앞세우는 것입니다. 그것이 또 다른 닫힌 체계를 만들어낼 가능성이 있기 때문입니다. 그 지점을 극복할 방법은 무엇일까요? 저는 '초월적 사유'가 아닐까 하는 생각을 합니다. 초월적 사유란 인간은 모름지기 이래야 한다거나 저래야 한다는 것을 넘어서는 사유입니다. 내 안의 진실과 타인의 진실을 서로 만나게 하는 일입니다. 교감지대를 찾아내는 일입니다. 그러면서 서로 이해할 수 있는 사유와 교감의 지대를 함께 실천하고 창조해가는 것입니다.

덧붙이면, 초월에는 절대자인 신에게 다가선다는 의미가 있습니다. 하지만 제가 말하려는 것은 나 자신과 사회 또는 지구사회가 지닌 틀의 속박에서 우리를 자유롭게 하는 것입니다. 내면을 들여다보는 일입니다. 인간에겐, 신이 주었는지 아닌지는 모르지만, 오래전부터 양심conscience과 진심veracity이란 것이 있습니다. 자기 성찰

프랜시스 베이컨, 「삼면화」, 1983 생각은 인간의 시작이다. 생각과 사유의 심연을 향해 끝없는 도전을 이어가는 것이 인간의 여정이다. 이것이 결여되면 인간은 결국 '생존의 늪' '쟁취의 수렁'에 빠지고 만다. 존재의 존엄과 행복을 위해 이제 무엇을 더 생각해야할까?

능력이 있습니다. 무언가 내가 잘했다거나 괜찮은 이야기를 했다고 여기다가도 자려고 누우면 후회하는 경우가 있습니다. 그것은 내가 합리적·이성적으로 사유해서가 아닙니다. '그냥 그렇게' 다가섭니다. 내면에 존재하는 그런 생래적 역량이 오늘의 인간을 만들어왔습니다. 그 역량과 함께 내 양심과 타자의 양심을 서로 만나게 하는 것, 나와 너 사이에 감정의 교량을 만들어내는 일이 초월의 가능성이라고 봅니다.

사회자 어떤 정신세계를 만들어가야 할 것인지에 대한 고뇌처럼 들립니다. 한나 아렌트Hannah Arendt는 전체주의 사회란 '진실을 사소하거나 하찮은 것으로 여기게 한다'고 말했습니다. 그런 차원에서 보면, 시장문명이 압도하는 오늘날, 삶의 의미는 무엇이고, 정신세계에는 어떤 가치가 있는지, 또 인간관계는 어떻게 맺어야 하는지 같은 질문들이 사소하고 하찮은 것으로 전락하고 있는 것 같습니다. 총장님이 말씀하신 초월적 사유는 바로 이런 질문들의 중요성을 복원하는 노력이 아닌가 싶습니다. 총장님은 오래전부터 '포월'包越에 주목해오셨습니다. 어떻게 이해하면 될까요?

총장 사실 종교적 초월에 관해서는 신학을 공부하신 사회자께서 저보다 더 전문가 관점에서 말씀해주실 수 있을 것 같습니다. 그래도 용기를 내보겠습니다. 우선 어떤 수직적 관계, 예를 들어 나의 영혼세계와 내 위의 어떤 높은 세계와 교감을 하여 계시와 가르침을 받는 초월이 있을 수 있습니다. 이것은 소중한 시도 또는 사건이라 봅니다. 그런데 수평적·전일적全一的, holistic 관계에는 내가 사는 세상과 사람, 이웃과 타자, 자연을 향한 포용과 수렴이 있습니다. 저는 서로 다른 존재가 만날 이런 사유의 공간, 실천의 공간을 찾아 나서는 노력을 '포월의 가능성'이라고 봅니다.

사회자 아까 말씀하셨던 너와 나의 감정이 만나는 교량을 건축하는 문제와 같은 개념이라고 할 수 있을까요?

총장 그렇습니다. 그런데 그 일은 현실에선 쉽지 않겠지요. 나와 다른 가치를 가진 사람을 내가 어떻게 맞이해야 하나라는 문제는 결코 쉬운 문제가 아닙니다. '정의'란 문제를 예로 들어보겠습니다. 정의가 무엇인지에 관해선 당연히 의견이 분분할 수 있습니다. '그게 당신 정의지, 내 정의야?'라고 얼마든지 반박할 수 있습니다. 인간에게는 당연히 각자 그렇게 주장할 권리가 있습니다. 그래서 공통분모를 찾아내는 노력이 중요합니다. 또 이것은 인간의 인간적인 모습이기도 합니다. 그래서 '인간은 초월적 존재, 포월적 존재, 가능성이 열려 있는 존재'라고 접근할 수 있습니다. 이에 관해선 부족하나마 조금 전에 말씀드렸습니다. 다른 각도에서도 말해보겠습니다. 인간 욕망의 근원이라 부를 수 있는 '실리'interest 차원의 문제인데, 인간의 이기적인 모습 말입니다. 인간이 인간인 이상 그런 모습이 있다는 점을 인정해야 합니다. 현실세계에선 정의나 양심, 윤리만으로는 인간과 인간 사이의 교량을 만들 수 있는 것은 아니기 때문입니다.

작은 예를 다시 한 번 들어보겠습니다. 만약 차를 운전하는데 뒤에서 난데없이 경적을 울리면 화가 나겠지요. 이런 상황이 벌어졌을 때 차에서 내려 서로 멱살잡이하는 경우를 종종 보게 됩니다. 서로 분노를 못 이겨 다투는 겁니다. 하지만 그런 문제해결 방식이 내게 어떤 실익이 있는지 고민한다면, 그냥 참고 넘길 수도 있습니다. 일상에서 이런 식의 초월 없이는 살기 힘든 존재가 바로 인간이 아닌가 합니다. 자신을 넘어서고, 상황을 극복해가는 과정은 어찌 보면 인간의 숙명일지 모릅니다.

이 경우와는 다른 차원의 문제지만, 인간세계와 자연세계에 관한 경우도 생각해볼 수 있습니다. 이 세계에서도 벗어남, 넘어섬, 어울림을 말할 수 있습니다. 그것을 감수성이라 해야 할까요? 존재에 대한 무한한 동경과 염원이라 해야 할까요? 그것이 무엇이든, 우리는 내 안의 충만함과 진실함을 찾기 위해 '내 밖의 무언가'를 지향합니다. 그런 감성을 키우려고 노력합니다. 저는 이것이 '인간의 인간되기 과정'의 출발지점일 수 있다고 생각합니다. 지구상의 다른 생명체와 구분되는 그 무엇이 그런 덕목인 것이지요. 이 점에서 우리는 '생물적 본능에서 인간적 기품으로' 나아갈 가능성을 생각해볼 수 있습니다. 타자와 공동체에 대한 연민, 자연과 우주의 신비에 대한 무한 동경과 흠모, 그런 정서를 내 안에 들여놓는 정신세계를 말할 수 있습니다. 이런 맥락에서 포월은 현실의 틀에 묶인 인간과 인간의 관계, 인간과 자연의 관계를 이어주는 일종의 개념적·실천적 교량입니다. 우리가 그 능력을 내 안에 들여놓을 때, 인간의 존엄과 특권을 말할 수 있다고 봅니다.

이영준 총장님 말씀은 개인 속에 있는 이기적 욕망과 현실적인 필요의 교차점 그리고 타인과 자연의 교차점에도 보이지 않는 내면이 있다는 사실을 지적하신 것으로 이해됩니다.

김수영 시인은 사랑은 눈에 보이지 않는 것이어서 분간하기 어렵다고 말했습니다. 양심도 눈에 보이지 않는 것이지만 각 개인에게 분명히 있는 것이죠. 그것을 각 개인이 지닌 어떤 초월적 차원이라고 본다면, 보이지도 않고 확인하기도 힘들지만, 개인들이 가지고 있는 내면의 초월적인 차원, 가령 양심이나 타자를 생각할 수 있는 능력을 공유하는 방식으로서 포월을 이야기하시는 건가요?

총장 『주체의 각성』*이란 책에서 웅거는 타자 또는 체제적 사유에 갇힌 인간의 모습을 '경화硬化된 주체' '자율적 사고가 사장死藏된 미라'라는 개념으로 표현했습니다. 중요한 지적입니다. 결국 자신의 틀을 벗어나지 못한 인간은 틀에 포획된 채로 살아갑니다. 그 틀은 존재 그 자체일 수 있습니다. 또 사람과 사람 사이의 관계일 수도 있습니다. 지금 인식하는 존재의 틀, 나와 타자의 관계가 고정되는 순간 그 너머의 가능성은 볼 수 없습니다. 인간이 인간일 수 있는 것은 자신의 틀 너머 내가 인지하지 못하는 무한세계가 있다는 점을 인식하기 때문일 것입니다. 그곳을 향해 한 걸음 한 걸음 도전을 이어가는 것, 그것이 인간 특유의 가능성이자 '인간 조건'의 출발점입니다. 그리고 그 가능성, 정신적·실천적 가능성의 출발지점에 서는 것이 포월이란 과업의 시작이라고 생각합니다.

이영준 제가 약간 오해한 점이 있었군요. 포월의 '포'包는 타자와의 관계에서 생기는 공통점으로서의 어떤 것이고, '월'越은 현재의 나를 극복하고 좀더 다른 나, 향상된 나, 내가 원하는 나로 발전할 주체적 가능성을 열어놓는다는 의미로 봐야겠네요.

우기동 내용상 이영준 교수님처럼 해석할 수도 있지만, '포월'이 분리된 의미는 아닌 것 같습니다. 우선 포월을 초월과 연관해서 보자면 사유전환 또는 사유혁명이라고 하는 사유방식과 연결할 수 있겠지요. 또 포월을 인간의 삶과 연결하면 '벗어나고 넘어서고 또 포괄하면서 함께 일궈가야 할' 인간세계를 끊임없이 찾아가고 만들어가는 실천 가능성이라고 볼 수 있겠습니다. 사유방식이면서도 동시에 자기 삶을 창조해나가는 실천적인 개념으로 이해하면 되지 않을까요? 이런 의미로 볼 때 포월은 역동적인 개념입니다. 인간적 삶의 방식을 새롭게 창조하고 주체를 재구성하는 인간의 역량이자 사회적 새로움을 창출하는 실천적 활동으로 보입니다.

'진정성'이 열어가는 새 정치

공감과 합의에서 찾는 진리의 세계

사회자 토론이 점점 치밀해지고 있습니다. 이를 좀더 밀고 나갔으면 좋겠는데요. 타자나 타자의 생각과 마주하면서 생기는 '다름'의 문제를 어떻게 해결할 것인지와 '앎과 모름의 관계'에서 생기는 긴장도 이와 관련되어 있는지 궁금해집니다.

총장 인간이 인간인 이상 앎의 세계에 묶여 있을 수밖에 없습니다. 옷이나 집, 교통수단 그리고 이념과 규범 같은 인간의 세계는 모두 앎의 영역에서 나왔습니다. 그러나 현재 우리가 알고 있는 세계가 전부라고 여기면 진실의 영역으로 들어서는 데 문제가 생깁니다.

가령 현대의 우주과학은 우주의 끝과 시작을 논하면서 빅뱅을 거론합니다. 우주가 빅뱅 후에 계속 팽창하고 있는지, 아니면 언젠가 수축해서 다시 원점으로 돌아갈 것인지에 대한 논란이 있습니다. 그런데 제가 문외한이라 그런지 몰라도 이 논쟁은 아무래도 인간의 제한된 '과학적 상상'의 범주에 있다는 느낌이 듭니다. 물론 그것을 결코 가볍게 여기자는 것은 아닙니다. 아직 인간의 궁극적 시원인 우주의 실체에 접근하는 데 충분치 않아 보인다는 말입니다. 왜 태초에 태초가 있었는지, 우주론이 말하는 이른바 '무無의 요동搖動'의 궁극적 실재와 의미는 무엇인지, 또 그 극미極微의 점에 존재했던 '무궁한 힘'이 단 한 번 우주에 출현했는지 같은 질문은 과학의 범주를 벗어난다고 봅니다. 시공간 그리고 실체의 궁극적 실재와 의미를 밝혀낼 수 없는 한 그렇다는 것입니다. 그래서 우주과학의 논지가 인간의 사유에 갇힌 '인공물'artifact이란 생각을 떨칠 수 없습니다. 우주의 기원에 관한 현대우주론의 지식은 과학이 지금 이 시대에 인류에게 선사할 수 있는 '최선의 선물'입니다. 하지만 아직 온전한 것은 아니라고 생각합니다.

다른 얘기입니다만, 과거엔 지구가 코끼리나 거북이의 등 위에 올라 있다고 생각했던 시절이 있었습니다. 거대한 판 위에 지구가 있다고 믿었던 것이지요. 지금은 누구도 그것을 믿지 않습니다. 미래의 시선에서 보면, 현재 우리가 지닌 우주의 기원에 관한 지식도 그런 판정을 받을 수 있습니다. 그래서 여지를 열어놓는 것이 중요합니다. 빅뱅이라는 현실은 실험으로 입증할 수 없습니다. 그뿐만 아니라 설령 입증한다고 해도 그게 진실이라고 단언할 수는 없을 겁니다. 진리의 세계는 고정된 것 또는 불변의 무엇이 아니라고 봅니다. 지금 이 시점에서 끌어낼 수 있는 시대적 공감과 합의라는 의미를 지닙니다. 그런데 공감과 합의는 시간이 지남에 따라 바뀔 수 있습니다. 지금과 다른 사유 세계가 펼쳐질 수 있습니다. 그래서 우리의 판단은 늘 다른 가능성에 열려 있어야 하지 않을까 합니다.

사회자 '다름'의 문제도 그런 차원에서 볼 수 있을 것 같은데요.

총장 우리는 다름, 특히 차이를 인정하지 않는 폐해를 극복해가야 합니다. 다행히 이것은 이미 지난 세기부터 인류적 사유의 한 축으로 자리 잡았습니다. 차이를 포용하지 않는 사람은 사회에서 배제될 수밖에 없는 문화가 만들어졌습니다. 일례로, 피부색에 따라 사람을 차별하는 의식을 지닌 사람이 아직 있습니다. 그러나 그것을 공론의 장에서 이야기하는 사람은 많지 않습니다. 인권 문제도 마찬가지입니다. 인류가 인권을 말하기 시작한 것은 채 100년도 되지 않았지만 지금은 우리 모두의 보편적인 관심사입니다. 공론의 자리에서 '나는 인권을 무시해도 괜찮아'라고 말할 수 있는 사람이 과연 있을까요? 흔치 않을 겁니다. 다름의 문제를 해결해가는 것은 이제 인간이 살아가는 데 필요한 기본적이고도 정당한 사회적 요구와 문화가 된 셈입니다. 그리고 그 요구와 문화는 정당한 것이기도 합니다.

모름의 경이로움

사회자 언급하시긴 했습니다만, 이왕에 이야기가 나왔으니 앎과 모름의 문제에 대해서도 좀더 논의를 전개해볼 수 있을까요?

총장 개인적인 일화를 하나 들어보겠습니다. 박사학위 논문을 쓰던 시절 이야기입니다. 이 자리에 계신 분들은 다들 경험하셨을 것이라고 생각합니다. 각고의 노력으로 아는 지식을 모두 동원하고, 치열한 열정을 쏟아 부어 논문을 마치지 않나요? 결론의 마지막 문장에 마침표를 찍던 순간을 다들 기억하실 겁니다. 여담이지만 세상의 모든 지식을 다 가진 것만 같습니다. 최소한 자신의 전공분야에서는 말입니다. 저 역시 그렇게 느꼈습니다. 4년이 넘는 오랜 시간에 걸쳐 논문을 쓰다 보니 그런 느낌이 강하게 들었던 것 같습니다. 학위논문 최종 발표를 마치고 오후 6시경인가, 공부에 지치면 가끔 찾던 강가에 들렀습니다. 8년여의 대학원 생활을 마무리 지으면서 어떤 형용할 수 없는 마음이 몰려왔습니다. 강가 둔덕에 걸터앉아 흐르는 강물을 넋 놓고 바라보았습니다. 그러고는 얼마나 지났을까, 정신이 번쩍 들었습니다. 시계를 보니 거의 자정 가까운 시간이었습니다.

사회자 아니 무슨 신이 내린 것도 아니고, 도를 닦으시는 것도 아닌데 그렇게 오랜 시간을 아무 의식도 없이 앉아계실 수 있었단 말입니까? (모두 웃음)

총장 (웃음) 저도 처음 경험한 일이었습니다. 그리고 그다음 날도 흥분한 마음이 가라앉질 않았습니다. 논문은 다 마쳤는데, 습관적으로 학위논문을 아침부터 저녁까지 읽고 또 읽는 겁니다. 감격을 되풀이해 느꼈던 것 같습니다. 그런데 오래가지 않아 얼굴이 달아올랐습니다. '왜 이렇게밖에 못 썼을까?' 하는 생각이 일었습니다. 그러곤 그렇게 열심히 들여다보던 논문을 거들떠보지도 않았습니다. (모두 웃음)

미켈란젤로, 「아담의 창조」, 1512 오른편의 신의 손이 인간의 손과 닿으려는 찰나에 있다. 「성서」의 장면과는 다르다. 경이로운 접속이다. 인간은 지상에서 무릎에 팔을 대고 손을 힘없이 떨어뜨리고 있는데, 신은 인간을 향해 힘 있게 팔을 뻗고 있다. '앎과 모름의 세계', 그 경계엔 무엇이 있을까?

그런 경우를 '모름의 세계'를 느낀 순간이라고 해야 할까요? 모르긴 해도 아마 저 자신의 앎의 세계가 가진 깊이의 한계를 자각한 경우가 아닐까 합니다. 돌아보면 감사한 체험입니다. 저는 30대 중반에 논문을 마쳤습니다. 그런데 만일 지금도 여전히 그것을 '훌륭해'라고 생각하면서 잠을 청한다면, 그동안 지적 발전이 없었다는 것 아닐까요? 내 앎의 한계를 넘어 '모름의 세계'에 더 이상 도전하지 않았다는 점을 드러내는 것일 겁니다. 여담이지만 '지적인 사망'을 나 스스로 선고한 셈일 겁니다. (모두 웃음)

시간이 지나면서 자신의 지적 한계, 판단의 한계에 부끄러움을 느끼는 것은 소중한 체험입니다. 또 인간의 그런 체험이 모여 결국 자신과 사회 그리고 문명의 진보를 가져오는 것이 아닐까 합니다.

사회자 모름에 대한 각성, 중요한 말씀이라고 생각합니다. 그렇다면 그런 각성을 통해 우리가 얻을 수 있는 게 뭐라고 보시는지요?

총장 '더 나음'을 향한 어색함의 극복이라고 해야 할까요? 생각이 다른 사람끼리 또는 이해관계가 서로 다른 사람끼리 만나면 아무리 외교적 제스처에 능하더라도 별로 편하지 않습니다. 편하지 않다는 건 살면서 겪는 괴로움 가운데 하나입니다. 그러나 그것이 해소될 때에야 비로소 '더 나음'이란 말을 사용할 수 있지 않을까요? 그렇지 않으면 서로 마음의 문을 굳게 걸어 잠글 수밖에 없습니다. 그러다 보면 결국 갈등과 대립의 불씨가 남게 됩니다. 사실 이런 일은 일상에선 흔히 일어나는 일입니다. 하지만 우리가 무언가 더 나음을 지향해야 한다면 다름이 만나는 지점에서 서로가 인정할 수 있는 해결책을 찾아내는 일이 중요해보입니다. 특히 대립과 갈등, 투쟁과 충돌의 대가가 큰 국가와 사회, 국제관계 차원에선 더 그렇겠지요. 의식 차원에서 어제의 나와 오늘의 나가 어떻게 서로 만날 것인지는 나와 타자의 관계뿐 아니라 공동체 차원의 큰 숙제입니다. 이런 과정에서 편한 마음을 갖기 위해 노력하는 것, 그것이 '더 나음'이란 말의 의미가 아닐까 합니다. 그래서 저는 모름 또는 고양과 각성의 화두가 더 나은 미래를 말할 때 중요한 의미를 지닌다고 생각합니다.

사회자 이 이야기에 이어서 정치 이야기로 넘어가고 싶은데요, 그 전에 모름에 대해서 하나만 더 묻겠습니다. 모름이라고 하면 그 대상과 관련해서 초월이라는 주제가 나오고, 그에 따라 신비와 경탄도 등장합니다. 이는 종교인들이 집중적으로 사유하는 영역이기도 합니다. 총장님은 종교인은 아닙니다. 하벨도 종교인은 아니지만 정신적·영적 차원, 모름의 신비, 근원적 사유 등을 많이 얘기하지 않았습니까? 총장님의 각성에는 어떤 종교적 배경은 없습니까?

총장 다시 어려운 질문이네요. (모두 웃음) 잘 모르겠습니다. 다만 저도 신비롭게 여기는 자그마한 경험이 있긴 합니다. 제 집안 이야기인데, 할머니께서 아주 독실한 가톨릭 신자셨습니다. 일요일마다 성당에 다니셨는데 집에 돌아오시면 성경책을 읽으시면서 늘 찬송가를 흥얼거리셨습니다. 「저 높은 곳을 향하여」라는 찬송가입니다. 주일뿐 아니라 거의 매일 부르셨습니다. 그 가사와 멜로디가 자연스럽게 익숙해졌습니다. 물론 저한텐 특별한 찬송가라기보단 그냥 노래였습니다.

그런데 유학생활을 하던 어느 날 갑자기 한 번도 들여다보지 않던 성경책을 한 번 읽어볼까 하는 마음이 들었습니다. 평생 처음 든 마음이었습니다. 그러곤 그때부터 할머니께서 부르시던 찬송가를 자연스럽게 부르게 됐습니다. 종교에 대한 무슨 깊은 의식이 있어서 그런 건 아닙니다. 그냥 어느 날 갑자기 그렇게 된 것이지요.

사회자 신기神氣가 내린 거죠. (모두 웃음)

총장 하하, 그런 건 아닙니다. 아무튼 돌아보면, 대학원 시절 8년이 제 인생에서 여러모로 중요했던 시기였습니다. 그 시절에는 신학 서적에도 관심을 가졌습니다. 사실 그때 저는 공부 초년생이었습니다. 대학시절에 공부에 최선을 다하지 못했으니까요. 그러니 사회과학이라는 논리적 학문을 공부하면서 신학을 공부한다는 것은 말 그대로 취미생활을 한 겁니다. 이 둘을 학문적으로 어떻게 연결할지는 엄두도 내지 못했습니다.

당시 학계 분위기도 그랬습니다. 사회과학을 하는데 신학적 논거를 펼친다면 학문적 '이단'이 됩니다. 논문 끝내기 어렵겠지요. (웃음) 그러니 개인적으로 공부한 신학이나 미래학적 사유를 반영할 수 없었습니다. 물론 그럴 능력이 안 되기도 했지만요. 그래서 여담이지만 문장 사이에 어설픈 생각들을 잘 '감춰야' 했습니다. 교수님들이 알아채지 못하도록 말입니다. (모두 웃음) 사회과학 훈련은 체계적으로 사유하고, 실증자료에 근거해 논리를 세운다는 점에서 큰 의미가 있습니다. 개념의 사회적 실천도 가능하게 합니다. 그러나 인간의 정신세계를 깊이 사유하는 데는 제약이 있습니다. 아무튼 저는 딱딱한 논리로만 지탱되는 공부에 전적으로 몰입하진 못했습니다. 그래서 고민했던 것 같아요. 그런데 되돌아보면, 그런 내면적 방황엔 또 다른 측면도 있었던 것 같습니다. 공부를 하면서 갖게 된 고민과 갈등이 인간과 세계, 인간과 정치의 '신비로운 결합'을 탐색하게 한 모험심을 키웠지 않나 합니다.

사회자 그것 보십시오. 신기가 내렸다니까요. (모두 웃음)

각성한 시민, 계몽의 권위를 논하다

이문재 총장님께서 아까 말씀하신 '초월, 포월, 지성의 길'과 관련해 제 고민을 말씀드려볼까 합니다. 많은 분께도 그랬겠지만, 제게 2008년의 광우병 촛불시위는 여러 면에서 충격이었습니다. 여중생들이 시위를 처음 시작했고, 젊은 어머니들이 유모차를 끌고 거리로 나왔죠. 그중 제가 가장 큰 충격을 받은 것은 포털 사이트의 토론광장이었습니다. 사이버 공간에 논객들이 등장해 다양한 의견을 제기하고 토론하며 여론을 형성했습니다. '집단지성'이라는 용어도 그때 대중화된 것으로 압니다. 이 시기에 사이버 공간에서 제 눈길을 끈 것은 '계몽하지 마라. 우리를 가르치려 하지 마라'는 말이었습니다. 그 이후로 사회학이나 문화연구 관련 서적을 읽으면서 거듭 확인했습니다. 이제 계몽의 시대는 끝났다는 걸 말이지요.

얼마 전 랜더스가 인터뷰에서 남긴 말도 기억에 남습니다. 이제 무조건 경고만 한다고 해서 문제를 해결할 수 없고, 문제를 해결하려면 개인의 이익을 고려해야 한다는 말이었습니다. 계몽할 수도 경고할 수도 없는 상황입니다. 그렇다면 지성은 어떻게 해야 할까요? 지식인과 대학은 끊임없이 개인의 각성, 자율적 인간, 지금과는 다른 인간, 다른 문명세계를 이야기하지만 계몽이 불가능한 시대와 개인의 각성 사이에는 심연이 가로놓여 있습니다. 이 둘을 지성이 어떻게 연결할 수 있을지 큰 고민입니다.

총장 '계몽'이라는 말이 부정적인 것만은 아니라고 봅니다. 서양 철학의 관점에선 전통과 구습의 틀을 넘어 이성을 밝힌다는 의미로 계몽이라는 말을 사용했습니다. 동양에선 일깨움 또는 깨달음과 배움이란 말을 써왔다고 생각합니다. 여기에는 변전하는 세계에서 인간의 새로운 가능성을 열어간다는 의미가 있습니다. 긍정적인 측면이 있습니다. 문제는 계몽이나 일깨움을 타자에게 일방적으로 강요할 때입니다. 내가 스스로 쌓아올린 주체성과 외적 각성의 요구가 일치하지 않을 때입니다. 그럴 경우, 사람들은 일반적으로 저항하게 마련입니다. 결과는 당연히 관계 차원의 갈등이겠지요. 이 교수님께서 말씀하신 '지성의 고민'은 바로 이 지점에 있지 않나 합니다. 저항과 수렴 사이에서 어떤 사유와 실천의 공간을 만들어갈 것인가? 이 질문에 대한 공감과 합의의 지점을 찾아 나서는 것이 지성의 책무 중 하나라고 생각합니다.

사회자 지금 지성사에 대해 이야기하셨습니다만, 이문재 교수님이 언급하신 포털 사이트의 주장, '계몽하지 마라. 우리를 가르치려 하지 마라'는 이야기는 적어도 두 가지 각도로 해석되는 것 같습니다. 하나는 그런 주장이 시민의 주체적 각성이 담긴 표현이라는 측면입니다. 다른 하나는 '아, 이것은 정말 존경할 만하다. 이것은 권위로 받아들일 수 있다. 이건 함께 나누고 싶다'라는 지성이 소멸하거나 부재한 우리 사회의 현실이 드러났다는 측면일 겁니다.

총장 삶과 현상을 진실하게 성찰하고, 가치의 공공성을 구현하는 지

안토니 곰리, 「노출」, 2011 한 시대의 권위를 쌓아가는 일은 거대한 동상을 세우는 작업과 다르지 않다. 이 동상의 내면엔 어떤 내용이 담겨야 할까? 앙상한 골조 동상은 쓸쓸하다. 우리는 이제 도래할 미래의 무엇을 기다리는 것일까?

적 공간에 지성은 존재하지 않을까요? 함께 열어가야 할 이 사유의 공간에 우리는 힘을 실어야 한다고 봅니다.

현실정치의 '기술'

사회자 그런 면에서 보면 권위의 붕괴가 가장 심각한 영역으로 정치를 빠뜨릴 수가 없을 것 같습니다. 치열한 비판의 대상이기도 합니다. 우리의 삶을 압도적인 영향력으로 결정하는 것이 정치라고 할 수 있는데요, 이제는 아예 변화의 가능성을 기대하지 않는 영역이 되어버린 느낌입니다. 정치의 본질에 대해 논의해보기로 하죠.

총장 사실 모든 주제가 다 그렇겠지만, 특히 정치는 막중한 주제입니다. 그래서 조심스러운 면이 있습니다. 이 시대를 사는 시민 또는 대중의 의견은 무엇일까 생각해보지요. 서글픈 얘기지만 '정치는 잘못됐다. 잘못 가고 있다'가 일반적 인식이 아닌가 합니다. 정치를 잘하면 큰일을 할 수 있다는 것은 누구나 압니다. 그런데 큰일도 하지만, 큰일을 저지르기도 합니다. (모두 웃음)

정치란 이런 양면성을 지니고 있습니다. 너무나 중요해서 실망도 크지 않나 합니다. 결국 '진정성'의 문제가 중요해지는데, 이는 어찌 보면 소박한 문제이기도 합니다. 그런데 왜 그것이 안 이루어질까요? 현실에 존재하는 여러 경쟁구도와 무관하지 않다고 봅니다. 이념 간 경쟁, 체제 내 경쟁, 정파와 계파 간 경쟁, 계층 간 경쟁 등이 정치의 현실입니다. 그런 경쟁에 몰입하다 보니 결국 정치가 정작 풀어내야 할 과제는 깊이 생각하지 않게 되는 것이 아닐까요?

현실정치를 보면서 이런 생각을 종종 합니다. 정치인들은 어떤 정치철학과 사상을 공부할까? 인간과 사회 그리고 문명의 미래에 대해선 어떤 고민을 할까? 시간에 쫓기는 치열한 현실정치의 소용돌이 속에서 그런 물음은 사치라고 생각할 수 있을 겁니다. 또 그런 이유로 이 문제에 천착하는 정치인이 많지 않을 것 같다는 생각도 듭니다. 그러나 우리가 처한 오늘을 읽어내고 내일을 대비하기 위해선 역사변동과 문명전환의 흐름을 파악하는 일이 중요합니다. 그러나 아쉽게도 이에 관한 관심과 담론은 아직 정치의 주변에 머물러 있는 것 같다는 생각이 들어요. 물론 여기에는 우리 사회도 일정 책임이 있을 겁니다. 우리는 우리가 원하는 정치가 근본적으로 무엇을 위한 것인지, 도래할 미래를 위해 어떤 비전과 철학을 담아내야 하는지와 같은 물음을 좀처럼 묻지 않습니다. 그런 사회적 분위기에선 정치에 관한 가십거리, 뒷이야기가 넘쳐납니다. 권력구조와 변동에 관한 이야기가 만개합니다. 결국 그것이 정치 본연의 모습인 양 보여 지게 하는 셈입니다.

그런 정치현실엔 미래를 내다보는 진지한 고민과 성찰이 들어설 자리가 없습니다. 정치의 비전과 철학 그리고 사상을 소중히 받아들이지 않게 됩니다. 결과는 자명해보입니다. 정치의 불안정입니다. 미래에 대한 전망과 책임 부재입니다. 그런 배경과 함께 국가적 차원의 꿈과 이상, 희망이 궁핍해집니다.

조만간 파리에서 기후변화에 관한 국제협약이 이뤄질 것이라고 합니다. 산업체와 현대문명이 내뿜는 이산화탄소 배출량을 규제하는 지구적 차원의 혁신이 일어날 것이라고 합니다. 이런 문명사적 전환은 실로 많은 것을 의미합니다. 산업구조와 관련해서도 그렇고, 대규모 실업과 새로운 일자리 창출 더 나아가서는 사회 안정과 관련해서도 큰 의미를 갖습니다. 우리는 준비돼 있을까요? 이에 대한 준비는 하루아침에 이뤄지지 않습니다. 전문적인 분석과 오랜 숙고 과정이 필요합니다. 만일 준비되지 않은 상태에서 이런 '지구적 사건' '문명사적 전환'을 맞게 되면, 우리의 경제동력은 물론 사회 안정과 정치의 미래도 큰 충격을 맞게 됩니다. 하나의 예이지만, 이런 지구적 차원의 현실을 내다보면서 현실정치는 나아갈 길을 치열하게 모색해야 합니다. 우리를 둘러싼 문명사적 흐름과 도 래할 미래를 함께 읽어내면서 오늘을 이어가야 합니다.

사회자 사회도 정치에 본질적인 질문을 하지 않고 있다고 하셨지만, 다르게 보면 애초부터 포기하게끔 만들어진 측면이 있는 건 아닐 까요? 현실정치가 그런 질문은 아예 정치의 질문이라고 여기지 않 기 때문에 말이지요. 본질적 질문에 대한 기대조차 거두어버린 결 과라고나 할까요?

총장 권력투쟁과 기술정치에 몰두하는 정치풍토가 큰 영향력을 행사 한다고 생각합니다.

사회자 그렇지만 현실정치에서 권력투쟁은 피할 수 없고 가치를 실현 하기 위해 권력을 쥐는 일은 대단히 중요합니다. 정치공학에 의존 하는 마키아벨리즘의 정치가 비판받기는 하지만, 이 역시 피할 수 없는 것이 아닌가 하는 반론도 있습니다.

총장 저 역시 정치가 그렇게 하지 않으면 생존하기 어렵다는 점을 부 인하는 것은 아닙니다. 현실정치에 술수와 음모, 흥정이 깊숙이 배 어 있을지 모르지요. 그러나 그렇다고 해도 언젠가는 개선해야 하 지 않을까요? 최소한 국민에게는 그렇습니다. 항상 암흑의 정치현 실보다는 '더 밝음' '더 나음'을 원합니다. 이 지점에서 말씀드리고 싶은 것이 하나 있습니다. 학문으로서의 현대 정치학에 대한 이야기입니다. 정치학에서 현실정치를 심도 있게 학습하기 시작한 것은 아마 마키아벨리의 등장 전후가 아닐까 합니다. 그리고 그의 등장 후에 투쟁적이고 쟁취적인 통치기술로서의 정치가 학계에서 '당연시'되는 이론적 축으로 형성됐습니다.

마키아벨리가 『군주론』을 썼을 때, 그는 인간문제에서 출발하지 않았습니다. 정치는 인간에서 비롯됐는데, 그것을 근본으로 삼지 않았습니다. 왜 그랬는지를 좀 생각해봐야 합니다. 마키아벨리는 권력의 한복판에 있었습니다. 그러다가 유배나 다름없는 처지에 몰렸습니다. 그다음엔 다시 국가권력에 접근하려고 많은 노력을 하는 가운데 『군주론』이 나왔습니다. 정치의 본질에 대한 논의보다는 '통치기술'에 대해 쓴 것입니다. 물론 마키아벨리는 정치의 '덕성'virtue을 말하기도 했습니다. 하지만 그것은 인간 윤리 차원의 덕성이 아닙니다. 정치기술이 있는지 없는지를 덕성으로 보았던 겁니다. 요즘으로 치면, 어떤 기업이 자선사업을 하면서 이것을 일종의 마케팅 전략으로 기획, 설정하는 것과 비슷한 경우가 아닐까요? 마키아벨리가 말하는 덕성은 통치수단을 정당화하는 역할을 합니다. 인간 내면의 심성과 기품을 생명력 있게 만드는 순수한 의미의 덕성과는 출발부터가 다릅니다.

군주가 어떻게 기술적으로 지배할 수 있을까? 장악한 권력을 어떻게 유지할 수 있을까? 그런 질문이 마키아벨리 정치의 기본 관심사입니다. 치세의 수단을 어떻게 정당화할지 그 방법을 제시한 것입니다. 그러나 그것이 일반 시민이 원하는 정치일까요? 그렇지 않다면 정치의 또 다른 면을 키워내는 일이 중요해집니다. 그리고 그 중심엔 미래를 향해 고양된 시민의식이 자리 잡아야 한다고 봅니다. 인간의 진실과 양심, 가치와 소임 같은 화두를 현실에 착근시키고, 변화의 축으로 뿌리내리게 하는 일이 중요합니다.

그러기 위해선 인간을 둘러싼 철학과 사상, 규범과 가치를 현실에 깊이 내면화해야 합니다. 정치현실에 이를 일상화하는 것이 중요합니다. 물론 그 일이 쉽지만은 않습니다. 기술정치와 현실정치의 소용돌이 속에서 그 일을 해낸다는 것은 결코 쉽지 않습니다. 그러나 이 문제는 우리가 '더 나음'을 말하고자 하는 한 포기할 수 없는 일일 것입니다.

사회자 마키아벨리는 정치와 윤리를 분리하면서 정치에 대한 중세 유럽의 윤리적 요구를 거부해버렸지요. 그런 점에서 마키아벨리에 대한 의미평가에 사실 상당히 심각한 문제가 있다고 생각합니다.

총장 그 점이 바로 정치학의 오류라고 봅니다. 그런데 사람들은 그런 정치학을 앞서 언급했듯이 당연한 것으로 생각하는 경향을 보입니다. 잘못된 정치학의 권위는 다시 검토해야 한다고 봅니다. 해석의 세계는 무궁합니다. 그 무한 세계에서 '생각의 길'을 권력에서 공감과 합의로 이동해야 한다고 봅니다.

사회자 그런데 한 가지 덧붙이고 싶은 대목이 있습니다. 마키아벨리는 본래 대단한 역량을 지닌 로마사 연구가였지 않았습니까? 본인의 관점에서 볼 때 이탈리아가 분열한 상황은 어떻게든 극복해야 하고, 이를 위해서는 정치적 통합을 이뤄내는 일이 무엇보다 절박해 이에 필요한 방법을 제시한 것이라고 보기도 합니다. 기술정치 자체에 대한 주장이 핵심은 아니라는 것입니다.

이런 논리를 연장해보자면, 경제위기를 돌파한다거나 안보체제를 강화한다거나 하는 등의 과제를 내걸고 그걸 해결하는 방법으로서 정치기술의 지배를 내세우는 상황이 발생하게 될지도 모릅니다. 윤리라는 잣대로는 마키아벨리즘이 비판의 대상이 될 수 있지만, 현실의 중대한 문제를 풀어나가는 데는 효과가 있다는 것을 부정할 수 없다는 식으로 말이지요.

총장 현실에 살면서 현실과 유리된 상태로 살겠다는 말은 설득력이 없습니다. 사실 인간도 동물과 같은 속성을 지니고 있습니다. 생존이 중요합니다. 홉스가 말했던 것처럼 '만인의 만인에 대한 투쟁'이 있을 수 있습니다. 정치기술의 효율성이 거론될 수도 있습니다. 그러나 문제는 그런 쪽으로 몰두해온 정치가 빚어낸 현실이 과연 우리가 바라는 세상인가 하는 점입니다.

이제는 정치가 어떤 제압과 패권의 논리로 다가서도 시민사회가 이를 쉽게 받아들이지 않습니다. 어찌 보면 미미한 변화입니다. 하지만 그런 변화가 있어왔습니다. 이것을 더욱 견고히 공동체의 규범으로 만들어가는 일이 중요합니다. 이를테면 아무리 강대국이라 해도 어떤 경제적인 목적으로 약소국을 침공한다는 것은 어렵겠지요. 우리나라 역시 자원이 없다고 해서 약소국을 침략하겠다는 발상을 받아들일 순 없습니다. 국내 정치도 비슷할 겁니다. 힘과 패권의 논리로 잘못 없는 약자를 무력화하려는 시도는 국민이 수긍하지 않을 것이라고 봅니다.

물론 상대방이 여전히 정치공학적 자세를 견지하는 상황에서 아무런 대책 없이 완전히 손을 놓을 순 없습니다. 이것은 현실적으로 바람직하지 않습니다. 그러나 권력을 위한 기술정치, 지배를 위한 전횡정치에는 문제를 제기해야 합니다. 그것이 열린 정치, 수렴의 정치를 희망하는 우리의 과업이자 책무일 것입니다. 그간 변해온 '시대정신'에 기대를 걸어봐야지요. 이제 시민사회는 권력욕과 지배욕을 숨긴 계산된 명분과 정의를 잘 알아봅니다.

사회자 바로 그런 점에서 보면 "정치는 가능성의 예술이다"라고 한 오토 폰 비스마르크Otto von Bismarck*의 말이 아직도 설득력이 있을 수 있습니다. 비스마르크야말로 마키아벨리식 정치의 수완가 아니었습니까? 그런데 마키아벨리와는 대척점에 선 하벨은 정치를 '불가능성의 예술'로 규정했습니다. 오늘 우리에게 필요한 정치는 무엇이라고 보시나요?

총장 오늘의 현실정치가 이런 모습을 띠고 있다고 해서 술수와 공작에 젖어 있는 비스마르크식의 정치를 더욱더 강조해야 할까요? 아니면 하벨과 같이 정치의 윤리를 강화해야 할까요? 하벨은 현실정치에 뛰어들면서도 진실과 양심의 가치를 저버리지 않았습니다. 오히려 이들에 더욱 의존했습니다. 그러면서 체코의 새 역사를 썼습니다. 물론 여기엔 동유럽 붕괴란 시대 상황도 일조했습니다. 하지만 진실과 자유, 시민의식에 기초한 하벨의 '도덕정치' 그리고 그와 뜻을 같이한 사람들의 노력이 없었다면 오늘날 체코는 전혀 다른 모습을 하고 있을지 모릅니다.

실제로 당시 기득권을 누리던 정치세력은 권력을 둘러싼 투쟁과 쟁취, 팽창과 번영의 논리를 내세우며 강하게 반발했습니다. 시간이 더 지나봐야겠지만, 체코에서 시민민주주의가 꽃피우기까진 '불가능해보이는 것'을 어떻게든 현실로 가져오려 했던 하벨의 정치가 주효했다고 봅니다. 술수보다는 자유와 진실을, 전체주의보다는 의식의 깨우침을 강조한 것이 하벨이 말한 '불가능의 예술'이었습니다. 시민과 함께한 그의 열린 정치로 벨벳 민주혁명의 길이 열렸습니다. 전체주의의 현실에 억눌렸던 민주주의가 만개하기 시작했습니다. 하벨의 이런 철학은 시공을 초월한 중요성이 있습니다. 인간을 위해, 시민을 위해 보편적으로 작동해야 할 정치의 모습엔 진실과 양심이 있어야 합니다. 가치와 책임이 담겨야 합니다.

사회자 그런 하벨도 재야 운동가의 모습을 버리라는 현실정치의 요구에 끊임없이 시달렸지요. 양심이나 진실보다는 현실논리를 충실하게 따라 어느 정도는 정치공학도 용인하라는 압박이었습니다.

총장 맞습니다. 그게 '현실'일지 모릅니다. 그러나 그런 현실 속에서도 물어야 한다고 봅니다. 나는 과연 어떻게 살고 싶은가? 무엇을 해야 하나? 끊임없이 질문을 던져야 한다고 봅니다. 나는 거대하게 돌아가는 기계의 부품처럼 사는 삶에 만족한다고 답할 수 있습니다. 그 반대로 답할 수도 있습니다. 그건 선택의 문제입니다. 하지만 그렇게 묻는 것 자체가 뭔가 더 나은 세상을 위한 의식을 만들어낼 수 있다고 봅니다. 그 의식 또는 책임의식이 개인 차원을 넘어 사회로 이동할 때, 세상의 변화와 혁신을 기대할 수 있습니다. 시민의식이 어떤 내용을 담아낼지가 중요해지는 대목입니다.

반정치의 정치, 비정치의 정치

이문재 시민의식에 대해 말씀하셨습니다만, 그렇지 않아도 최근『녹색평론』*에서 남미의 민주주의와 관련된 글을 읽었습니다. 우고 차베스^{Hugo Chavez}* 전 베네수엘라 대통령에 대한 글이었는데요, 제가 보기에, 그에 대한 우리의 시각이 지나치게 한쪽으로 편중된 것 같아요. 차베스를 '이상한 사회주의자' '과격한 이상주의자' 정도로 치부하는데『녹색평론』기사를 보면 반대입니다. 우리 사회가 주로 서방언론을 통해 그쪽 뉴스를 접하기 때문이라고 생각합니다.

차베스는 대통령 재임시절 두 가지 재미있는 사업을 펼쳤습니다.

저는 차베스의 도전이 하벨의 '도덕정치'와 다르지 않다고 봅니다. 현실정치 안에서도 정치지도자가 어떻게 생각하고 어떻게 실천하느냐에 따라 그 사회가 크게 달라질 수 있다는 것입니다. 차베스는 재임시절, 문맹률을 낮추기 위해 많이 노력했습니다. 문맹률이 낮아지자 전 국민에게 『돈키호테』*Don Quixote*를 읽도록 했습니다. 풀뿌리 민주주의의 정착에도 큰 관심을 쏟았습니다. 베네수엘라 헌법을 소책자로 만들어서 전 국민에게 보급하는 운동을 벌였죠. 그래서 국민의 정치의식과 자부심이 상당히 높아졌습니다.

차베스 사후 베네수엘라 사회가 몰락했다는 소식이 있었는데, 일본 저널리스트가 최근 베네수엘라를 취재한 기사를 보니 전혀 다른 면도 있습니다. 그 기자가 마침 어느 동네를 지나다가 서점에서 헌법 소책자를 사는 한 할머니를 보고는 다가가서 '그걸 왜 읽느냐?'라고 물었답니다. 그러자 할머니가 별 이상한 사람 다 본다는 표정으로 '여태까지 헌법 책을 이웃에게 빌려서 봤는데 돈이 조금 생겨 헌법 책을 샀다. 아주 기쁘다'라고 답했다네요. 동네 할머니가 헌법을 읽는 사회라니, 우리와 너무나 다른 사회입니다.

사회자 그 할머니께서 사법고시 준비하느라 헌법 책을 읽는 것은 아니었을 텐데 말입니다. (모두 웃음)

이문재 그러게요. 헌법을 읽는 국민을 어떤 공무원이 함부로 대할 수 있겠습니까? 그런 국민이 부정부패를 일삼는 정치인을 가만 놔둘리 없습니다. 콜롬비아의 수도 보고타의 시장이었던 엔리케 페날로사Enrique Peñalosa가 한 말도 떠오릅니다. 그가 선거 때 이런 말을 했다고 합니다. "우리가 뉴욕보다 잘 사는 도시를 만들 수는 없어도, 뉴욕보다 행복한 도시는 만들 수 있다"라고 말입니다. 시장전체주의와 경제만능주의를 넘어 새로운 민주주의를 실험하고 있는 남미의 사례를 참조하면 현실정치에 개입하고 간섭하며 개혁을 도모할 수 있는 틈을 찾을 수 있다고 생각합니다.

총장 베네수엘라 정치는 잘 모르지만, 책 읽는 사회는 성숙해보입니다. 다른 맥락이지만, 체코 이야기로 돌아가면, 하벨은 당시 현실과 너무나 다른 정치를 갈망했습니다. 그는 '반정치의 정치'anti-political politics*를 말했습니다. 이것이 바로 정치의 본질을 바로 세우는 길이라고 봤습니다. 저는 개인적으로 '정치의 정치'라는 개념에 관심을 가져왔습니다. 정치 본연의 소임은 정치의 주체인 인간의 내면과 그 내면의 사회적·지구적 파장을 정치에 담아내는 것이라고 생각해왔습니다.

하벨을 제가 비교적 소상히 알게 된 것은 1994년경입니다. 그가 필라델피아에서 '자유의 메달'Liberty Medal을 받을 무렵입니다. 그때 그분의 연설문을 접할 기회가 있었습니다. 연설문을 읽고 난 후, '아, 이런 정치인도 다 있구나' 하고 생각했습니다. 당시처럼 긴박한 현실정치의 소용돌이 속에서 말이지요. 그 연설에서 하벨은 문명의 위기를 논했습니다. 인간과 우주의 신비로운 연결을 언급했습니다. 또 초월의 가능성과 그것이 정치와 맺는 상관관계를 말하기도 했습니다. 이 모두 인간 내면의 정신적 뿌리에 맞닿아 있는 세계를 말한 것입니다. 현실정치의 궤도에서 한참 빗겨나 있는 하벨의 정치는 인간의 진실과 자유 그리고 양심을 향한 가능성을 담아냈습니다.

대통령이라는 현실정치인으로서 그런 얘기를 한다는 것을 어떻게 받아들여야 할까요? 또 우리의 현실은 어떤 말을 할까요? '경제를 살려야 하는데 무슨 한가한 소린가' '이런 절박한 세상에서 초월을 말해?'라고 하지는 않을까요? 그러나 이제 말해야 합니다. 특히 우리를 둘러싼 나라 정치의 또 다른 현실을 보면 더욱 그렇습니다. 기후변화의 현실적 피해가 우려되고, 생태질서의 교란이 일어납니다. 부의 양극화, 소외문제가 심각한 양상을 띠고 있습니다. 그런 상황에선 현실을 읽어내는 또 다른 눈이 필요합니다. 시장문명의 확장과 함께 노정된 환경적 폐해와 사회모순을 동시에 살피는 정치적 시야가 필요합니다. 성장과 번영의 결속을 주장하던 전체주의의 위협 속에서도 인간적 삶의 조건과 진실을 말하던 하벨의 정치, 그 정치는 우리에게도 시사하는 바가 크다고 봅니다.

하벨의 연설문을 읽던 그즈음 저의 또 다른 관심사는 '비정치의 정치'the politics of the non-political였습니다. 이는 과거엔 정치영역이 아니라고 여겼던 것들을 정치의 중심 주제로 삼는 노력입니다. 『녹색평론』이 관심을 쏟는 환경문제도 이전엔 정치의 중심사안이 아니라고 여겼습니다. 그러나 이제는 달라졌습니다. 기후변화, 물 문제, 자원 문제, 안전과 질병 문제 같은 삶의 현안이 사회의 중심 무대로 이동하고 있습니다. 그런데 우리 사회는 권력정치에 관해 그 어느 때보다 많은 이야기를 쏟아냅니다. 투쟁적 현실정치에 초점을 맞춘 뉴스가 넘쳐납니다. 가령 대통령 임기가 시작된 지 불과 1년 남짓한 때부터 차기 대권주자에 관한 보도가 잇따릅니다. 최근엔 잠재적 대권주자에 관한 각종 여론조사를 앞다퉈 보도하기도 합니다. 한국 정치가 여야 간 정쟁과 계파 간 갈등에 관한 각종 정치적 가십거리로 얼룩져가는 느낌입니다.

그런 가운데 미래를 위해 우리는 무엇을 해야 하는가라는 화두가 발 디딜 틈이 있을까요? 삶을 위해 '미래를 깨우자'는 고양된 시민의식이 정치의 중심 무대로 이동할 수 있을까요? 낙관적이지만은 않습니다. 그러나 미래세대에게 재앙을 물려주기 전에 우리는 또 다른 길을 재촉해야 합니다. 제 생각엔 그 첫걸음이 '비정치의 정치'가 아닐까 합니다. 과거엔 정치적 사안이 아니라고 여겼던 인간과 세계, 자연의 가치를 새롭게 발견하고 그 일에 더 많은 무게를 싣는 것이 '비정치의 정치'입니다.

영국의 일간지 『가디언』은 이번 겨울에 엘니뇨로 태평양 지역에서만 400만 명 이상이 기아에 빠질 것이라고 전망했습니다. 극심한 가뭄과 물 부족 같은 각종 자연재해가 뒤따를 것이라고 합니다. 물 부족 국가인 우리나라 강수량은 예년 평균 강수량의 절반에도 미치지 못하고 있습니다. 역설적이게도 전염병 창궐 또한 '오래된 미래'입니다. 어느 미래 전망 기관의 표현처럼 우리는 안타깝게도 '예측불허의 위협'과 함께 오늘을 살아가고 있는지 모릅니다. 정치의 화두가 달라져야 합니다. 성장과 팽창 그리고 권력 변동에만 무게를 실어선 곤란합니다. 그 너머 세계로도 시선을 확장해야 합니다. 권력의 공적 책임, 지구적 소임을 말해야 합니다. 이와 함께 전망되는 '역사의 미래'를 오늘로 불러와야 합니다.

표현하는 시민, 소통하는 정치

사회자 오늘날 시민들은 정치의 주체가 아니라 관객, 청중, 비평자 정도에만 머물고 있습니다. 변화를 위한 대안적·정치적 사유를 이야기해주셨는데요, 말씀하신 미래의 관점을 어떻게 오늘의 정치로 불러올 수 있을까요?

총장 정치를 바라볼 때 '시간의 축'에 대한 생각이 변해야 한다고 봅니다. 내가 원하는 정치가 무엇인지를 묻는 것은 '오늘의 나'가 곧 맞닥뜨릴 정치를 말하는 것입니다. 오늘의 젊은 세대가 기성세대가 되었을 때 누리길 원하는 정치를 성찰해보는 것입니다. 그런 미래를 상상해보는 것이 정치 혁신의 출발점이 돼야 한다고 봅니다. 그런데 이와 같은 사유가 현실정치엔 거의 없습니다. 지금 당장의 요구와 관심에 몰두하는 경향이 강합니다. 물론 권력, 정권, 이해타산, 흥정도 현실적으로 필요할지 모릅니다. 그러나 미래를 위해 정작 필요한 건 멀리 내다보는 시야입니다. 멀리 내다보지 못하면 내일을 맞이할 수 있는 능력이 자라나지 못합니다. 정부나 정당에 미래를 준비하는 인력과 조직 그리고 노력이 과연 얼마나 있을까요? 미래에 대한 사유는 현실정치에서 아직 비정치적인 영역으로 남아 있습니다. 말씀하신 미래를 오늘의 정치로 불러오기 위해선, 그 해법을 찾는 것은 어렵겠지만, 사회의 지성과 대학사회가 더욱 적극적이고 능동적이어야 합니다. 시민적 공감 형성을 위한 공론의 장을 활성화해야 한다고 봅니다.

이문재 총장님께서 말씀하시는 '정치의 정치' '비정치의 정치'를 조금 다르게 해석하면 삶의 정치, 생활정치, 풀뿌리 민주주의와도 연결할 수 있다고 생각합니다. 저는 특히 자기 정치에 관심이 많습니다. 저는 총장님께서 생각하시는 새로운 정치의 출발점이 자기표현이라고 봅니다. 민주주의는 시민의 자기표현 아닐까요?

그런데 시민이 자기 자신을 표현하려면 자기 각성이라는 단계를 통과해야 합니다. 시민 각자가 자기가 어디에 있고, 무엇을 지향하는지 스스로 깨달아야 하죠. 문제는 자기 각성의 계기를 어떻게 만들어내느냐에 있습니다. 이것이 교육문제의 핵심이라고 생각합니다. 시민의 자기 각성이 일어나지 않으면 시장문명 속 인간, 다시 말해 소비자가 자율적 시민으로 거듭나는 것은 불가능합니다. 현실정치가 시민을 각성하게 해줄 리는 만무합니다. 현실정치는 정치혐오증과 정치불감증을 퍼뜨리면서 시민의 탄생을 가로막고 있습니다. 기업도 크게 다르지 않습니다. 정치, 사회, 대학, 개인이 모

바실리 칸딘스키, 「구성 8」, 1923 의미 없이 배치된 듯한 선들과 대단한 선택도 아니게 보이는 색들이 캔버스에 서로 어우러져 있다. 제각각 자신의 존재감을 뚜렷이 드러낸다. 세계는 이렇게 구축된다. 예술가는 우리의 사유, 우리의 시선을 전혀 다르게 바꾸어낸다. 정치는 이와 다를까?

두 시장논리에 포획되어 있다면, 개인의 각성은 요원하기만 합니다. 제 결론을 미리 말씀드리면 대학이 각성의 계기를 제공해야 한다는 것입니다. 그 계기 중 하나가 감수성의 회복입니다. 느낄 수 있어야 깨달을 수 있다고 봅니다. 지성교육과 감성교육의 조화와 균형이 절실합니다.

우기동 각성과 초월적 사고를 바탕으로 한 사유방식의 전환 또는 사유 폭의 확대 등을 위한 '인문정치'의 필요성을 제기할 수 있을 것 같습니다. 각성한 시민들이 계속해서 일상의 문제를 정치로 끌어들여 참여와 책임이라는 시민적 덕목을 갖추고 끊임없이 가꾸어 갈 때 이른바 '소임정치'를 얘기할 수 있겠고요.

사회자 화제가 지성, 감성, 사유로 압축되면서 자연스럽게 대학에 대한 이야기로 넘어가는 것 같습니다. 그러기에 앞서 미래의 풍경에서 가장 소중하게 여겨야 할 것은 무엇인지 묻고 싶습니다. 대학에서 모색해야 할 가치와도 관련 있는 것 같아 드리는 질문입니다.

총장 글쎄요. '아름다움'이라 해야 할까요? 그것이 중요해보입니다. 아름다움은 학습할 수도 있고, 내면세계에서 솟구칠 수도 있겠지요. 학습한 아름다움에 대한 인식은 아무래도 피동적이고 타율적입니다. 반면에 자기도 모르게 찾아오는 어떤 감동은 다른 차원입니다. 그래서 아까 이문재 교수님이 '감수성'이라는 말을 사용하셨을지도 모르겠습니다. 자연 질서, 우주 질서, 인간의 삶에서 감동하는 부분은 분명 사람마다 다를 겁니다. 그렇지만 아름다움에 대한 갈망과 모색은 누구에게나 있습니다. 정치도 교육도 문명의 풍요와 함께 아름다움의 가치를 말해야 하지 않을까요?

사회자 '아름다움'에 대한 모색, 정치의 미학, 교육의 미학을 우리가 어떻게 구성해낼 수 있을지가 과제일 것 같네요. 그런데 현실을 보면 대학은 거대한 시장의 요구에 묶여 있습니다. 이른바 '포획된 대학'입니다. 대학의 몸을 묶고 있는 밧줄은 아무리 아름답게 치장한다고 해도 전혀 아름답지 않지요. 자유로운 지성의 산실이 철창에 갇힌 처지라면 곤란하지 않겠습니까? 대학이 취업준비기관이 되어버린 현실에서 대학에 지고지순의 상태를 요구할 수는 없지 않은가라는 주장에서부터, 그 밧줄을 풀어야 한다는 주장에 이르기까지 여러 가지 관점이 엇갈려 있어요. 대학 내부도 그렇고 대학과 사회의 관계에서도 그렇죠. 참으로 거대한 제약 아래 대학이 놓여 있는 것 아닐까요?

총장 물리적 제약과 압박이 있으면 그 반작용으로 이에 반응하는 새로운 힘이 생겨납니다. 인간세계에선 그 압박이 부당한 것일수록 저항도 커지기 마련입니다. 그것이 어떻게 표출되고, 언제 드러나나 하는 문제가 남습니다. 인류의 역사에서 우리는 그런 상황을 수없이 봐왔습니다. 닫힌 생각과 닫힌 세계에는 언젠가 균열이 생깁니다. 열림을 향해 있지 않은 그 어떤 것도 그런 현상을 피할 수 없습니다. 동유럽 붕괴가 그 예입니다. 프랑스혁명, 러시아혁명, 나치즘과 파시즘의 몰락도 모두 그런 예입니다. 수많은 명멸을 경험했던 인류사와 문명사가 이를 말해줍니다. 닫힘의 강도가 강할수록 다른 길에 대한 갈망도 커지기 마련입니다.

앞서 이문재 교수님이 지적하신 부분을 잠시 언급하겠습니다. 저는 정치를 표현, 이를테면 개인의 표현과 그것의 관계 차원의 문제로 바라봅니다. 개개인에 내재한 표현 욕구를 서로 조정하고 중재하는 과정 말입니다. 그 과정에서 우리는 함께 가꿔야 할 이익과 가치, 목표와 비전의 공감지대를 찾을 수 있습니다. 그 지대를 찾아 나서는 것, 저는 그것이 정치라고 생각합니다. 우리는 이를 통해 개인과 공동체의 더 나은 미래를 말할 수 있습니다. 인간의 인간적 가치와 의미를 창조할 수 있습니다. 이 모든 것의 중심엔 누군가의 말처럼 '의식의 열림'이 있습니다. '사유와 실천의 포월 가능성'이 있습니다. 그리고 이를 촉진하기 위해선 시민사회와 대학이 정치의 재발견과 함께 공론의 장을 활성화하는 것이 필요합니다.

사회자 말씀하신 저항의 문제로 돌아가면, 저항방식이나 수준 또는 대안을 모색하는 과정 자체가 그리 쉽지만은 않다고 여겨집니다. 자칫 잘못하면 소모적인 갈등을 촉발하거나 사회관계를 복잡하게 만들 수도 있지 않겠습니까?

총장 어느 공동체나 생각이 매우 다양합니다. 그래서 공감대를 만들어내는 것이 중요합니다. 정답이 어디 따로 있을까요? 생각이 다른 사람들끼리 끊임없이 소통하는 노력이 중요하다고 봅니다. 그러다 보면 무언가 새로운 문화가 차츰 현실로 모습을 드러내지 않을까 합니다. 영어로 표현하면 '출현하다' '등장하다'라는 뜻의 'emerge'라는 단어가 여기에 적절하다는 생각이 듭니다.

체코 민주화 과정을 그 예로 들 수 있습니다. 현실적인 가능성이 전혀 보이지 않던 시절에도 새로운 미래에 대한 갈망과 노력이 있었습니다. 국민적 차원에서 부단히 논의하던 중에 시민의식의 저변이 무르익었습니다. 그러던 어느 날 체코슬로바키아 국민이 꿈꾸던 미래가 왔습니다. 자유와 평화, 존엄과 시민적 가치를 갈망해 온 사회의 저변의 힘이라 해야 할까요? 그런 여건이 조성되자 변화가 일어났습니다. 의식과 생각 그리고 문화의 변화를 이루는 데는 시간과 갈망, '더 나음'을 향한 열정이 필요합니다.

무엇이 대학의 미래를 만드나

미래대학의 역할

이문재 대학의 미래를 더욱 큰 맥락에서 전망하기 위해서 최근 전 지구적으로 일고 있는 새로운 흐름을 짚고 넘어갔으면 합니다. 얼마 전 프란치스코 교황께서 '생태회칙'*을 발표했고, UN에서는 '지속 가능한 세계를 위한 새로운 의제'SDGs, Sustainable Development Goals*를 발표했습니다. 교황의 회칙은 기존의 시장논리에서 벗어나 인간과 생명, 생명과 자연이 어우러지는 생태적 삶의 방식을 채택해야 한다고 강조합니다. UN의 새로운 의제는 기존의 선진국 대 후진국 구도에서 벗어나 전 지구적으로 지속 가능한 문명을 창출해야 한다고 말합니다. 미래대학의 방향을 모색할 때 이와 같은 큰 흐름을 진지하게 참조해야 한다고 생각합니다.

이영준 범위를 좁혀서 좀더 구체적으로 논의하기 위해 잠깐 정리해보지요. 총장님은 대담 모두에서 오늘날 가장 긴급하고도 중요한 사안으로 시장문명과 시장사회의 문제를 지적하셨습니다. 그에 대응하는 정치비전으로 아름다운 세상을 제시하셨고요. 순서를 거꾸로 바꾸면 아름다운 세상으로 가는 길에 시장문명이란 획일적 구조가 장애물이 될 수 있다는 말씀입니다. 이것을 대학에 적용한다면 어떻게 나타나는지를 살펴보았으면 합니다. 현재 한국의 대학이 직면한 가장 큰 위기는 대학구성원들과 모든 학문이 팔리기를 갈망하는 상품으로 전락했다는 점입니다.

우리나라 교육법에는 대학설립의 목적이 명시되어 있습니다. 2011년에 개정된 교육법 제28조는 이렇게 말합니다. "대학은 인격을 도야陶冶하고, 국가와 인류사회의 발전에 필요한 심오한 학술이론과 그 응용방법을 가르치고 연구하며, 국가와 인류사회에 이바지함을 목적으로 한다." 이처럼 대학은 인격을 도야하고 진리를 추구하고 인간의 이상적 가치를 실현하는 탐구의 장소여야 하는데 상품을 만들어내는 곳으로 전락한 것입니다. 그래서 학생들의 최종목표는 취업이 되었고 교수평가 제도는 논문 생산성을 상품가치처럼 재는 것이 현실입니다. 대학 사회가 아름다운 세상을 추구하는 지적 이성을 팽개치고 시장사회의 압력에 굴복해 포획된 것이지요. 그러니까 현재 우리 대학 사회가 사람들에게 미래에 대한 희망을 주지 못하는 근원적인 이유는 대학이 시장논리에 포획되어 본래의 사명을 망각했기 때문입니다. 이런 대학의 모습은 학생과 교수 그리고 사회에 고통을 줍니다. 가장 먼저 학생들이 절규하고 있는데 시장논리에 포획된 대학교수나 사회는 학생들의 절규를 외면하고 있습니다.

총장 대학도 현실 속에 존재합니다. 시장사회가 요구하는 경쟁이라는 경로를 피해갈 순 없습니다. 그것을 어떻게 이상적으로 풀어가는지가 중요합니다. 이는 대학마다 안고 있는 과제라고 봅니다. 역설적이게도 이상적인 원칙을 접목하는 것이 현실에서는 이상적이지 않을 수 있습니다. 학생들이 취업 준비를 열심히 하고, 교수진이 논문을 써 업적을 내는 일은 그 나름대로 훌륭하다고 인정해야 합니다. 이에 대해 대학의 본령이 무너졌다고만 하면, 그런 학생들과 교수진의 삶에 가혹한 처사가 아닐까요?

그러나 그것 자체만 목표로 삼고, 삶의 다른 가치는 도외시하는 것은 바람직하지 않다고 봅니다. 공부를 취업의 도구로만 여기거나 학문적 성취를 자신의 승진 수단으로만 생각하는 것은 공부나 연구의 본령을 훼손하는 일입니다. 그것을 개선할 책임이 대학에 있습니다. 그렇다면 어떻게 변화의 물꼬를 틀 수 있을까요? 의식의 전환을 위한 공동의 노력이 필요합니다. 구성원의 활발한 토론이 있어야 합니다. 정부나 사회, 언론기관도 진정성을 갖고 대학의 존재 이유를 깊이 성찰해야 합니다. 그것이 지금 우리에게 주어진 과제일 것입니다. 개인과 사회, 국가와 인류의 미래를 위한 교육과 연구, 실천에 앞장서는 대학. 도래할 문명과 인류의 위기를 극복하는 데 힘을 모으는 대학. 그런 대학의 미래를 위해 노력하는 일이 시대의 과제로 보입니다.

앞서 이문재 교수님이 제기하신 문제로 돌아가보겠습니다. 요즘 'UN' 하면 반기문 사무총장님이 계셔서 그런지 우리에게 친숙합니다. 하지만 예전에는 나와는 상관없는 기관으로 인식하곤 했습니다. UN이 연합군을 한국전쟁에 파병했다는 정도로만 아는 사람도 많았습니다. 그러나 요즘 우리는 UN을 통해 지구와 문명에 대한 정보와 전망 그리고 문제의식을 많이 얻습니다. 지구시민이 안고 있는 문제를 함께 해결하기 위한 다양한 협의와 합의도 활발히 이어지고 있습니다. UN이 추구하는 인류의 문제, 지구의 문제, 문명의 문제에 대한 각성은 어찌 보면 아주 크고 추상적인 개념입니다. 하지만 이 크고 추상적으로 보이는 관심을 통해 인류는 학습하고 있습니다. 문제를 하나씩 해결해가는 공동의 노력을 경험하는 과정이 거대한 인류사적 흐름으로 자리 잡아가고 있습니다.

그리고 그런 흐름은 아무리 성장과 팽창의 현실논리가 드세다 해도 막을 수 없다고 생각합니다. 이 물결의 여파를 대학이 어떻게 적극적으로 교육, 학습, 연구에 수렴할 것인지가 앞으로 중요합니다. 이런 작업에 정부와 사회가 함께 힘을 모아야 하는데 아직은 부족합니다. 최근 UN 총회에 참석한 박근혜 대통령께서 세계시민 교육에 적극적으로 동참하겠다고 발언했습니다. 그것을 현실로 이뤄내는 후속 조치가 뒤따르길 바랍니다. 세계시민에 대한 개념을 잘못 설정해 한류 열풍을 더욱 크게 일으키고, 문화상품을 판매하고, 돈을 많이 벌겠다고만 한다면, 그것은 본질을 잘못 짚는 것이 아닌가 합니다. 문제의 핵심을 깊이 들여다보는 것이 중요합니다. 현실을 둘러보고, 미래를 내다보는 것이 필요합니다. 물론 부 창출은 그 나름대로 큰 의미가 있습니다. 어느 나라나 생존과 번영을

제럴드 하비 존스, 「꽃가게」 복잡한 도시의 길모퉁이에 꽃가게가 있다. 날은 어두워지고 마차는 멈춰 서 있다. 노란 불빛과 하얀 가로등불이 뒤섞인 밤의 도시를 꽃들이 더더욱 매혹적으로 바꿔놓는다. 오늘날 우리는 이 지구별에서 어떤 존재일까? 아직 어린 가로수 하나가 마천루(摩天樓)와 키를 견주고 있다.

위해 필요로 합니다. 하지만 또 다른 측면도 봐야 합니다. 문명의 위기에 대처할 시민의식과 지구적 관심을 위해 노력하는 일입니다. 미래의 눈으로, 지구시민의 눈으로 오늘을 바라보는 것이 그 어느 때보다 절실한 시점입니다.

탁월성, 교육혁명의 열쇠

사회자 결국 어떤 가치를 중심으로 대학의 모습을 구성해나갈 것인지의 문제라고 봅니다. 그런데 현실에서 대학에 대한 평가 방식 그리고 학생들의 수업성취에 대한 평가 방식은 총장님이 방금 말씀하신 기준과는 상당한 거리가 있어요. 이게 변하지 않고서 대학의 목표를 새롭게 구성하는 일이 얼마나 가능할는지에 대한 회의도 존재하고요. 평가 기준을 바꾸는 것은 일종의 교육혁신 또는 교육혁명이라 할 수 있습니다.

총장 평가 기준은 결국 인간을 위해 교육이 지녀야 할 목표 그리고 대학이 존재하는 이유와 직결돼 있습니다. 경희대학뿐만 아니라 21세기라는 전환의 시대를 통과하고 있는 대학 사회 전체가 안고 있는 문제입니다. 그래서 대학의 지구적 탁월성을 담은 '세계 대학 위상 가이드라인'GEI, Global Eminence Index*을 만들었으면 합니다. 대학의 존재 이유 그리고 인간의 존엄과 가치를 문명의 미래와 연결해, 이를 대학 평가 기준에 반영하자는 것입니다. 물론 우리의 노력만으론 불가능합니다. 공감하는 대학과 시민사회, 국제사회의 힘과 지혜가 함께해야 합니다.

그런데 사실 이런 생각을 해온 해외기관이 적지 않습니다. 내용은 조금 다르지만, UN과 유네스코가 여기에 해당합니다. 인류문명과 고등교육의 지구적 미래를 성찰해온 그룹들도 있습니다. 1960년대 초, 아인슈타인이 참여해 영혼 없는 기술의 위험을 경고했던 '세계예술과학아카데미'WAAS, The World Academy of Art and Science*가 좋은 예입니다. 창립 후 계속해서 활발한 활동을 이어오고 있습니다. 국내에서도 이런 관심을 가진 대학과 기관이 있을 거라고 봅니다. 그런 기관과 사람들이 함께 뜻을 모아야겠지요. 공론의 장을 통해 대학의 존재 이유와 미래가치를 심도 있게 다루었으면 합니다.

사회자 결국은 대학의 탁월성을 무엇으로 보는지가 핵심이 될 것 같습니다.

총장 중요한 말씀입니다. 사실 '탁월성' 하면 대체로 경쟁력을 떠올립니다. 주로 연구·교육에 관련된 경쟁력이 기준이 됩니다. 그런데 그 탁월성이 무엇을 위한 것인지 물어야 합니다. 이 시대가 요구하는 다양한 삶의 가치와 목표, 공적 기여를 위한 것인지 물어야 합니다. 어떤 조합을 이룰 것인지에 따라 탁월성의 기준은 달라집니다. 미래대학은 경제가치 외에 주력해야 할 분야가 많습니다. 우리가 함께 풀어가야 할 빈곤과 질병, 소외와 인권, 자유와 존엄, 환경과 기후변화, 갈등과 폭력 같은 다양한 문제를 다뤄야 합니다. 또 이 모든 삶의 가치에 근본이 되는 정신적 풍요와 문화적 성숙을 이어가는 데도 더 많은 노력을 기울여야 합니다. 미래를 위한 그런 성찰적·전망적 노력을 이어가는 것이 이 시대의 문명사적 위기와 함께 대두된 대학의 소임일 것입니다. 탁월성은 그런 시야에서 재조명돼야 합니다. 문명의 풍요와 함께 지속 가능한 인간과 지구의 조건, 그 미래의 철학을 말해야 합니다.

이문재 평가문제와는 조금 다른 이야기가 될지 모르겠습니다만, 대학 혁신과 연관 지어보면 교육이란 말 대신 학습이나 배움이란 말을 쓰기 시작했다는 것에 큰 의미가 있는 것 같습니다. '교육에서 학습으로' 이동한다는 것은 고등교육을 혁신하는 중요한 축이라고 생각합니다. 총장님께서는 어떤 계기로 교육을 학습으로 전환해야 한다고 생각하시게 됐는지요? 그리고 교육에서 배움으로 전환할 때, 학생들은 큰 문제가 없겠지만, 기존의 교육 패러다임에 상당 기간 익숙해 있던 교수들은 진입장벽이 높다고 느낄 것 같아요. 어떻게 생각하시는지 궁금합니다.

총장 교육을 뜻하는 영어 'education'의 어원에는 '내재한 것을 밖으로 끌어내는 대화 과정'이라는 뜻이 있습니다. 소크라테스가 했던 방식이 바로 그 본보기라고 합니다. 그런 교육엔 수평적 소통이 중요해집니다. 어느 일방이 교육할 권위를 갖는 것이 아닙니다.

누군가가 자신의 지식이 '절대적'이라고 내세우는 순간 교육공동체는 무너집니다. 그건 닫힌 체제이고 닫힌 논리입니다. 오만과 편견의 산물일 수도 있습니다. 그런 오만과 편견을 '교육적'이라 부를 수는 없겠지요. 교육 또는 학습이라는 개념은 그래서 열려 있어야 합니다. 열린 대화와 소통을 전제해야 합니다. 그런 가운데 이뤄질 수 있는 목표가 교육이고 학습일 것입니다.

큰 학문을 하는 '대학'大學이 이런 역할을 자임하는 것은 당연한 일입니다. 앞서도 말씀드렸지만, 자신이 젊은 시절에 쓴 논문을 계속해서 품고 살면서 지적 모색을 멈춘다면 지적 미숙을 스스로 고백하는 것입니다. 교육과 학습은 서로의 마음과 의식을 열어갈 때 결실을 맺을 수 있습니다. 더 큰 목적을 달성할 수 있습니다. 끊임없이 소통하고 교감하는 열린 학습의 길로 학생들을 안내하는 것이 바람직하다고 봅니다. 학생들은 주체적 삶, 창조적 삶을 스스로 이끌어갈 미래의 주역이기 때문입니다.

그리고 대학이 추구해온 지식의 권위에 대해서도 다시 한 번 생각해봐야 합니다. 시공을 초월해 지식의 권위는 존중받아왔습니다. 앎의 세계를 열어야 하고, 또 그렇게 하는 것이 생존과 번영에 절실한 문제이기 때문입니다. 하지만 지식의 권위가 '일방적 교육' '절대적 가르침'으로 이어지는 순간 '권위'는 '권력'이 됩니다. 이 시대는 그것을 원치 않습니다. 그렇다면 교육자와 피교육자 모두가 '무한 학습의 길'을 열어야 합니다. 우리는 탐색 가능한 지식의 극히 일부만을 소유할 수 있습니다. 바로 이 점에 무게를 실어야 이문재 교수님께서 말씀하신 '교육'에서 '학습'과 '배움'으로 패러다임이 바뀝니다. 그런 전환을 이룰 때 교육자가 접할 수 있는 '진입장벽'을 해소할 수 있지 않을까요?

소통과 융합으로 달라지는 교육

이영준 총장님께서 학생들과 나눈 대화에서 하신 말씀이 생각납니다. 우리나라가 산업화나 경제적 성장에서는 대단한 발전을 이루었는데도 이 사회에 문제가 많은 것은 그 정책을 이끈 정책입안자들이나 전문가들이 폭넓은 사고를 하지 못하고 자기 분야에만 매몰되어 있기 때문이라고 하셨습니다. 사회 전체를 보는 안목이 없는, 아주 국한된 분야의 전문가들로선 더 이상 미래의 비전을 만들어낼 수 없다는 의미로 이해됩니다. 그리고 현재의 대학 사회도 세분화된 분과학문의 영역 안에 갇혀 있어서 폭 좁은 길을 가고 있다고 지적하셨습니다. 예를 들어 수학을 공부하면서 철학을 공부하고, 철학을 공부하면서 수학도 공부할 수 있게 선택할 수 있는 여건을 조성해야 좀더 폭넓은 비전을 품은 인재들을 양성할 수 있다고 하셨지요.

세분화된 전공 일변도의 대학교육을 폭넓게 인간을 이해하고 미래에 대한 비전을 생산할 수 있는 교육으로 전환하기 위해서 후마니타스칼리지를 설립했습니다. 하지만 이것은 시작에 불과하다고도 할 수 있습니다. 구체적으로 어떤 변화를 더 구상하고 계시는지요?

하나 더 추가질문을 하자면, 학생들과 나눈 대화에서 학생들은 브라운 대학의 독립연구 사례를 들면서 교과목 개혁을 요구했습니다. 이런 요구에 대해 어떤 생각을 하시나요?

총장 우선 우리 대학은 몇 년 전 구성원 스스로 '미래협약'이라는 것을 선언했습니다. 구성원이 공동체 내에서 어떻게 서로의 존엄을 지켜주고, 이를 위해 교수·학생·직원이 어떤 마음가짐으로 임할 것인지를 담았습니다. 구성원 스스로 협약을 맺었기 때문에 보람되고 의미가 있었습니다.

이제 그다음 단계는 무엇일지도 고민하고 있습니다. 대학 구성원 사이의 관계뿐만 아니라 어떤 가치를 지향해갈 것인지도 활발하게 논의를 시작했으면 합니다. 물론 생각의 차이가 있을 수 있습니다. 하지만 실제 서로 대화해보면 생각과 관점 차이에서 비롯하는 문제는 미미합니다. 중요한 것은 차이의 문제를 구성원 스스로 제기하고 고뇌하면서 더 나은 미래를 함께 찾아 나서는 과정입니다. 우리 스스로 긍지를 느끼는 학술기관, 세상이 존중하는 고등교육기관으로 발전하는 것이 대학의 미래와 자율성을 지켜낼 수 있는 길입니다. 미래와 대학이 만나는 지점을 새롭게 하는 일이기도 합니다.

세분화된 전공교육을 더 의미 있게 하는 일에 관해선 이렇게 생각합니다. 지난 수백 년, 학계는 전공을 쪼개고 쪼개는 학문의 길을 걸어왔습니다. 이른바 산업화와 시장화가 빨라지면서 지식은 그런 변화를 경험했습니다. 어디까지 분화할 것인지, 또 그 끝은 어디인지 답은 없습니다. 다른 시각으로도 생각해봐야 합니다. 만약 분화된 지식이 그것의 근간인 인간과 자연, 문명과 역사 그리고 우주에 대한 이해를 중시하지 않는다면 분화엔 어떤 의미가 있을까요? 그때도 분화된 지식만이 살길이라고 할 수 있을까요? 분화된 전문지식은 소중합니다. 하지만 우리는 인간의 삶과 사회, 세계의 미래를 위해서 지식의 근본을 짚어야 합니다. 그래서 전공교육과 기초교양 교육의 소통과 협력을 이뤄내는 것이 중요합니다. 이제 한걸음 더 나아가야 합니다. 전공 간 벽을 넘어, 학문과 배움의 더 넓은 길을 열 필요가 있습니다. 교류와 협력을 통해 더 온전한 삶과 학문을 이루기 위한 노력이 필요합니다.

교수와 학생이 함께하는 독립연구도 말씀하셨습니다. 집중 연구를 위해서건, 시민교육을 위해서건, 아니면 창업 준비를 위해서건 여러 형태의 독립연구를 생각해볼 수 있습니다. 여기에도 역시 탁월성이 중요해보입니다. 교수님들과 학생들이 함께 깊이 논의해가면서 발전시켰으면 합니다. 성취도에 대한 평가 기준도 자아를 성찰하고 개인과 사회, 미래를 위한 탁월한 성취를 준비하는 데 도움이 되는 내용이면 좋겠습니다.

사회자 거기서 빠져선 안 될 얘기가 역시 상대평가와 절대평가를 둘러싼 논란입니다.

총장 어떤 학생이 어느 면에서 능력이 탁월하다는 식의 평가를 요즘은 초등학교에서도 한다지요? 그런데 대학에선 그렇지 않습니다. 아쉬운 대목입니다. 사실 요즘 취업시장에서도 학점이 유일한 평가 기준은 아닌 것으로 알고 있습니다. 우리나라에선 추천서가 별로 신뢰받지 못합니다. 만일 추천서 문화가 신뢰를 얻게 되면, 평가 방식이나 기준도 자연스럽게 달라질 겁니다. 문제는 대학에 대한 불신이 없지 않다는 점입니다. 대학의 노력과 사회인식이 함께 가는 방식이 만들어져야 합니다. 그러면 문제는 생각보다 쉽게 해결할 수 있습니다. 우리 사회는 어떤 인재를 필요로 하고, 기업이 원하는 인재상은 무엇인지, 또 나라와 인류의 미래가 요청하는 학문의 폭과 깊이는 무엇인지와 같은 물음을 대학과 사회가 함께 찾아 나서는 과정이 중요합니다. 평가엔 뛰어난 논리력, 풍부한 상상력, 탁월한 분석력과 기획력, 인화人和하는 리더십 같은 여러 기준이 있습니다. 학생들의 그런 역량에 주목했으면 합니다.

'곡예사'의 각오

우기동 지금까지 하신 말씀 속에서 인간적인 고뇌, 교육자로서의 고뇌, 학자로서의 고뇌를 읽을 수 있을 것 같습니다. 또 다른 차원에 대학의 핵심가치를 구현하기 위해 대학혁신을 추진하는 과정에서 학교를 책임지는 총장으로서 어떤 고뇌가 있으신지요?

총장 앞에 말씀드렸던 평가 기준의 변화도 고뇌의 한 단면입니다. 아무리 제 개인적인 생각이 있어도 중요한 건 구성원의 중지입니다. 그런데 의견과 관점 차이를 줄여나가는 과정이 쉽지만은 않습니다. 가령 대학 내에는 시장논리를 따라 경쟁력 위주로 가야 한다고 생각하시는 분들이 있습니다. 이와는 대조적인 분도 물론 많이 있습니다. 서로 다른 의견과 목소리가 함께 존재하는 현실에서 공감과 합의를 도출하는 것이 중요합니다. 더 어려운 문제는 이해관계에 얽힌 부분이겠지요. 우리 대학도 현실사회와 현실정치에서 자유롭지 않습니다. 각자 설정한 실리가 충돌하는 경우가 있습니다. 이런 충돌을 어떻게 대학발전으로 승화시킬지가 중요해집니다. 우리가 원하는 '명문의 조건'은 무엇인지, '대학다운 대학'의 미래를 위해 어떤 꿈과 목표를 공유할지, 이를 위해 또 어떤 의사결정 과정을 거칠지, 그런 문제들을 항상 염두에 둬야 합니다. 지금은 과거처럼 권위주의 시대가 아닙니다. 행정력의 직권을 통해 일방적으로 일을 도모하는 것은 바람직하지 않습니다. 어려운 결정을 할 때, 우리 안의 진실과 양심 그리고 가치의 소리에 귀를 기울이는 것이 중요하다고 봅니다. 동시에 현실과 이상의 조화로운 결합도 필요합니다. 대학의 역사와 전통을 아우르고, 미래를 내다보면서 정의롭고 존중받는 학술·교육·실천기관이란 화두를 견지하려고 합니다.

사회자 '곡예사의 비애'로 들립니다. (모두 웃음)

총장 하하, 그런가요? 어찌 보면 현실을 살고 있는 우리 모두는 곡예사일지 모릅니다. 누군가의 말처럼 '현대의 험난한 속세'를 살고 있는 인간은 '치열하고 쟁투적인 생명의 조건'과 '초극의 세계'를 잇는 밧줄 위를 위태롭게 걷고 있으니까요. 그렇다 하더라도 비애까지는 아닙니다. 균형점과 미래를 위해 늘 긴장하고, 마음을 굳게 먹는 것이겠죠.

이영준 제가 경희대에 온 뒤로 오랫동안 궁금해하던 것이 있습니다. 경희대는 한국의 어느 대학과도 다른 독특한 대학입니다. 바깥에서는 잘 모르는 점이 많아요. 우선 경희대는 다른 대학에서 개설하지 않은 시민교육 교과가 전교생 필수과목이죠. 그리고 배움 학점제라고 해서 학생들이 직접 강의내용과 강사를 제안해 개설하는 강의가 학기마다 10개 정도씩 됩니다. 한국의 어느 대학도 하지 않는 걸 오래전부터 해왔다는 사실을 바깥에서는 모릅니다. 평화복지대학원GIP, Graduate Institute of Peace Studies*을 설립해 평화를 고민하고 그 분야의 지도자를 오랫동안 양성해왔다는 사실을 아는 사람도 많지 않습니다. 시장사회에선 시장가치가 없으면 관심이 없다는 증거가 아닐까 생각합니다.

최근에는 후마니타스칼리지를 설립해 사회적인 주목을 받게 되었는데요, 경희대가 가진 전통에서 보면 새로운 것은 아니거든요. 예를 들자면, 수동적인 지식습득이 아니라 능동적인 학습과 실천은 '문화세계의 창조' 같은 교시에 이미 드러나 있습니다. 다른 학교처럼 진리나 자유 같은 단어를 내세우는 것이 아니라 창조를 내세워서 만들어간다는 능동성이 있는 겁니다. 진리와 자유도 좋지만 문제는 그걸 배운다는 자세에는 후진국 특유의 따라잡기와 정신적 수동성이 있다는 것입니다. 그런데 경희대는 문화세계라는 비전을 만들어간다는 주체적 능동성을 강조하고 있습니다.

그런 태도가 전통이 되었고 나름의 독특한 교과목을 만들어낸 것이 아닌가 합니다. 이처럼 경희대는 다른 학교가 가지 않는 길을 가고 있는데, 그 과정에서 겪은 총장님 특유의 경험을 듣고 싶습니다. 취임하시고 나서 대학다운 대학을 만들자고 결심하셨을 때, 남들은 전혀 생각하지도 못했을 어려움과 고민이 생기셨을 것 같아요. 대학 내부에서 오는 어려움은 무엇이고 외부에서 오는 어려움은 무엇인지, 또 그 두 문제는 어떻게 다른지요?

사회자 아, 이제 밤을 새워야 할 듯한 징조가 보입니다. (모두 웃음)

총장 종료 후에 밤새 이야기할까요? (모두 웃음) 아무튼 한국 사회가 겪는 고민이 우리 대학에도 물론 있다고 생각합니다. 시대도 많이 변했고, 의식도 많이 변해가는 걸 최근 많이 느낍니다. 그런 가운데 어떤 공감대가 조금씩 만들어지고 있다고 봅니다. 여기서 중요한 것은 현실과의 끊임없는 대화라고 생각합니다. 현실과 대화하지 않는 실험을 개인적으로 해볼 수 있겠지요. 그 실험의 결과는 오롯이 자신의 몫입니다. 하지만 공동체는 다릅니다. 조심스러운 행보가 필요합니다. 되도록 실패를 줄여야 합니다. 의도하지 않게 자칫 구성원이 피해를 볼 수도 있습니다.

그런 생각과 함께 가치의 중요성을 인식하는 연결지점을 찾아내는 일이 중요합니다. 나와 견해가 다른 사람과 대화하는 과정이 필요합니다. 물론 이렇게 말하고 있는 저 자신이 이것을 잘하고 있다는 것은 아닙니다. 늘 돌아서면 반성하고, 후회도 많이 합니다. 시간이 지나면서 부족한 자신도 자주 발견하게 됩니다. 그러나 항상 잊지 말자고 노력하는 부분이 있습니다. 내부적으론 대학다운 대학으로서 경희대는 무엇을 해야 하고, 또 어떻게 인간적이고 세계적인 탁월성을 만들어낼지 고민합니다. 외부를 향해선 획일적인 경쟁 체제의 제약과 기대에 어떻게 대처해갈지를 고민합니다. 우리가 지향하는 탁월성을 사회와 어떻게 공유할까 하는 생각도 합니다.

사회자 역시 대학의 탁월성은 어떤 경우에도 놓칠 수 없는 과제인 것 같습니다.

총장 어찌 보면 해외의 유서 깊은 명문대학은 이런 고민을 우리보다 는 덜 하는 것 같습니다. 특히 탁월성에 관한 부분이 그렇습니다. 가치기준을 확고하게 잡은 지 오래됐기 때문이겠지요. 일종의 공 감과 합의가 오랜 역사를 통해 만들어져 있습니다. 그러나 역사가 짧은 우리는 가치기준이 아직 견고하게 자리 잡지 못했습니다. 우 리 사회의 교육계나 평가기관이 세계적인 명문대학이 추구하는 탁월성의 구체적인 실상은 무엇이고, 그 역사와 전통은 어떻게 만 들어졌는지, 또 어떤 철학과 함께 미래를 꿈꾸는지 깊이 살폈으면 합니다. 우리나라에도 세계의 학계가 주목하고 존경하는 대학을 만들기 위해선 심층적인 분석이 필수적입니다. 그것이 없으면 한 국적인 편견과 왜곡에 머물지도 모릅니다. 이를테면 교수 학생 비 율, 논문 수, 외부 프로젝트 규모, 시설과 같은 본질 외적 현상에 관 심을 두게 됩니다.

세계의 유서 깊은 명문대학들엔 구성원과 학계가 공유하는 가치 가 있습니다. 학술 면에선 교수 한 사람 한 사람의 학문적 탁월성 을 최우선 가치로 꼽습니다. 학자로서 독창적인 이론과 철학이 있는지, 저서와 논문이 권위 있는 학계의 주목을 받는지를 대단히 중시합니다. 교육 면에서도 그렇습니다. 교수진 스스로 권위를 존중하는 평가 시스템이 있습니다. 새로운 과목을 개설하려면 동료 교수의 평가가 있어야 합니다. 더 나은 교육을 위해 교수진, 특히 젊은 교수진은 대학이 제공하는 프로그램에 참여합니다. 학생과의 대화와 소통을 중시하고, 강의도 학생뿐 아니라 동료 교수들의 평가와 제언을 받기도 합니다. 학과와 단과대학, 대학원 교육 프로그램은 그 탁월성에 대해 대학본부는 물론이고, 법인 이사회 산하 위원회의 평가를 받습니다. 이런 것들이 모여 학술과 교육 부문의 진정성과 탁월성 그리고 권위를 만들어낸다고 생각합니다. 그리고 그것의 공적 가치, 사회적·지구적 차원의 결실에 큰 의미를 부여합니다. 또 최근엔 대학의 공적 책임을 확장하기 위해 지역사회를 넘어 세계로 학문적·실천적 참여의 폭을 넓히고 있습니다. 앞서 잠깐 언급했지만 인류의 지구적 의제, 특히 보건과 기후변화 문제를 다루기 위해 설립된 하버드 대학의 '세계보건원'Global Health Institute이 좋은 예입니다.

우리의 경우 개선해야 할 부분이 적지 않습니다. 시장논리를 중심으로 대학을 평가하는 경향이 강합니다. 물론 해외 명문대학도 산학협력, 연구비 규모, 특허 등을 위해 노력합니다. 하지만 그것을 명문의 핵심요건으로 보진 않습니다. 대학마다 특성이 다르기 때문입니다. 좀더 정확히 말해 대학이 추구해야 할 핵심가치를 시대와 미래가 요청하는 탁월한 지식과 지성 그리고 지구적 참여global engagement에 둡니다. 우리는 지금 시장과 산업 활성화입니다. 물론 이 기능도 중요합니다. 그러나 그것은 일차적으로 정부의 몫이고 기업의 몫입니다. 대학이 정부와 시장 그리고 산업체의 도구적 기능에 머물게 되면 대학의 근간인 인간과 사회 그리고 세계를 위한 'Veritas'와 'Praxis'는 위축됩니다.

매년 노벨상 수상자를 발표하면 한국 사회는 한숨을 내쉽니다. 사회가 바라마지 않는 수상자가 그간 한 명도 없었습니다. 왜일까요? 돈이 없어서일까요? 아니면 세계적인 대학 건설에 관심이 없어서일까요? 이 문제를 깊이 성찰해야 합니다. 대학도, 정부도, 기업도, 언론도 깊이 생각해봤으면 합니다. 세계의 명문대학들은 교양과정이 강합니다. 인간과 문명, 우주와 자연, 미학과 예술, 공적 책임 분야에 폭넓은 교과과정과 비교과과정을 탄력적으로 운영합니다. 그런 강좌를 우리보다 훨씬 더 많이 개설합니다. 전공교육도 그렇습니다. 학부에선 전공과목 수가 우리보다 훨씬 적습니다. 학문의 깊이와 대안적 사유능력 그리고 상상력 키우기와 문제해결 능력에 주력합니다. 거기에 많은 힘을 쏟아붓지요. 대학원 과정도 학습의 강도가 매우 높습니다. 그 분야 최고의 학자를 키워내기 위해 심혈을 기울입니다. 교수진은 교육에 대한 책임의식과 함께 대학의 본령인 진리 탐구에 주력합니다. 조교수, 부교수, 정교수 과정을 거치면서 자신만의 독특한 이론과 철학 그리고 학설을 정립하기 위해 부단히 노력합니다. 대학 행정은 그런 노력을 지원하는 것을 최선의 가치로 받아들입니다. 앞서 말씀드린 학계의 거장 린드블롬 교수는 올해 98세인데 예일 대학이 여전히 경의를 표하며 영예롭게 생각합니다. 이것이 우리가 추구해야 할 대학문화의 한 표상이 아닐까요?

대학의 '거의 모든 것'은 학문세계입니다. 우리도 이를 위해 심혈을 기울여왔습니다. 앞서 이영준 교수님이 말씀하셨듯이, 경희대는 이외에도 또 다른 가치를 지향해왔습니다. 인간을 위한 학문, 문명을 위한 학문과 함께 그것의 사회적·지구적 실천을 강조해왔습니다. 진리와 실천, 학문과 공적 실천의 조화로운 결합을 위해 앞으로도 더 많은 노력을 기울이고자 합니다.

내 영혼의 울림

사회자 오랜 시간의 대담이었습니다. 아쉽지만 마무리해야 할 것 같습니다. 두 가지 질문을 드리고 싶습니다. 첫 번째 질문은, 그래서 총장님은 무엇을 가장 사랑하시나요? (모두 웃음) 두 번째 질문은 지금까지 해왔던 여러 차례의 대담이 우리 사회에 어떤 울림을 주기를 기대하거나 갈망하시는지요?

총장 하하. 마지막 질문도 역시 어렵네요. 김민웅 교수님이 단단히 벼르신 것 같습니다. (모두 웃음) 어려운 질문일수록 단답식으로 얘기해야겠지요? 글쎄요, 양심이라고 해야 할까요? 우리가 함께할 수 있는 양심이 중요하다고 봅니다. 양심conscience과 함께 아름다움도 중요한 것 같습니다. 자신을 돌아보면서 스스로 무엇이 가장 의미 있고 보람되고 아름다웠는지를 생각하는 것이 의식의 진전을 기하는 원동력이 아닐까 합니다. 하나 더 덧붙이자면, 더 나은 세상을 만드는 갈망과 의지라고 하겠습니다. 그리고 또 뭐였지요, 질문이?

사회자 사랑에 취하셔서 질문을 잊어버리셨군요. (모두 웃음) 이 대담을 통해 우리 사회에 어떤 마음이 태어나게 하고 싶으신가요?

총장 대담의 시작은 올해 초 한 월간지와 가졌던 인터뷰였습니다. 그때 현실의 삶에선 너무 먼 것 같은 우주 이야기로 시작했습니다. 사실 큰 이야기입니다. 그러나 우리의 삶과 그리 멀거나 공허한 이야기라고만은 보지 않습니다. 그 이야기가 함축하고 있는 것이 실로 많다는 생각을 합니다. 내 사유의 틀이 무엇인지, 내 안의 세계는 무엇이고, 인간은 누구인지 그리고 내가 바라는 미래는 또 어떤 것인지와 같은 물음이 인식의 지평을 넓혀주기 때문입니다. 결국 우린 죽으면 모두 한 줌의 흙으로 돌아갑니다. 그건 우주로 복귀하고 소속된다는 말입니다. 우리의 생은 짧습니다. 그 짧은 생과 함께 나 스스로 부여하는 삶의 의미와 가치를 함께 생각해보자는 마음이 있었습니다. 그리고 이를 위해 공론의 장을 마련해보자는 생각이었습니다.

결국 내 영혼과 양심의 울림에 귀 기울이는 것이 중요하다고 봅니다. 그렇게 해서 보이는 우주적 풍경과 인간적 풍광의 결합을 내 안에 들이는 일이 필요하다고 생각합니다. 우리가 갈망하는 미래를 오늘로 불러오는 담론의 장을 열어보고 싶었습니다. 현실의 틀을 넘어서는 '실존혁명,' 내 안의 미래를 열어가는 '사유혁명.' 그 가능성을 함께 생각해보고자 했습니다. '역사의 미래'를 위해 고군분투하는 일은 현실의 모순과 한계를 헤쳐가야 할 인간의 소임입니다. 인간의 생존과 번영에 필요한 물적 기반 구축과 함께 더 큰 정신세계의 가능성을 열어가는 일일 것입니다.

사회자 우주와 문명에 대한 담론으로 시작해서 시적 갈망으로 마무리 지으셨네요. (모두 웃음) 내 영혼의 진동, 내 안에 담긴 우주, 내 안에 존재하는 미래를 어떻게 태어나게 할 것인지 함께 마음을 나눠본 시간이었습니다. 우리의 고뇌와 갈망이 이 시대를 살아가는 모든 이에게 깊게 스며드는 기쁨을 기대해봅니다. 모두 오랜시간 애쓰셨습니다. (박수)

앙리 마티스, 「춤 II」, 1910 결국, 함께 손잡고 세상을 바꾸어가는 것이다. 삶과 죽음, 사랑과 평화의 신비를 손에 담고 어울리면, 세상은 아름다운 무대로 바뀌지 않을까? 그것은 결국 우주의 리듬이고 역사의 맥박이며, 인간의 숨결이다.

용어 해설

1부

국경 없는 의사회 Médecins Sans Frontières

국제 인도주의 의료구호단체다. 1971년 나이지리아 내전으로 발생한 기아 문제를 해결하기 위해 프랑스 의사와 언론인이 힘을 합쳐 설립했다. 현재는 분쟁, 질병, 영양실조, 자연재해, 인재 등으로 고통 받는 사람들을 위해 긴급 구호를 펼친다. 이 기구의 이름에서 알 수 있듯이, 인간이 그어놓은 인위적 경계선을 넘나들며 전 세계 70여 개국에서 3만여 명이 활동 중이다.

해비타트 Habitat

'모든 사람에게 안락한 집이 있는 세상'이라는 비전과 함께 1976년 미국에서 설립된 비영리 국제단체다. 전 세계 70여 개국에서 집과 마을을 지어주며 열악한 주거환경으로 고통 받는 사람들에게 희망을 전한다. 2014년까지 100만 채 이상의 집을 지었고, 약 500만 명이 혜택을 받았다. 카터 전 미국 대통령의 활동으로 널리 알려지게 됐다. 인간의 주거권에 대해 새롭게 인식했고, 최근에는 주거환경까지 고려한 주거정책을 입안하는 일에도 관심을 두고 있다.

그린피스 Greenpeace

환경파괴에 대항하는 캠페인을 벌이고 환경파괴 현장을 고발하는 국제 환경 보호 단체다. 1971년 설립된 이후 범세계적인 지식과 자원을 활용해 초국가적인 환경문제에 대응해왔다. 멸종위기에 처한 생물을 보호하는 것에서부터 핵잠수함 입항반대에 이르기까지 다양한 영역에서 활동 중이다. 유럽, 아메리카, 아시아, 아프리카, 태평양에 걸쳐 40여 개국에 사무소를 두고 있다.

NGO

Non-governmental Organization의 약자로 국가 기관이 아닌 시민 중심의 조직, 기구, 단체를 말한다. NGO는 비정치적 활동뿐만 아니라 정치적 성격의 활동도 펼친다. 때로는 정부와 대립하기도 하고, 반대로 정부를 옹호하고 지원하기도 한다. 중요한 것은 NGO의 독립성과 대중적 신뢰다. NGO의 활동은 정치가 감당하지 못하는 영역을 포괄할 수 있다. 정부 정책의 대안적 모델을 제시하기도 한다는 점에서 중요한 의미를 갖는다.

Empowerment

시민들의 주체적 역량이나 시민권(市民權)을 강화하는 데 이바지하는 노력 또는 활동을 뜻한다. 어떤 사안에 대해 empowerment를 위해 노력하는 조직은 자신이 해결을 주도하지 않고 시민이 자발적으로 해결하도록 지원한다. 이런 조직을 enabler(추동자)라고 한다. 이런 경험을 통해 시민의 주체성은 강화된다.

유엔아카데미임팩트 UNAI, United Nations Academic Impact

UN 산하 기구로서 고등교육의 발전을 위해 세계적 연대와 협력을 도모한다. 교육의 질적 향상과 양적 확대가 인류 미래복지의 근간이라는 비전을 지니고 활동한다. 반기문 유엔사무총장이 창설을 적극적으로 지지했고, 국내 대학들도 상당수 참여하고 있다.

유엔글로벌콤팩트 UNGC, United Nations Global Compact

UN과 기업이 협조해 발의한, '기업의 자발적인 사회적 책임 실현 기획(initiative)'이다. 인권, 노동, 환경, 반부패 분야에서 유엔-기업 간 파트너십을 맺어 지속적인 균형발전을 이루고자 노력한다. 1999년 1월 31일 스위스 다보스에서 열린 세계경제포럼에서 코피 아난(Kofi Annan, 1938~) 유엔 전 사무총장이 비즈니스 리더들에게 UNGC에 동참할 것을 권장했고, 2000년 7월 창설회의가 열렸다.

『지구의 정복자』 The Social Conquest of Earth, 2012

에드워드 윌슨(Edward Wilson, 1929~)의 책이다. 인간은 경쟁보다는 협력을 통해 사회적 진화를 이뤄왔다. 이것이 인류가 지구의 사회적 주도권을 갖게 된 가장 중요한 요인이다. 인간의 진화가 이기적 유전자의 결과라는 자신의 기존 주장에 스스로 도전장을 내민 것이다. 인간의 미래는 결국 이타적 협력에 달려 있다고 주장한다. 윌슨은 이 책의 서두에 고갱의 그림을 소개하며 인간이 어디서 와서 어디로 가는지에 대한 실존적인 질문을 던진다. 이어 인간의 실존적 여정에서 가장 소중한 것은 협력, 이타적 관심과 행위임을 설파한다. 협력하는 인간의 힘에 주목하고 이를 진화생물학의 새로운 윤리적 목표로 설정하고 있다는 점에서 주목할 만한 책이다. 책 출간 당시 전 세계적인 논쟁을 불러일으켰다.

드니 디드로 Denis Diderot, 1713~84

계몽시대에 활약한 프랑스의 백과전서파 철학자다. 애초에는 볼테르를 추종했으나, 이후 자신의 독자적인 철학세계를 구축했다. 요한 볼프강 폰 괴테(Johann Wolfgang von Goethe, 1749~1832), 프리드리히 실러(Friedrich Schiller, 1759~1805), 마리 스탕달(Marie Stendhal, 1783~1842), 오노레 드 발자크(Honoré de Balzac, 1799~1850) 등의 후세대 철학자와 문학가에게 지대한 영향을 미쳤다. 디드로의 철학은 이성을 강조했던 계몽주의와 다르다.

감정의 근원과 융화하는 방향을 모색하며 온전한 인간의 의미를 탐색한다. 무신론을 대체할 철학의 토대를 어떻게 세워나갈지도 디드로의 주요한 관심사다. '신이 사라진 시대의 인간 운명'이라는 주제를 서구 철학사에 남겼다.

『코스모스』 Cosmos, 1980

『코스모스』는 1980년 전 세계에 방송된 칼 세이건(Carl Sagan, 1934~96)의 다큐멘터리 「코스모스」를 책으로 엮은 것이다. 이 책은 단순한 우주 이야기가 아니다. 과학발전이 인간의식과 삶에 어떤 영향을 미쳤는지를 다룬다. 우리는 광대한 우주에서 보잘것없는 창백하고 푸른 점, 지구에 살고 있다. 인류는 지구 전체의 생명, 생태계와 함께 살아가는 길을 찾아야 한다. 세이건은 인간이 국가, 종족, 종교를 넘어 지구와 우주 그리고 생명에 소속되어 있다는 엄연한 사실을 빅 히스토리의 관점에서 일깨운다.

위험사회

독일 뮌헨 대학의 울리히 벡(Ulrich Beck, 1944~2015)이 『위험사회』(*Risk Society*, 1986)에서 다룬 개념이다. 성찰과 반성 없는 근대화가 가져온 위험요소의 증가를 경고한다. 벡은 산업사회의 경제성장과 기술발전이 도리어 인간의 안전에 중대한 위협을 가한다면서 이에 대한 대응이 절실하다고 강조한다. 실제로 대규모 인재가 잇달아 발생하면서 세계적인 주목을 받았다. 발전논리를 중심으로 전개되던 근대사회를 비판적으로 성찰하는 계기를 제공했다.

비스와바 쉼보르스카 Wisława Szymborska, 1923~2012

폴란드 출신의 시인이다. 1945년 데뷔한 이래 사회주의 리얼리즘에 입각한 시세계를 보여줬다. 그 후 역사와 예술의 상관성에서부터 현대문명 비판에 이르기까지 다양한 주제를 다뤘다. 간결한 문체, 핵심을 찌르는 명징한 언어, 풍성한 비유로 '시세계의 모차르트'라고 불린다. 독일 괴테 문학상을 비롯해 폴란드 펜클럽상을 받았고, 1996년에는 노벨문학상을 받았다. 국내에는 시 선집 『끝과 시작』(*The End and the Beginning*, 1993)이 2007년 번역·출간되어 널리 읽히고 있다.

뿌리 없음groundlessness

인간의 근원적 특성과 한계에 관한 철학적 개념이다. 루트비히 비트겐슈타인(Ludwig Wittgenstein, 1889~1951)의 논리실증주의와 마르틴 하이데거(Martin Heidegger, 1889~1976)의 실존주의에서 등장한다. 인간존재의 현실은 인간에게 새로운 뿌리와 근거를 치열하게 모색하게 한다. 그 과정에서 인간은 인간 사이에 그어진 인위적 경계선을 넘는 인간본질의 뿌리를 탐구한다. 그러나 인간은 결국 절대적으로 의존할 뿌리가 없음을 깨닫고 실존의 근원을 새롭게 탐색한다. 이와 같은 노력은 인류의 미래에 대한 책임의식으로까지 확장된다.

신의 죽음

"신은 죽었다"라는 프리드리히 니체(Friedrich Nietzsche, 1844~1900)의 언명이다. 신에 의존해 모든 것을 정당화한 유럽 문명의 해체를 증언한다. 니체는 새로운 시대의 문이 열리는 지점에서 인간이 어떤 근거로 자신의 마음 정신 영혼을 구성해나가야 할지 묻는다. 기성종교에 대한 비판을 넘어, 인간이 자신을 스스로 발명하고 창조하며 새로운 차원으로 진입해야 함을 일깨운다.

루트비히 포이어바흐 Ludwig Feuerbach, 1804~72

포이어바흐는 신이라는 가공물을 만들어놓고 그 가공물에서 위안을 얻으려는 인간의 심리를 파헤쳤다. 그는 종교가 인간의 욕구와 물질적 조건에 의해 탄생한다고 말했다. 종교가 정신적 가치를 지니고 있다고 보는 것은 그에게 환상이다. 포이어바흐의 이런 종교관은 기성종교의 물적 토대를 규명하는 데 의의가 있다. 마르크스(Karl Marx, 1818~83)는 포이어바흐의 영향을 받아 종교를 아편 같다고 생각했다. 포이어바흐와 마르크스의 이러한 종교관은 종교의 내면 가치 그 자체보다는 기성종교의 이념적 작동방식을 비판한 것이다.

『우주 이야기』 The Universe Story, 1992

우주 생성과 변화의 역동을 철학적·신학적으로 해석한 책이다. 저자인 토마스 베리(Thomas Berry, 1914~2009) 신부는 생태계의 위기를 우주의 정신적 원리에 대한 각성을 통해 접근한다. 각성을 통해 비로소 인간과 인간, 인간과 자연, 인간과 지구의 관계를 생명이 요구하는 방식으로 재구성할 수 있다는 것이다. 또 다른 저자인 수리물리학자 브라이언 스윔(Brian Swimme, 1950~)은 우주에 대한 과학적 이해를 돕고, 베리 신부의 철학적 사유에 실마리를 제공한다.

알렉시스 드 토크빌 Alexis de Tocqueville, 1805~59

19세기 프랑스의 정치사상가. 프랑스혁명 이전의 왕정체제에서 외교관을 지냈던 토크빌은 사회현실을 비교학적으로 분석했다. 그 결과가 『미국의 민주주의』(De la démocratie en Amérique, 제1부 1835, 제2부 1840)와 『구체제와 프랑스혁명』(L'Ancien Régime et la Révolution, 1856)이다. 토크빌은 "국민은 그 수준에 맞는 정부를 갖는다"라며, 인류의 역사를 자유와 평등이 확대하는 과정으로

봤다. 그는 프랑스혁명 이후의 정치체제 발전은 계몽주의의 개념적 이상이
아닌 현실에 토대를 둘 때 성공할 수 있다고 주장했다

균열^{Crack}

조지프 피어스(Joseph Chilton Pearce, 1926~)가 『우주적 알에 간 금』(*The Crack in the Cosmic Egg: New Constructs of Mind and Reality*, 1971)과 『우주적 알에 간 금을 탐사하다』(*Exploring the Crack in the Cosmic Egg: Split Minds and Meta-Realities*, 1974)에서 강조한 개념이다. 균열은 인간이 자기초월적 역량을 통해 기존의 틀에서 벗어나 새롭고 창조적으로 사유할 지적 공간을 제공한다. 피어스는 인문학과 신학을 비롯해 아동심리, 영성 등 다양한 주제에 관한 저술을 남겼다. 특히 '초월의 생물학'(the biology of transcendence) 개념을 제시하며, 인간의 생물학적·심리적 한계를 어떻게 넘어설 것인지를 성찰했다. 우주적 사유와 인간의 정체성의 결합에 주목하며, 영성의 차원에 이르는 성찰의 중요성을 강조했다.

루시^{Lucy}

1974년 에티오피아에서 발견된 고인류의 골격 화석이다. 적어도 320만 년 전에 살았던 인류의 조상이다. 뇌 용량은 적으나 직립보행을 했다. 인류의 진화에서 매우 중요한 의미를 갖는다.

로베르토 웅거^{Roberto Unger, 1947~}

1947년 브라질에서 태어난 웅거는 1976년 하버드 대학 최연소 종신교수가 됐다. 비판법학연구회 운동을 이끌었고 현실정치에도 참여했다. 현재 미국 하버드 대학 법학대학원 교수로 있다. 『주체의 각성』(*The Self Awakening:*

Pragmatism Unbound, 2007)을 비롯해, '정치'의 3부작『사회이론』(*Social Theory*, 1987),『허위적 필연성』(*False Necessity*, 1987),『조형력을 권력 속으로』(*Plasticity Into Power*, 1987)를 저술했다. 웅거는『주체의 각성』에서 "맥락의 포로에서 탈출, 그 맥락을 초월하면서도 그 맥락 자체를 변화시킬 주체적인 의식"을 모색한다. 기존 질서에 안주하지 않고 일상에서 변화의 기회를 발견하는 일을 강조한다. 그것이 결국 역사적 맥락에서 혁명적 변혁을 일으키는 근거가 되기 때문이다. 실용주의가 현실의 조건에 주목하는 데 반해, 웅거는 그 조건을 넘어서는 전복적 초월을 고민한다.

마사 누스바움 Martha Nussbaum, 1947~

미국 시카고 대학 법대 철학교수. 전공은 법철학이지만 그리스 인문주의에 뿌리를 두고 정치학, 신학, 고전문학, 지역학(특히 남부 아시아) 등 다양한 분야를 연구한다. 인권운동에도 참여하는 실천적 철학자다. 대표 저서로는『공부를 넘어 교육으로』(*Not for Profit*, 2010)와『시적 정의』(*Poetic Justice*, 1995)가 있다.『공부를 넘어 교육으로』에서 누스바움은 인문학 없는 대학 교육을 비판한다. 사유와 성찰을 강조하는 교육이 현실의 문제를 해결할 수 있다고 말한다.『시적 정의』에서는 문학적 상상력과 공적 삶이 어떻게 연관되는지 성찰한다. 특히 타자의 고통에 공감하고 연대하며 공적 차원의 삶으로 나아가는 과정을 밝힌다.

장 보드리야르 Jean Baudrillard, 1929~2007

프랑스 낭테르 대학 교수이자 철학자, 사회학자, 문화이론가, 사진작가다. 그는 기호학, 마르크스 정치경제학, 소비사회 사회학을 결합해 포스트모던 시대에 인간의 사유, 성찰, 소통이 어떤 특징을 지니고 있는지 분석했다. 특히 마르크스의 상품생산 이론에 근거해 자본주의를 비판적으로 분석했다. 대표 저서로는 『사물의 체계』(*Le Système des Objects*, 1968)와 『시뮬라시옹』(*Simulacres et Simulation*, 1981) 등이 있다.

역사의 종언

미국의 일본계 사회정치학자 프랜시스 후쿠야마(Francis Fukuyama, 1952~)가 『역사의 종언』(*The End of History*, 1992)에서 제시한 개념이다. 그는 냉전의 종식, 자유민주주의 체제의 승리로 이데올로기 대립이 끝났다고 주장했다. 새로운 역사적 목표를 추구할 이유가 사라졌다는 것이다. 현실은 그의 예상과는 달리 새로운 갈등과 도전에 직면해 있다. 자본의 지구적 지배와 양극화를 심화하는 신자유주의가 그 예이다. 인간이 살아가는 한 역사는 계속되고, 현실을 초월하려는 인간의 갈망도 멈추지 않을 것이다. 실제로 신자유주의가 만연한 현실에서 대안을 모색하는 사회운동이 끊임없이 이어진다.

2부

시월유신

'유신'(維新)이라는 단어는 『서경』(書經)에 나오는 '함여유신'(咸與維新: 다 함께 새롭게 하자)에서 따온 것이다. 일본의 명치유신(明治維新)과 그 맥을 같이한다. 1972년 10월, 박정희 대통령은 국가안보와 정치의 효율성을 도모해야 한다며 이른바 '한국적 민주주의'라는 유신헌법 체제를 출범시켰다. 대통령선거 간선제를 도입하고, 의회의 권한을 축소하며, 언론의 자유를 제약하는 등 중앙집권적 권력을 강화했다. 이에 대한 시민사회의 저항도 뒤따랐다. 1973년 '유신헌법 개정 100만 인 서명운동'을 필두로 반정부 투쟁이 가열됐다. 이 시기 대학가는 학생들의 반유신체제 시위로 휴교령과 계엄령이 잦았다.

세계대학총장회 IAUP, International Association of University Presidents

1965년 경희대학 설립자 조영식 박사(1921~2012)의 제안으로 창립된 세계의 고등교육 지도자회의다. '고등교육의 힘으로 인류평화를 구현한다'라는 철학을 바탕으로 같은 해 6월 29일 영국 옥스퍼드 대학에서 창립됐다. 창립총회는 '세계 대학교육의 공통적 요소는 무엇인가?'(What are the common elements of a university education in all the countries of the world?)를 주제로 열렸다. 170여 명의 대학총장과 토인비 등 세계적인 석학이 참석했다. 제2차 총회는 1968년 6월 18일 경희대학에서 '동과 서의 문화적 조화와 세계 평화의 도모'(The Harmony of Cultures of the East and the West and the Promotion of World Peace)를 주제로 열렸다. 34개국 154명이 참석했다. 1981년 코스타리카 산호세에서 열린 제6차 총회에서는 조영식 박사가 '세계평화의 날' 제정을 제안했다. 그해 UN은 이 제안을 만장일치로 가결했다. 세계대학총장회는 UN의 평화 전도자(Peace Messenger)로서 유엔경제사회이사회(UN ECOSOC)와 유엔교육과학문화기구(UNESCO)의 협의지위를 지니며 3년마다 정기총회를 개최한다.

오래된 미래

노르베리-호지(Helena Norberg Hodge, 1946~)가 1991년 출간한 『오래된 미래: 라다크로부터 배운다』(Ancient Futures: Learning from Ladakh, 1991)에서 사용된 개념이다. 라다크는 카슈미르 동부지역을 말한다. 문화적으로는 티베트에 속한다. 자연조건은 황량하지만 자연친화적 유대관계로 맺어진 마을공동체를 이루며 살아간다. 노르베리-호지는 그런 라다크인들의 삶을 보고 감동받는다. 이러한 삶의 모습이 산업화로 인해 황폐해진 인간관계, 인간과 자연의 관계를 복구할 미래의 길이라고 말했다.

미래의 회상

회상은 과거에 대한 성찰이다. 미래는 아직 오지 않은 시간의 세계다. '미래의 회상'은 도래할 세계에 대한 상상과 가능성의 세계를 현재의 시점에서 적극적으로 사유함을 뜻한다. 우리가 소망하는 미래를 지금 여기에 불러오는 것이다. 우리는 이를 통해 현실의 문제점과 한계를 성찰하며 어떤 꿈과 희망의 지평을 열어갈지, 더 나은 자신과 세계를 위해 무엇을 실천해야 할지 인식할 수 있다. 그런 점에서 미래란 아직 오지 않은 '분리된 시간'을 의미하는 것이 아니다. 오늘 내가 마주한 현실을 이끌어갈 실천적 상상과 지향, 예지와 가능성의 세계다. 그 세계에 입각해 오늘을 회고하고 재구성하는 노력이 미래의 회상이다.

드발 패트릭Deval Patrick, 1956~ 의 연설

2015년 5월 하버드 대학 졸업식에서 미국 매사추세츠 전 주지사 드발 패트릭이 기념연설을 했다. 이 자리에서 학생들에게 지구적 의제와 쟁점에 관심을 두고 공적 활동을 통해 끊임없이 도전해야 한다고 강조했다. 비인간화, 빈곤의 심화, 공동체의 붕괴 등에 대해 졸업생들의 책임 있는 노력을 요청했다.

기술정치

정치를 권력을 획득하고 운용하는 것으로 이해하는 개념이다. 기술정치에는

'정치란 무엇인가'라는 본질적 질문과 고민이 없다. 인간에 대한 진실한 이해가 없고, 인간의 더 나은 미래를 상상하는 사유의 여백도 부재하다. 권력을 장악하기 위한 기술과 쟁투만이 전면에 등장한다. 이런 정치 앞에서 사람들은 자신의 삶과 정치가 아무런 관련이 없다고 생각한다. 정치에 무관심하거나 정치를 혐오스러운 대상으로만 바라보게 된다. 결국 기술정치는 정치를 직업정치인의 전유물로 만든다.

『문명의 붕괴』 *Collapse: How Societies Choose to Fail or Succeed*, 2005

문화인류학자 재러드 다이아몬드(Jared Diamond, 1937~)의 책이다. 이스터섬, 마야문명, 르완다, 중국, 오스트레일리아 등을 예로 들며 한때 찬란했지만, 어느 날 갑자기 사라져버린 문명의 붕괴원인을 분석한다. 붕괴된 문명에는 무분별한 개발, 자원남획, 환경훼손, 약탈, 전쟁 등과 같은 공통점이 있다. 현대로 오면서 문명을 붕괴시킨 여덟 가지 유형은 열두 가지 유형으로 늘어났다. 기후변화, 유해 화학물질의 축적, 에너지 부족, 멈출 줄 모르는 인간의 욕망이 더해졌다. 우리는 어떻게 자멸의 길을 피할 수 있을 것인가? 다이아몬드는 "과거에서 배우기 위해 이 책을 썼다"라고 말한다.

『생명이란 무엇인가?』 *What is Life?*, 1944

노벨물리학상을 받은 오스트리아의 이론물리학자 에어빈 슈뢰딩거(Erwin Schrödinger, 1887~1961)의 책이다. 1943년 아일랜드 더블린의 트리니티칼리지에서 행한 강연을 책으로 엮었다. 슈뢰딩거는 이 책에서 유전자의 특징, 생명체의 자기보존 능력, 의식의 물리적 기초, 과학과 종교, 지식의 미래 등 광범위한 주제를 다룬다. 이 책은 이후 여러 분야의 과학적 사유에 큰 영향을 미쳤다. 특히 물리학자가 생명을 논했다는 점에서 주목받았다. 슈뢰딩거의 관심과 주장은 과학의 융·복합 연구에도 크게 이바지했다.

『물리학과 철학』 *Physik und Philosophie*, 1958

독일의 이론물리학자 베르너 하이젠베르크(Werner Heisenberg, 1901~76)의 저작이다. 아인슈타인 물리학의 한계를 넘어 양자역학의 문을 열었다. 1933년 32세의 나이에 노벨물리학상을 받았고, 1958년 이 책을 출간했다. 현대 물리학과 철학의 관계를 탐색하고, 물리학에서 언어와 의식의 역할을 논한다. 하이젠베르크는 과학의 방법과 시각만으로는 물리학을 이해할 수 없다고 말한다. 물리학 역시 인간의 의식과 언어 그리고 인지능력 전반에 걸친 철학적 문제와 연관돼 있다는 것이 그의 시각이다.

버트런드 러셀 Bertrand Russell, 1872~1970

영국의 철학자, 수학자다. 사회비평가로도 활동하며 제1차 세계대전 시기에 반전운동, 반제국주의운동에 나섰다가 투옥되기도 했다. 이후에도 베트남전쟁 반대운동, 반핵운동을 펼쳤다. 1950년 노벨문학상을 받았다. 대수학자로서 『관념의 모험』(*Adventures of Ideas*, 1933) 등의 명저를 남긴 알프레드 화이트헤드(Alfred North Whitehead, 1861~1947)와 공저한 『수학의 원리』(*Principia Mathematica*, Vol. Ⅰ, Ⅱ, Ⅲ, 1910~13)는 기호논리학의 기본 텍스트로 꼽힌다. 1945년 출간한 『서양 철학사』(*A History of Western Philosophy*)는 철학사의 고전이다.

「경희대학교 미래대학리포트 2015」

2015년 6월 경희대학이 발간한 보고서다. 1만 4,500여 재학생이 설문조사에 참여했다. 「미래대학리포트」를 기획한 계기는 개교 15주년이었던 1964

년으로 거슬러 올라간다. 당시 경희대학은 구성원의 뜻을 한데 모아 '경희대학 100년 미래메시지'를 작성해 후학들에게 남겼다. 미래메시지의 골자는 '인류사회에 공헌하는 세계적 명문으로 성장하자'다. 그로부터 50년 뒤인 2014년 미래메시지의 정신을 되살려 구성원의 꿈과 희망을 수렴한 것이 「미래대학리포트」다. 학생들은 '나의 가치' '한국 사회' '대학' '인류문명' 등을 주제로 현재를 성찰하고 50년 뒤 미래를 상상했다.

문화세계의 창조

경희대학의 교시다. 설립자 조영식 박사가 한국전쟁이 한창이던 1951년 출간한 『문화세계의 창조』에 담긴 사상과 철학을 반영한 것이다. 이 책에서 저자는 당시 한국의 현실을 세계정치의 압축으로 인식했다. 그리고 이념의 폭력적 대립을 넘어 평화와 복리를 인류적 차원에서 성취해야 한다고 주장했다. 물질문명과 정신문명의 조화, 민주주의의 확립, 국제 연대 등을 강조했다. 이후 경희대학은 교시 '문화세계의 창조'와 함께 학문과 평화, 학술과 실천을 창조적으로 결합해왔다. UN과 함께 세계평화 운동에 나선 것도 그런 전통에서 비롯됐다.

3부

존 레넌 John Lennon, 1940~80

영국의 전설적인 4인조 록그룹 비틀스의 멤버다. 1963년 제1집 앨범에 참가하면서 비틀스 멤버로 활약했다. 1964년 미국에서 한 인터뷰에서 존 레넌은 "우리의 모든 노래는 전쟁을 반대한다"라고 밝혔다. 솔로로 나선 1970년

「모든 권력은 인민에게 돌려줘야」(Power to the People)라는 글을 남기기도 했다. 이듬해인 1971년 발표한 「이매진」은 베트남전쟁 반대운동의 상징으로 불렸다. 1970년대 중반 슬럼프에 빠졌던 존 레넌은 5년 만인 1980년 「더블 판타지」를 발표, 재기에 나섰다. 그러나 그해 12월 8일 뉴욕 맨해튼에 있는 자신의 집 앞에서 한때 열렬한 팬이었던 채프먼이 쏜 총에 맞아 최후를 맞았다. 세계평화에 대한 염원을 노래한 「이매진」은 여전히 전 세계인의 사랑을 받고 있다.

UN 세계평화의 날/해 UN International Day/Year of Peace

경희대학 설립자 조영식 박사가 제안한 '세계평화의 날/해'는 1981년 UN 회원국이 만장일치로 제정·선포했다. '세계평화의 해'는 1986년이다. 이즈음 미국과 소련 정상이 상대국 국민을 향해 평화메시지를 전했다. 미소 간 군비축소 회담도 성사됐다. 평화의 날은 매년 9월 21일이다. 이날이 되면 세계의 많은 대학과 국제기구 그리고 시민사회에서 그 의미를 되새기는 기념행사를 개최한다. 특히 2011년에는 세계평화의 날 30주년을 맞아 UN의 제안으로 '경희-UNAI 국제회의'가 개최됐다. 주제는 "평화의 또 다른 미래(Give Peace Another Chance)". 행사를 위해 경희대학 '평화의 전당'과 뉴욕 UN 본부를 화상으로 연결했다.

로마클럽 Club of Rome

1968년 이탈리아 실업가 아우렐리오 페체(Aurelio Peccei, 1908~84)와 스코틀랜드 출신 과학자 알렉산더 킹(Alexander King, 1909~2007)이 결성한 비영리·비정부 단체. 전 세계 과학자, 경제학자, 기업인, 관료, 전·현직 국가원수 등으로 구성된 세계적인 지성인의 모임이다. 이 모임은 정치, 경제, 사상의 이해관계를 초월해 환경문제로 대표되는 인류의 난제를 해결하고자 결성됐다. 다양한 연구보고서를 발간했고, 매년 국제회의를 개최해오고 있다. 1972년 발간한 『성장의 한계』가 주목 받으며 세계적인 영향력을 확대했다. 로마클럽은 이 보고서를 통해 환경오염, 자원고갈, 전쟁, 빈부격차 같은 문제를 경고했다. 1994년 발간한 『미래예측보고서』에서도 인류의 지속 가능한 미래를 위해 지구촌 남북 간 불균형, 부자와 가난한 자의 불평등, 인간과 자연의 괴리를 해결해야 한다고 강조했다.

「더 나은 미래는 쉽게 오지 않는다」 2052: A Global Forecast for the Next Forty Years

로마클럽 보고서 『성장의 한계』 저술에 참여한 요르겐 랜더스(Jorgen Randers, 1945~)가 2012년 출간한 책이다. 미래학 분야의 세계적 권위자인 랜더스는 현재 노르웨이 경영대학 기후전략 교수로 있다. 지구온난화 문제와 배출가스 규제문제를 연구하는 그는 이 책에서 미래의 위기를 거론한다. 성장위주의 발전 프레임 탈피, 기업의 사회적 책임 강화, 미래세대를 위한 더 많은 배려, 개인보다 공동체에 관심을 둔 인간적 과제가 더 나은 미래를 건설할 수 있다고 강조한다.

타키투스 Publius Cornelius Tacitus, 55~117

고대 로마 원로원 정치인이자 사학자다. 티베리우스(Claudius Nero Tiberius, 기원전 42~기원후 37) 황제의 등극부터 도미티아누스(Titus Flavius Domitianus, 51~96) 황제의 죽음에 이르기까지의 로마제국 역사를 다룬 『로마 연대기』 (Ab excessu divi Augusti)와 『로마의 역사』(Historiae)를 남겼다. 그의 책은 당대 권력자의 내면을 날카롭게 포착하고 드라마처럼 박진감 있게 묘사해 문학작품을 읽는 느낌을 준다. 로마제국의 공식기록만이 아니라 개인의 편지, 연설, 황제의 정치적 반대자들이 남긴 문서 등 광범위한 자료를 담았다. 타키투스의 작품은 리비우스(Titus Livius Patavinus, 기원전 59/64~기원후 17)의 『로마건국사』(Ab Urbe Condita Libri)와 함께 고대 로마역사의 고전으로 꼽힌다.

바츨라프 하벨^{Vaclav Havel, 1936~2011}

체코슬로바키아의 희곡작가이자 반체제 시민운동가다. 소련 치하의 체코슬로바키아에서 공산당을 몰락시킨 무혈 '벨벳혁명'의 주역이다. 하벨은 부유한 가정에서 태어났다. 그러나 공산당 치하에서 출신계급이 문제가 돼 학업을 제대로 하지 못했다. 젊은 시절 극작가로 데뷔한 후 전체주의에 저항하는 시민운동에 나섰고 체제의 탄압을 받아 여러 차례 투옥되기도 했다. 하벨은 정치를 현실에 맡겨서는 발전할 수 없다고 봤다. 체제와 이념이 아닌 '진실과 도덕'에 기초한 정치가 필요하다고 역설한 그는 지구시민 운동사에 큰 발자취를 남겼다. 냉전이 끝나고 하벨은 체코슬로바키아 대통령(1989~92)과 체코 초대 대통령(1993~2003)을 역임했다. 대통령직에서 물러난 후 인권향상을 위해 희곡작가로 활동을 재개했다. 1996년엔 세계적인 갈등문제를 풀기 위해 '포럼 2000'을 창설했다.

랄프 밀리반드^{Ralph Miliband, 1924~94}

벨기에 태생의 영국 사회학자다. 톰슨(E.P. Thompson, 1924~93), 에릭 홉스봄(Eric Hobsbawm, 1917~2012), 페리 앤더슨(Perry Anderson, 1936~)과 함께 당대 최고의 마르크스주의 지식인으로 꼽힌다. 유대인 노동자 가족 출신으로 나치의 박해를 피해 1940년 영국으로 피신했다. 런던정치경제대학(London School of Economics)에서 공부했다. 1960년대에는 스탈린주의를 비판하면서 태동한 영국의 신좌파(New Left) 운동에 참여했다. 정치와 계급,

국가와 자본주의에 대해 비판적으로 연구한 저서『계급권력과 국가권력』(*Class Power and State Power*, 1983),『분열된 사회: 현대 자본주의 내부의 계급투쟁』(*Divided Societies: Class Struggle in Contemporary Capitalism*, 1989),『마르크스주의와 정치』(*Marxism and Politics*, 1977),『자본주의 사회의 국가』(*The State in Capitalist Society*, 1969) 등을 남겼다. 밀리반드는 '사회주의적 민주주의'를 지향했고, 노동계급을 정치의 중심에 두었다. 국가와 계급의 관계에서 국가의 상대적 자율성을 강조한 니코스 플란차스(Nicos Poulantzas, 1936~79)와 벌인 논쟁이 유명하다.

니코스 플란차스 Nicos Poulantzas, 1936~79

그리스 출신으로 프랑스에서 활약한 마르크스주의 정치경제학자다. 안토니오 그람시(Antonio Gramsci, 1891~1937)의 '헤게모니' 개념을 원용해 국가가 지배계급의 도구라는 기존 마르크스주의를 비판했다. 국가가 피지배계급의 동의를 바탕으로 문화적·사상적 헤게모니를 확보하지 못하면 정치적 위기에 직면한다는 것이다. 이같은 사유는 국가 나름의 독자적 생존방식이 있다는 이른바 '국가의 상대적 자율성'(relative autonomy of the state) 이론으로 정립됐다. 플란차스는 파시즘을 제국주의의 공세적 단계에 등장하는 국가로 파악하고 이와 같은 국가의 탄생 조건을 분석하기도 했다. 저서로는『파시즘과 독재체제』(*Fascism and Dictatorship: The Third International and the Problem of Fascism*, 1974),『현대 자본주의의 계급』(*Classes in Contemporary Capitalism*, 1973),『국가, 권력 그리고 사회주의』(*State, Power, Socialism*, 1978) 등이 있다.

페리 앤더슨 Perry Anderson, 1936~

영국의 역사학자로 '뉴 레프트' 운동을 이끌었다. 유럽 뉴 레프트 마르크스주의 연구의 중심이 된『뉴 레프트 리뷰』(*New Left Review*)에서 20여 년간 편집자로 일했다. 국가에 대해 도구적으로 접근하는 기존의 마르크스주의를 비판했다. 앤더슨의 대표적인 저작으로는 유럽 마르크스주의의 계보를 밝힌 『역사 유물론의 궤적』(*In the Tracks of Historical Materialism*, 1983), 고대 유럽사회의 봉건제 이행을 분석한 『고대에서 봉건제로의 이행』(*Passages from Antiquity to Feudalism*, 1974), 절대주의 체제의 역사적 맥락과 그 뿌리를 연구한 『절대주의 국가의 계보』(*Lineages of the Absolutist State*, 1974) 등이 있다.

프레드 블록 Fred Block

자본주의 국가론을 분석한 미국의 사회학자다. 블록은 「지배계급은 지배하지 않는다」(The Ruling Class Does Not Rule)에서 국가의 문화적 헤게모니가 자본주의 체제의 구조적 기제에 이미 포획돼 있음을 주목했다. 지배계급이 굳이 나서지 않아도 체제가 유지된다는 것이다. 그는 자본에 대한 통제가 자본주의 체제의 변화를 가져오는 매우 중요한 요소임을 강조한다. 시장이 사회를 지배하는 것이 아니라 사회가 시장을 지배해야 한다는 칼 폴라니의 주장을 중요시 하는 것도 그 때문이다. 저작으로는 『국제경제 무질서의 기원』(*The Origins of International Economic Disorder*, 1977), 『후기 산업사회의 가능성』(*Postindustrial Possibilities: A Critique of Economic Discourse*, 1990), 미국 자본주의 체제 비판서인 『뱀파이어 국가』(*The Vampire State and Other Myths and Fallacies About the U.S. Economy*, 1996) 등이 있다. 소수 엘리트 계급이 미국을 지배한다는 내용의 『누가 미국을 지배하는가?』(*Who Rules America?*, 1967)의 저자 윌리엄 돔호프(G. William Domhoff, 1936~)와 벌인 논쟁으로 유명하다.

『거대한 전환』 The Great Transformation, 1944

오스트리아의 정치경제학자 폴라니(Karl Polanyi, 1886~1964)가 1944년에 출간한 책이다. 자본주의가 지난 200년간 인간과 사회를 어떻게 황폐하게 했는지 고발한다. 폴라니는 시장경제의 자율적 자정기능이 있다는 주장은 역사적 현실에 무지한 경제학자의 편견이라고 주장한다. 시장경제는 사회적 갈등과 빈곤을 심화시키기 때문에 사회가 주도적으로 관리 감독해야 한다는 점을 강조한다. 폴라니의 주장은『노예로의 길』(*The Road to Serfdom*, 1944)을 통해 자본의 주도권을 강조한 하이에크(Friedrich Hayek, 1899~1992)의 신자유주의적 견해와 첨예하게 대립한다.

독립연구 Independent Study

기존 교과과정으로 해결할 수 없는 주제를 학생들(개인 또는 그룹)이 직접 설정하고 교수의 지도를 받아 연구하는 학습방법이다. 독립연구는 학생들의 전문성·현실성·자율성·창의성을 기르고, 교양과 전공, 전공과 전공 간의 융·복합 교육에도 효과적인 것으로 평가된다. 강의 중심 교육제도와 전통적인 도제관계 교육방식을 결합한 프로그램으로 미국과 유럽의 여러 대학들이 채택하고 있다.

『국가와 선택』 1998

조인원의 저작으로 국가정책에 투영된 권력의 요체를 분석한다. 기존 국가론을 비판적으로 성찰해 경제사회의 역동기제에 투영된 정치의 본질을 추적한다. 박정희 정권의 '산업재편의 정치'를 사례로, 국가정치를 이끄는 핵심권력과 정치구조 그리고 이들 양자 간 상호연결성의 이론적 의미를 천착한다. 이를 통해 정치 현실주의를 넘어설 대안적 사유의 개념적 기초를 제시한다.

폴 파머 Paul Farmer, 1959~

하버드 대학 교수다. 공공의료 부문을 비롯한 사회적 치유와 세계보건 문제에 헌신해온 의사이자 인류학자다. 빈곤과 의료부족으로 곤경을 겪고 있는 나라에서 의료봉사 활동과 의료제도 구축을 위해 노력해왔다. 아프리카의 르완다, 중남미의 아이티에서의 활동이 대표적이다. 세계의 의료 환경을 개선하기 위해 UN 사무총장 특별자문역으로도 활동하고 있다. 그의 공적 헌신을 기려 하버드 대학은 2010년 '대학석좌교수'(University Professor)라는 최고의 명예직을 수여했다.

클러스터 프로젝트: 5대 연계협력 클러스터

2014년부터 경희대학이 추진하고 있는 대형 프로젝트다. 대학 전체의 균형 발전을 도모하고, 대학의 특성화를 실현하기 위한 융·복합 학술·실천 프로그램이다. 바이오 헬스, 인류문명, 미래과학, 문화예술, 사회체육 등 5개 연계협력 클러스터에 대학(원)의 다양한 학과와 전공이 참여한다. 이를 통해 융·복합 교육과 연구를 촉진하고, 대학의 사회적 책임(실천)을 수행하고자 기획됐다. 연계협력 클러스터의 최종목표는 세계적 수준의 융·복합 학술기관으로 자리매김하는 것이다.

『서부전선 이상 없다』 Im Westen nichts Neues, 1929

독일 작가 에리히 마리아 레마르크(Erich Maria Remarque, 1898~1970)의 작품이다. 제1차 세계대전에 참전한 젊은 병사들의 육체적·정신적 고뇌를 극적으로 표현한 반전소설이다. 이 소설은 결코 희망적인 미래를 확신할 수 없는 세대의 불안과 절망을 그려내고 있다. 1929년 출간됐으나 나치가 등장하면서 금서가 됐다. 원제는 『서부전선의 침묵』(Im Westn nichts Neues)이며 영문판의 제목은 "All Quiet on the Western Front"였다. 전쟁 중에 무수한 인간이 죽어 가지만 정작 전쟁이 이들의 절규를 듣지 못하게 함을 반어법적으로 묘사한 제목이다.

미학의 정치, 모름의 세계

정치학에서 미학은 새로운 '의미공간'이다. 정치의 궁극적 목표는 더 나은 미래 건설이다. 이를 위해 미학의 공간에서 인간과 자연, 나와 너 그리고 우리 사이의 관계를 새롭게 설정해야 한다. 아름다움은 '주어진 무엇'에 대한 정적 평가가 아니다. 미래를 위해, 열린 세계를 위해 우리가 소중히 가꿔나가야 할 가치다. 이를 통해 공감과 공명의 세계를 만들어 가야 한다. 미학은 모름, 미지, 신비의 세계에 대한 무한한 동경을 표현하는 것이기도 하다. 그래서 부단한 배움과 성찰, 상상과 도전이 필요하다.

4부

찰스 린드블롬Charles E. Lindblom, 1917~

미국 예일 대학의 종신석좌교수(Sterling Professor Emeritus). 정책결정 과정에서 혁명적 방식보다 점진적 과정을 중요시하는 이론체계를 세웠다. 50~60년대에는 정치학자 로버트 달(Robert Dahl, 1915~2014)과 함께 미국사회의 지배체제가 다양한 엘리트층의 경쟁관계를 통해 가동된다는 논리를 전개했다. 자유시장체제는 소수의 지배계급이나 지배세력에게 장악되지 않고, 민주주의와 함께 성장하는 구조라고 강조했다. 그러나 린드블롬은 후일 자신의 견해를 수정해 현실에서 엘리트층의 경쟁이 특정세력의 과두체제로 이어질 수 있다고 주장했다.

로버트 달Robert Dahl, 1915~2014

달은 린드블롬처럼 예일 대학의 종신석좌교수를 지낸 정치학자다. 미국 민주주의의 다원적 지배체제(Polyarchy)에 대한 이론을 제시했다. 정책결정이 이루어지는 과정을 주요 연구대상으로 삼았다. 특히 그는 민주주의 정치의 작동방식에 주목했다. 미국 자본주의체제 내부에는 다양한 유형의 엘리트층이 참여하고, 이것이 정치적 활력을 대중적으로 퍼지게 한다고 강조했다. 달은 오늘날 여전히 중요한 문제로 민주주의 체제에서 발생하는 재산소유와 정치적 권리 사이의 긴장과 모순을 꼽는다. 그는 이 문제를 정치학 이론의 고전이 된 자신의 저작『민주주의 이론의 서문』(A Preface to Democratic Theory, 1956)에서 다뤘다.

라이트 밀즈C. Wright Mills, 1916~62

『파워 엘리트』(Power Elite, 1956),『화이트칼라』(White Collars, 1951),『사회학적 상상력』(The Sociological Imagination, 1959) 등의 저서를 남겼다. 미국 사회학의 진보적 경향을 이끈 사회학자다. 그는 베버, 마르크스 등이 형성한 고전적 사회학의 상이한 두 흐름을 하나로 합류해, 실증적 분석과 비판적 성찰을 결합하고 체계화했다. 특히 미국 사회를 누가 지배하고 있는지의 문제와 관련, 지배 엘리트의 다양성을 전제로 하는 달과는 달리, 엘리트층이 계급적 기반과 지배 장치를 공유한다는 점에 주목했다. 밀즈는 미국의 대외정책에 대해서도 비판적인 목소리를 냈다. 특히 미국의 대(對)쿠바 정책을 비판한『들어라, 양키들아』(Listen, Yankee, 1960)는 출간 당시 격렬한 논쟁을 일으켰다.

생산양식mode of production의 사회관계social relations

마르크스 이론의 기본개념이다. 어떤 사회가 존속하기 위해 필요한 생산양식이 그 사회의 정치사회적 관계를 결정한다는 것이다. 가령, 유럽의 중세 봉건사회는 토지를 중심으로 생산과 분배가 이루어진 농경사회다. 이 과정을 관리하는 방식을 기반으로 '영주와 농노'라는 정치사회적 관계가 형성되었다. 자본주의 사회에서는 자본과 노동이 공장을 중심으로 한 대량생산 양식으로 조직화되어 있다. 이에 따라 사회관계가 자본에 의한 노동의 억압 구조를 띤다는 것이다. 이것이 곧 자본주의의 본질이라는 것이 마르크스 이론의 핵심이다.

공유경제sharing economy

정보를 비롯한 각종 서비스나 사회적 장치를 다중에게 비시장적인 공유방식을 통해 제공한다는 개념이다. 정보 테크놀로지가 발전함에 따라 최근 다양한 형태로 퍼지고 있다. 예를 들어 GPS(Global Positioning System)의 발달로 누구나 쉽게 정보를 이용할 수 있게 되었는데, 이것이 대표적인 정보 공유방식이다. 자동차나 공작기계를 개인이 소유하는 것이 아니라 필요한 사람끼리 돌려가며 사용하는 것도 공유경제의 좋은 예다.

아담 미치니크Adam Michnik, 1946~

폴란드의 역사가로 과거 폴란드 공산당 체제 아래서 반체제 인사로 활약했다. 현재 폴란드 최대 신문인 『바이보르자 가제트』의 편집자로 있다. 그는 폴란드 민주화 운동의 중심인물로 체코슬로바키아 민주화의 주역 하벨과 평생 동지관계를 유지했다. 두 사람은 양국 반체제 인사들의 비밀회합을 이끌었다. 이를 통해 현실정치에 도덕의 가치와 역할을 접목하기 위한 고뇌와 노력을 공유하도록 했다. 미치니크는 하벨이 훗날 체코슬로바키아의 대통령이 될 것을 예견하기도 했다.

『도덕감정론』 *The Theory of Moral Sentiments*, 1759

『국부론』(*The Wealth of Nations*, 1776)의 저자 애덤 스미스(Adam Smith, 1723~90)가 윤리학에 대해 쓴 저서다. 『국부론』보다 17년 앞서 출간된 『도덕감정론』은 애덤 스미스의 이론적 기반이라고 볼 수 있다. 윤리의 기원이 '연민' 또는 '동감'(sympathy)에 있음을 강조했다. 인간은 타자가 겪는 또 다른 현실을 거울처럼 자신에게 투영해 타자와 감정적 동일성을 지닐 수 있고 또한 타자를 이해할 수 있다고 주장했다. 인간의 이기심을 공감을 통해 윤리적으로 제약하고 공동체적 삶을 살 수 있게 한다는 것이다.

보이지 않는 손 invisible hand

자본주의 시장에서 개인의 이윤추구는 눈에 보이지 않는 자동조절 작용에 따라 균형과 조화를 이룬다는 개념이다. 스미스가 『국부론』에서 언급한 '보이지 않는 손'은 이른바 '자유방임 체제'(laissez fair system)를 옹호하는 기반이 되었다. 하지만 국가가 특권 상인의 독과점을 보호하기 위해 자유롭고 공정한 경쟁을 가로막는 행위를 비판하는 의미를 지닌다. 시장에 참여하는 다수 주체의 지혜와 계산이 '눈에는 보이지 않으나' 특정 권력이나 정부의 판단보다 더 나은 결과를 가져올 수 있다는 것이다. 오늘날 정치경제학에서는 시장을 지배하는 '보이지 않는 손'의 정체를 규명하는 것이 중요한 연구과제 중 하나다.

기투企投, projection

철학자 하이데거의 실존철학에 바탕을 둔 개념이다. 개별적 인간으로 경험하는 현존(現存)의 존재의식을 제약하는 현실을 초월해 자신을 미래로 던지는 의지나 철학적 자세를 말한다. 이러한 존재의식이나 자세는 인간이 자신과 마주한 세계와 어떤 관계를 맺을지와 관련된다. 지금 자신이 존재하는 현실과 유리되지 않으면서도 끊임없이 진화하고 변모하는 자기정체성을 추구하는 것이다. 그러자면 현재를 넘어 미래와 자신을 치열하게 관계 맺는 노력이 필요하다.

『주체의 각성』 The Self Awakened: Pragmatism Unbound, 2007

웅거의 책이다. 현실의 맥락에 포로가 되지 않고 미래를 지향하는 주체로서의 각성을 강조한다. 웅거는 현실을 바꾸는 경로를 이데올로기나 사상 또는 관념의 틀로 제한하는 것을 경계한다. 대신 일상에서 이뤄야 하는 의식혁명, 실용주의의 압박에서 해방된 주체, 구조의 수인(囚人)이 되지 않는 길에 대한 논의를 펼친다. 그는 특히 미래에 근거해 현재를 보는 시각을 강조한다.

『열린 사회와 그 적들』 The Open Society and Its Enemies: The Spell of Plato, 1945

오스트리아 출신의 철학자 카를 포퍼(Karl Popper, 1902~94)의 저서. 역사의 방향을 이미 결론짓고 출발하는 목적론적 역사주의를 비판하며 전체주의 사상의 원류를 규명한다. 포퍼는 이 책에서 서구 사상사의 뿌리인 플라톤을 강하게 비판한다. 플라톤이 이상적 체제를 지향하며 다양한 논의를 억압하는 사상의 획일적 지배를 추구했다고 보기 때문이다. 또한 헤겔과 마르크스의 사상이 전체주의의 토대를 제공했다고 비판한다. 포퍼는 파시즘과 공산주의 모두를 닫힌 사회로 규정하고 자유주의에 바탕을 둔 열린사회의 건설을 강조했다. 프랑크푸르트 학파의 마르쿠제(Herbert Marcuse, 1898~1979)와 '혁명이냐 개혁이냐'를 놓고 논쟁을 벌이기도 했다.

오토 폰 비스마르크^{Otto von Bismarck, 1815~98}

19세기 말 독일과 유럽을 이끌었던 프로이센의 정치가. 독일통일과 함께 유럽에 대한 균형외교(balance of power)를 추진한 현실정치(realpolitik)의 주도자다. 그의 균형외교 전략은 이 시기 유럽에 일정한 안정 상태를 가져왔다고 평가받는다. 비스마르크는 독일 융커계급 출신의 보수정치인이었지만 노동계급의 환심을 사기 위해 최초로 사회복지제도를 시행하고, 현실정치를 움직이는 힘의 관계를 활용해 연형합종(連衡合從)을 구사했다. 문제 해결을 위해 '철과 피'라는 강경정책을 추진하였기 때문에 철혈재상이라 불리었다.

『녹색평론』

영남대학 영문학과 교수를 지낸 문학평론가 김종철이 생태적 관점에서 산업문명의 폐해를 극복하고자 하는 취지에서 발행하는 격월간 잡지다. 1991년 10월 대구에서 첫 호를 냈다. 생태·환경운동에 대한 핵심이론과 자료를 제공하며, 관련된 국내외 이슈와 현장 그리고 인물을 소개한다. 현대문명의 전 분야를 비판적으로 접근하고, 지구적 차원에서 녹색가치를 실현하는 것을 근본 대안으로 제시한다. 최근에는 화폐와 금융, 기본소득, 협동조합, 민주주의 등도 다룬다. '1인 미디어'로 출발한 독립 언론으로 창간 이후 지금까지 유료광고를 싣지 않는다.

우고 차베스^{Hugo Chavez, 1954~2013}

사회운동가 출신으로 1999년부터 2013년까지 베네수엘라 대통령을 지냈다. 1992년 쿠데타를 일으켰다가 실패해 투옥되기도 했다. 대통령이 된 후 차베스는 개헌을 통해 기득권 세력의 정치적 몰락을 이끌었다. 식량, 보건, 주택에 대한 복지정책의 확대, 문맹퇴치와 불평등 극복, 미국과의 관계에서 자주적 입지 확보 등을 중점적으로 추진했다. 차베스는 쿠바를 비롯한 중남미 국가와 외교관계를 강화해 자국 및 중남미 민중의 지지를 받았다. 베네수엘라의 경제위기를 불러왔다는 등 차베스에 대한 평가는 여러 갈래다. 하지만 그는 베네수엘라 민주주의 수준을 끌어올렸다는 평을 받고 있다.

반정치의 정치

하벨이 주창한 개념이다. 현실정치를 움직이는 기술정치 또는 정치공학에 반대하는 정치가 진정한 정치를 실현한다는 개념이다. 인권, 정의, 자유, 평등 등 인간의 존엄과 안전에 대한 책임은 외면한 채 권력투쟁에 몰두하는 현실정치에 대한 근본적 비판이다. '반정치의 정치'는 '힘없는 자들의 힘(권력)' '책임정치' '실천도덕' 등과 함께 하벨 정치철학의 핵심을 이룬다.

생태회칙

교황이 주교들에게 보내는 교서를 회칙(回勅, encyclical)이라 한다. 2015년 6월에 발표한 프란치스코 교황(Papa Francisco, 1936~) 회칙은 특별히 '생태회칙'이라 부른다. 생태위기에 대한 문제의식을 특별히 강조했기 때문이다. 이 회칙은 종교와 과학이 힘을 합해 기후변화를 극복하고, 신자들이 생태계 보전을 최우선 과제로 인식해야 함을 강조한다. 또한 자본주의가 인류에게 위기를 가져온다고 지목하고 불평등을 해소하는 것이 긴급한 문제라고 지적한다. 프란치스코 교황의 생태회칙은 그 메시지뿐만 아니라 표현방식에서도 기존의 틀을 뛰어넘는 것이어서 전 세계 지식인과 시민사회에 큰 반향을 불러 일으켰다.

지속 가능한 세계를 위한 새로운 의제 SDGs, Sustainable Development Goals

SDGs는 '지속 가능한 발전목표'의 약자다. 2012년 브라질의 리우데자네이루에서 개최된 유엔지속가능발전회의(UN Conference on Sustainable Development)에서 처음 제기됐다. 대체로 빈곤, 위생, 교육, 기후변화 등에 대한 논의를 담고 있다. 2015년 "우리가 사는 세계의 변화: 지속 발전을 위한 2030년 어젠다"(Transforming Our World: the 2030 Agenda for Sustainable Development)라는 주제의 유엔세계정상회의에서 17개의 SDGs 공동목표가 공식 채택됐다. SDGs는 인류 공동의 과제를 위해 전 세계 정부와 시민사회의 참여를 강조한다. 선진국의 원조로 빈곤퇴치를 목표로 삼은 새 천년 개발계획(MDGs, Millennium Development Goals)과 비교하면 큰 인식의 전환이다.

세계 대학 위상 가이드라인 GEI, Global Eminence Index

경희대학이 「미래대학리포트」에서 제안한 새로운 대학평가 기준이다. 시장논리가 지구적 영향력을 행사하면서 전 세계 고등교육 기관이 시장이 요구하는 기준에 의해 서열화되는 데 대한 반성에서 비롯됐다. 교육과 연구의 성찰적 기반을 강화해 더 나은 미래를 향한 대학의 책무가 더욱 강조되고 있다. 세계 대학 위상 가이드라인은 교육, 연구의 탁월성과 지구적 책임을 강조하는 대학발전 지침이다. 국내외 대학과 시민사회 그리고 국제기구와 함께 체계적으로 개발하고 운영할 계획이다.

세계예술과학아카데미 WAAS, The World Academy of Art and Science

세계예술과학아카데미는 1960년 12월 스위스 제네바에서 창립됐다. 인류가 당면한 문제를 학문적·윤리적으로 해결하기 위한 국제적인 비정부 학술기구로, 현재 80여 개국 700여 회원이 활동 중이다. 1930년대 말 제2

차 세계대전이 발발했을 때, 프랑스의 철학자 에티엔 질송(Étienne Gilson, 1884~1978)을 비롯한 세계적 지식인들이 선도했다. 그 후 알버트 아인슈타인(Albert Einstein, 1879~1955), 로버트 오펜하이머(Robert Oppenheimer, 1904~67), 버트런드 러셀(Bertrand Russell, 1872~1970), 조지프 니덤(Joseph Needham, 1900~95), 해롤드 라스웰(Harold Lasswell, 1902~78) 등이 합류했다. 학회의 정신은 창립회원인 아인슈타인이 '우리 의식의 창조물들은 인류에게 저주가 아닌 축복이 돼야 한다'고 말한 어록에 집약돼 있다.

평화복지대학원 GIP, Graduate Institute of Peace Studies

경희대학교의 창학정신을 구현하기 위해 1984년 경기도 국립수목원 인근에 설립한 고등교육기관이다. 평화를 중심으로 지구적 차원의 난제를 풀어갈 글로벌 인재 육성을 목표로 한다. 1993년에는 전 세계 교육기관으로서는 최초로 유네스코평화교육상을 수상했다. 그간 배출된 졸업생 다수가 국제기구, 학계, 국내외 NGO에서 평화의 역군으로 활약하고 있다.

표지 설명

책 표지 위 그림은 보티첼리의 작품 「비너스의 탄생」1485년 중 서풍(봄의 전령)의 신 제피로스와 꽃을 은유한 클로리스다. 제피로스가 내뿜는 바람은 '아름다움'의 상징인 비너스를 이 땅에 보내려는 '초월적 힘'을 표현한다.

산드로 보티첼리, 「비너스의 탄생」, 1485년

표지 아래 사진은 로마 포룸 보아리움Forum Boarium의 헤라클레스 신전. 그리스의 힘 센 영웅 헤라클레스는 로마로 건너오면서 이탈리아 상인들의 수호신이 된다. 무역업으로 크게 성공한 헤렌누스라는 상인이 시장의 부흥을 기원하며 이 신전을 지었다고 알려진다.

로마 포룸 보아리움의 헤라클레스 신전

제피로스가 내뿜는 '초월적 아름다움'과 헤라클레스 신전이 표상하는 '시장 부흥의 염원'이 결합하면 어떤 미래가 펼쳐질까? 『내 안의 미래』가 탐색의 여정을 펼치는 '현실의 초탈적 전환' '미래의 전환적 회상'을 표지에 담았다.

내 안의 미래

지은이 조인원 외
펴낸이 김언호

펴낸곳 (주)도서출판 한길사
등록 1976년 12월 24일 제74호
주소 10881 경기도 파주시 광인사길 37
홈페이지 www.hangilsa.co.kr
전자우편 hangilsa@hangilsa.co.kr
전화 031-955-2000~3 **팩스** 031-955-2005

부사장 박관순 **총괄이사** 김서영 **관리이사** 곽명호
영업이사 이경호 **경영담당이사** 김관영 **기획위원** 유재화
편집 김광연 백은숙 안민재 노유연 이지은 신종우 원보름
마케팅 윤민영 **관리** 이중환 문주상 이희문 김선희 원선아
CTP 출력·인쇄 한영문화사 **제본** 한영제책사

제1판 제1쇄 2016년 2월 12일

값 17,000원
ISBN 978-89-356-6300-2 03300

• 잘못 만들어진 책은 구입하신 서점에서 바꿔드립니다.
• 이 도서의 국립중앙도서관 출판시도서목록(CIP)은 e-CIP홈페이지(http://www.nl.go.kr/ecip)와
  국가자료공동목록시스템(http://www.nl.go.kr/kolisnet)에서 이용하실 수 있습니다.
  (CIP제어번호: CIP2016001181)